novum pro

AF169063

FELLEGI HANNA

A CSODA

– amikor az élet értelmet nyer –

novum pro

Minden jog fenntartva, beleértve a mű film, rádió és televízió, fotómechanikai kiadását, hanghordozón és elektronikus adathordozón való forgalmazását, valamint kivonat megjelentetését, illetve az utánnyomását is.

Nyomtatva az Európai Unióban környezetbarát, klór- és savmentes, fehérített papírra.

© 2024 novum publishing gmbh
Rathausgasse 73, A-7311 Neckenmarkt
kiado@novumpublishing.hu

ISBN 978-3-7116-0332-6
Lektor: Sósné Karácsonyi Mária
Borítókép és illusztráció: Fellegi Hanna
Borító, tördelés & nyomda:
novum publishing

www.novumpublishing.hu

AJÁNLÁS

A Nálunknagyobbjónak,
ami birizgálja a szívünket és beszél hozzánk

Krisztinek,
a missing puzzle piece-nek, aki elültette a magokat

Szüleimnek,
akiknél nem lehet jobban szerető szülőket kívánni

KÖSZÖNETNYILVÁNÍTÁS

Ez a könyv megírta magát általam. Szeretném mondani, hogy a legjobbat tettem bele magamból, és ez igaz is lenne, azonban a teljes igazság az, hogy az én legszebb és legjobb részem sem lett volna elég jó és elég szép ehhez a könyvhöz. Nem, nem. Ez a könyv meg akart íródni, én csak kinyitottam a szívemet, és hagytam, hogy a kezem által megírja magát. Hiszen ez a könyv már megvolt, mindig is létezett – csak le kellett írnom.

A világon nincsen semmi új – a már meglévő, a már létező összefüggések felismerése, értelmezése és tudatosítása van csak. Azaz törekvés a harmóniában élésre az élet látható és láthatatlan szabályszerűségeivel, rendszerével. A sötétben tapogatózunk biztonság, életcél (purpose), végső soron boldogság után kutatva.

A trükk az, hogy nem minden értelmezés, megközelítés és megfogalmazás beszél a *mi* szívünkhöz, érint meg *minket*, rezonál *velünk*. Mert minden ember különböző, ezért különböző módok és megközelítések érintik meg őket. Ami minket érint meg, az nekünk szól.

Így ebben a könyvben is a már meglévő életigazságok és felismerések saját tapasztalataim alapján való megértése és a saját megfogalmazásom van. Nem fog mindenkivel rezonálni. Nem fog mindenki szívéhez beszélni. Nem fog mindenkit megérinteni. De akit igen, aki befogadja és a sajátjának érzi, neki meg fogja változtatni az életét – ahogyan az enyémet is megváltoztatta.

Felismertem a saját küszködésemet a te küszködésedben – ezért az szeretnék lenni, aki nekem nem volt. Azáltal, hogy neked segítek, magamnak segítek.

Hosszú út és sok lelki szenvedés juttatott el oda, hogy önazonosan vállaljam magam – sokszor voltam elveszett, magányos, és sokszor féltem. Azoknak az embereknek szeretnék köszönetet mondani, akik emlékeztettek arra, aki valójában vagyok, akkor is, amikor én már nem láttam magamat. Akik beleszerettek a gyógyulásba, akik nem adtak föl engem. Akik hozzátettek az életemhez, mert bizony nélkülük – minden túlzás nélkül – már nem élnék.

És az, hogy ezt a könyvet – a gyerekemet – tarthatom ma a kezemben, melynek minden szava igaz, a való életben valós emberekkel megtörtént... ez az élet csodája, ami azokon az embereken keresztül valósult meg, akik megérintették az életemet.

Hiszen mi *mind* képesek vagyunk egymás életében csodát tenni. Köszönöm nekik!

TARTALOMJEGYZÉK

Ajánlás 5
Köszönetnyilvánítás 7
Előszó 11
I. fejezet   Mivel azonosulok? 14
II. fejezet   Minek nevezzelek? 21
III. fejezet   Tyúk vagy tojás? 28
IV. fejezet   Ki a szép? Ki az öreg? És ki a gyerekem? 34
V. fejezet   Hol érünk össze? 42
VI. fejezet   A nálunknagyobb vs. tudomány 50
VII. fejezet   Madarak jönnek 57
VIII. fejezet   A legfontosabb kérdés: *micsoda „isten"?* 69
IX. fejezet   Felségsértés! 75
X. fejezet   Az idő minden sebet begyógyít... ja, nem 78
XI. fejezet   Mi az igazi, és mi nem az? 80
XII. fejezet   Az anyanyelvünk: energia 97
XIII. fejezet   Az idegrendszer 120
XIV. fejezet   Bizalmi problémáink a Mindenhatóval 124
XV. fejezet   *De biztos* nem fog fájni??? 132
XVI. fejezet   Amit nem látunk, az nincs? 143
XVII. fejezet   Nincs harag, de azért
tolerálni sem kell mindent 164
XVIII. fejezet   Mi az életveszély? 166
XIX. fejezet   Kihez vagy mihez beszélünk? 172
XX. fejezet   Ők hogyan csinálják? 180
XXI. fejezet   Figyeld a kezem, csalok! 183
XXII. fejezet   Köszönöm, köszönöm, köszönöm 193
XXIII. fejezet   Az univerzum eszközválasztási joga 195
XXIV. fejezet   A meztelen igazság 201
XXV. fejezet   Mi van, ha... ? 206
XXVI. fejezet   A sárgaköves út 210

XXVII. fejezet „Jót s jól! Ebben áll a nagy titok." 213
XXVIII. fejezet „nem adhatok mást,
csak mi lényegem" 216
Extra – Csodamagok ♡ 226

ELŐSZÓ

Az emberek szeretethiányban szenvednek. Elmondom újra. Az emberek úgy viselkednek, ahogy; a világ olyan, amilyen; mert az emberek szomjazzák a szeretetet. A világ betegeskedik, sőt, haldoklik. Ha körülnézel magad körül, azt látod, hogy az emberek éppenhogy léteznek, vegetálnak. Hány boldog embert ismersz? És nem a Facebook-happyre gondolok. Hány olyan embert ismersz, aki elégedett az életével és őszintén önazonos, miközben életcéljának él és eközben inspirál másokat? Mert én nem sokat. És nem azokról az emberekről beszélek, akik csodálatos lelki békéről és megvilágosodásról, gyógyulásról beszélnek, közben pedig rossz körülöttük lenni, mert agresszívak, megfojtanak az energiájukkal, elszívják a szobából a levegőt, vagy nem hagynak téged megnyilvánulni. Nem azokról a papokról, lelkészekről beszélek, akik bár igaz hitről és élő kapcsolatról beszélnek Istennel, de közben megkeseredettek, rettegnek, vagy valósággal bele próbálnak félemlíteni téged a hitbe, mondván, ha nem gyónsz, ha nem jutsz igaz hitre, ha nem teszed ezt vagy azt, ha „bűnt" követsz el, pokolra jutsz.

Azokról a hétköznapi emberekről beszélek, akik körül egyszerűen jó létezni. Akik szelídek. Akik kedvesek. Akik türelmesek. A helyzet az, hogy nem sok járkál belőlük az utcán. Léteznek, itt járnak közöttünk, de kevesen vannak. Egy dolog azonban közös bennük: hisznek valamiben, ami önmagukon túlmutat; egy nagyobb erőben. A dolog úgy áll, hogy én nem találkoztam még őszintén boldog és elégedett ateista emberrel. Hiszen a mögöttes probléma, a félelem a haláltól, átitatja az egész életüket, még akkor is, ha erőnek erejével igyekeznek elnyomni magukban azt. A szomorú igazság az, hogy a halál, a saját végességünk így, úgy vagy amúgy, de elkerülhetetlenül szembejön velünk életünk során. És ha azt gondoljuk, hogy a halállal megszűnünk létezni, akkor az élet – akkor is, ha csúcsra járatjuk és minden aspektusát maximálisan kiélvezzük – egy keserves menetelés az elkerülhetetlen megszűnésbe. Egy kegyetlen harc, amiben nem győzhetünk, mert még ha boldogok is vagyunk egy-egy pillanatra, a következő gondolatunk az, hogy a nehezen megtalált boldogságot elveszíthetem... sőt, ha ateista vagyok, akkor elhiszem, hogy el is fogom veszíteni, legkésőbb a saját halálommal. Tehát még ha a csatát meg is nyerem, a háborút elvesztem. Ez egy tragikus világkép, mely minden önazonos boldogságot csírájában tapos el. Hiszen miféle boldogság az, amiről azt gondolom, hogy elveszítem?! Milyen világkép az, ahol a tükörbe nézek, és nap mint nap a tükörképem a saját mulandóságomra emlékeztet? Ahol a saját testem apránként árul el engem?

Gyerekként azt reméled, hogy hosszú életed lesz. Aztán ahogy felnősz és telik az idő, ráébredsz, hogy a hosszú élet nem más, mint jegy az első sorba, hogy végignézd, ahogy a szeretteid meghalnak körülötted. Azt gondolod gyerekként, hogy milyen jó azoknak, akik 50 éve boldog házasságban élnek. Arról senki sem beszél, hogy az idő előrehaladtával elkezdesz rettegni, mert a halál lassan, de biztosan el fog érni téged vagy a házastársadat. Úgy menni aludni, hogy holnap talán egy kihűlt test mellett ébredsz, és ezzel az egész világodat, amit éveken keresztül együtt építgettetek, elveszíted, mégsem annyira rózsás, igaz?

Ismerem a gondolataidat, mert én is voltam ateista. (És félreértés ne essék, az ateizmus valójában nem a hit hiányát jelenti: az ateista emberek igenis, hogy hisznek: abban hisznek, hogy nem hisznek semmiben. Az a hitük, hogy nincs hitük. Ahhoz ugyanis, hogy ne higgy semmiben, *el kell hinned,* hogy nincs más az életben, csak amit látsz. *Hinned kell benne, hogy nincs ennél több.*)

Aztán rájöttem, hogy a hit valami nálunk nagyobban nem a Nálunknagyobbnak – Istennek – kell. Isten – a gondolatmenet kedvéért tételezzük fel, hogy VAN Isten/Energia/Szeretet/Univerzum... hívd, ahogy szeretnéd –, tehát: a MINDENHATÓ

12

pontosan tudja, hogy ő van. Neki a létezéshez, köszöni szépen, de nincs szüksége a te hitedre. Ő azelőtt tudta, hogy van, hogy te lettél volna.

Nem, nem. Pontosan *fordítva* működik a dolog: hitre a Nálunknagyobban *nekünk, földi halandóknak van szükségünk, azért, hogy a létet elviselhetőbbé tegyük.* Mert **a gondolataink minősége meghatározza az életminőségünket.**
Én nem láttam még boldog ateista vagy materialista embert.

És bármiben mernék fogadni, hogyha a felszín mögé nézel és bármelyik „boldognak" mondott ateistával vagy materialistával leülsz mélyen beszélgetni, és a megfelelő kérdéseket teszed fel miközben a megfelelő módon közelítesz, a maszk, amit magukra erőltetnek, lehullik, és sírásban törnek ki.

Tudom, mert rendszeresen megríkatom az ateista barátaimat.

Az a nagy helyzet, hogy valami nálunk nagyobba vetett hit nélkül nem megy. Erre a legtöbb ember akkor jön rá, amikor a saját ereje végéhez ér. És ebben az egyben olyan biztos lehetsz, mint a halál: *előbb-utóbb te is el fogsz jutni az erőd végéhez.* Azért van szükség a hitre, mert a hitevesztettség egy ponton túl *nem működik.* (Ismeritek a mondást, hogy „zuhanó repülőn nincsenek ateisták"? Más szavakkal: fogékonyságunk az istenfogalomra kiszolgáltatottságunk arányában meredeken nő. Mert aki volt már *igazán kiszolgáltatva,* az tudja: élni lehet Isten nélkül, de meghalni képtelenség.)

Tehát a hit nem „Istennek" kell, sőt, neked sem kötelező. Meg van engedve, hogy leéld az életedet nélküle. Meg van engedve, hogy boldogtalan legyél; meg van engedve, hogy szenvedj... csak *minek?*

Minek szenvedni, ha nem muszáj? Ha van rá esély, akár csak 0,001%, hogy mégis van valamilyen istenféle, nem lenne jobb érzés megbizonyosodni róla? És ha úgy döntesz, hogy nincs, nem hiszel nekem, miután elolvastad ezt a könyvet, utána is szenvedhetsz. Visszatérhetsz a könyvet megelőző állapotodba, tudva, hogy te megpróbáltad, belenyugodhatsz a sorsodba és abba, hogy az élet fáj.

Nincs vesztenivalód.

I. fejezet

MIVEL AZONOSULOK?

Azt már tudjuk, hogy a hit *nekünk* segít. De mégis, *hogyan* higygyünk, *miben* higgyünk, amikor a világ tele van rossz emberekkel? Az élet úgy hozta, hogy sok ember megtisztelt a bizalmával és megnyílt nekem. Egy dolog közös bennük, magamat is ideértve: mind tettek olyan dolgot életükben, amit utólag megbántak. Ami bántotta a lelkiismeretüket. Amitől rosszul érezték magukat. Amit szégyelltek – akár saját maguk előtt is.

Nekem személy szerint volt egy abortuszom, és hogy még nagyobb legyen a bűntudatom, én voltam a hibás 99%-ban. Akkor nem tudtam, hogy milyen hatása lesz a világképemre. Sok ember azt mondja, hogy „a magzat egy egyszerű, sejtszinten lévő kezdemény, ne érezd magad rosszul miatta". Mindent megtettem azért, hogy elhiggyem ezt a materialista narratívát és ne csináljak nagy lelki ügyet belőle.

A biológiai igazság úgy áll, hogy annak a magzatnak dobogott a szíve. Érzett fájdalmat. És én *megöltem*. *Én* öltem meg! (Érdekes világban élünk, ahol a házi kedvenceket gyereknek tekintjük, de a méhbe ágyazódott magzatról – amik egyszer mi is voltunk – a világ el akarja hitetni velünk, hogy csak egy alkalmatlankodó sejtcsomó.)

A szívem mélyén azonban tudtam – bár mindent megtettem azért, hogy elnyomjam magamban –; átléptem egy határt. **Az igaz érzéseinket csak elnyomni lehet, megszüntetni nem.**

A helyzetet csak rontotta, hogy olyan „katolikus" környezetben mozogtam, ahol egyenesen gyilkosnak tartották az olyan nőket, mint én.

Hát, próbálj boldog lenni ezzel a tudattal! Hajrá!

Nem ment. Az alkoholba menekültem a fájó valóság elől: ez egy feloldhatatlan konfliktus volt bennem, ha tetszik;

megbocsáthatatlan bűn. Úgyhogy bölcsen hallgattam róla, bár belül megevett a bűntudat. Nem számított, hogy hány emberrel teszek jót vagy hánynak segítek az életben, egynek a halála az én lelkemen szárad... megváltoztatni, jóvátenni, meg nem történtté tenni nem tudom. Ezzel *együtt kell élnem.* De ahogy mások elkezdtek megnyílni nekem, rájöttem, hogy *mindenkinek van* saját „abortusza". Saját bűntudata. Saját fájdalma. Saját keresztje, amit cipel magával.

A szenvedés univerzális. Lehetséges, hogy nem látod mások fájdalmát. Lehetséges, hogy nem mutatják meg a nyomorukat. Ha ismertél volna engem ebben az időben, kívülállóként rólam sem tudtad volna megmondani, hogy mennyire mélyen vagyok. Vannak, akik a Facebook, Isten, vagy vallás mögé bújnak, mások pótcselekvésekhez fordulnak, de mind fájdalomban élnek vagy éltek. *Minden egyes ember ezen a földön az életében már összetört, vagy össze fog törni.*

És akkor megértettem valami nagyon fontosat: *a „jó" emberek is csinálnak rossz dolgokat, és a „rossz" embereknek is vannak jó pillanataik. Nincs* olyan ember a földön, aki ne tett volna már valami „rosszat".

Tehát a jó és rossz ember egy *mítosz...* mert **senki sem tisztán jó, és senki sem tisztán rossz.** Ismétlem: *senki!* Lehet, hogy nem ismered valaki sötét oldalát, el lehet játszani, hogy mi bizony tökéletesek vagyunk, lehet úgy tenni, hogy bennünk igenis csak jó van... de ez nem a teljes igazság! *Mindenki vívja a saját csatáit és küzd a saját démonaival, a saját tökéletlenségével, önmagával – végső soron; a félelmeivel.* Ismétlem: mindenki.

Rossz ember, mint olyan, nem létezik. Ismétlem, *nem létezik.* **Mi mind folyamatban lévő mesterművek vagyunk.** Igen, a „rossz" emberek is.

Olyan viszont létezik, hogy nem vagyunk önazonosak a hibázás pillanatában, és ezért utólag nem tudjuk elfogadni, hogy az az ember, aki ezt vagy azt a „rossz" dolgot tette, ÉN voltam.

És ez történik tömegesen a világon. Az emberek *elfelejtették,* hogy kik ők valójában. Nem emlékeznek önmaguk legjobb verziójára. Tudom, mert én sem tudtam, hogy ki vagyok.

Érdekes az emberi elme – mindenáron azonosulni akar valamivel. Amikor a kisbaba megszületik, ő az édesanyjával azonosul, csak hónapokkal később képes önmagát megkülönböztetni az édesanyjától, mégpedig úgy, hogy „ő az anya, én vagyok, aki nem az anya". Önmagát az anya *viszonylatában* negációban határozza meg (azaz mi *nem* vagyok).

Ahogy halad az idő, az elménk a legkülönfélébb dolgokkal képes azonosítani magát, és *elhinni*, hogy az valóban ő. *Azonosulni annyit jelenti, mint elhinni, hogy az vagyok, ami szerint viselkedem.* Hagyom, hogy meghatározza az énemet, amivel azonosulok. Azaz **azzá válok, amit cselekszem.** Nem arról van szó, hogy nincs beleszólásunk önmagunk meghatározásába, azaz önmagunk kibontakoztatásába – *pontosan, hogy olyan nagy erővel rendelkeznek a gondolataink, hogy ha jelentéktelennek képzeljük magunkat, és el is hisszük, azzá is válunk.* Mi ez, ha nem erő?

Mondok példákat:

A gyerek, ha problémaként kezeled, a problémával azonosítja magát. Ha azt mondogatod neki, hogy „vele nehéz", „vele csak a baj van", akkor el fogja hinni, hogy vele valóban nehéz, vele valóban csak a baj van... ő valóban egy probléma. *És aszerint is fog viselkedni.* Azok a gyerekek, akik gyerekként nem voltak helyesen szeretve, akik nem tanulták meg a saját értékeiket, később olyan kapcsolatokba és tevékenységekbe fognak belemenni, ahol ők senkik és semmik. Feladják magukat, mert *nem is tudják*, hogy mennyi értéket hordoznak magukban.

A materialista elme az anyaggal, tehát a testtel azonosítja magát, és elhiszi, hogy amíg van test, van ember is. Így jut arra a következtetésre, hogy ha a test megszűnik, az én is megszűnik. *És eszerint is viselkedik* – a mulandóra tekint, mint biztos pontra, a mulandót próbálja erőnek erejével megőrizni, és vívja a megkeseredett harcát az idővel... végső soron a halállal.

Az elme tudja magát azonosítani a rossz tettekkel is, és elhiszi, hogy ő az, aki rosszat tett, tehát ő egy rossz ember, következtetésképpen nem érdemel semmi jót, hiszen rossz ember. Tehát elhisszük, hogy ha van olyan dolog, amit ma már máshogy tennénk, ami miatt bűntudatunk van, akkor mi „rossz" emberek, hovatovább „bűnösök" vagyunk. Aztán elhisszük, hogy Isten – ez az ítélkező, fehér szakállú, szigorú szülőkép – nem fog szeretni egy olyan „rossz" embert, mint mi. És fejben „rosszá", azaz *szerethetetlenné* válunk.

Tehát a helyzet nem túl rózsás: vagy NINCS Isten – tehát a halálunk után megszűnünk létezni –, vagy talán mégis VAN Isten, de ez az Isten elítél bennünket, és így a szeretetét nem érdemeljük meg mi, „rossz" emberek.

Hát, sok sikert a boldogsághoz, barátom!

Nem számít, hányszor voltál önzetlen, hány embernek segítettél – ha csak egyszer is tettél valami „rosszat", az felülírja a fejünkben az összes jót, és képesek vagyunk magunknak újra és újra és újra szemrehányást tenni miatta, néha akár évekig, évtizedekig, sőt, van, hogy akár egy egész életen át! Vannak, akiket a sírig kísér!

Én 4 évig voltam önmagam árnyéka. Jött az alkohol, az evés, a +20 kg és a belülről felemésztő bűntudat. Az a kevés ember, akinek engedtem, hogy valóban belelásson az életembe, kivétel nélkül úgy gondolja, hogy csoda, hogy ma életben vagyok. Egyetértek velük!

Az azonosulás azonban – a látszat ellenére – *pontosan, hogy csak a kezdet. Az első lépés. Nem a végcél.*

Az azonosulás egy tanulási folyamat. Pontosan, hogy úgy teremted meg a határaidat, hogy tudatosan megválogatod, mivel azonosulsz: újra és újra választok valamit, amivel azonosulok, majd amikor már nem érzem magam otthon benne, leveszem, mint egy ruhát, és új, szebb, jobb, otthonosabb ruha után nézek. És minden ruha levehető, egyet kivéve. Hiszen a tanulási folyamat célja, hogy eljussunk a végső ruhánkhoz, amiben otthonra találunk, amivel 100%-osan azonosulni tudunk. Ami *tényleg* mi vagyunk, és nem a szerepünk: nem az, aminek a világ mond minket, nem az, aminek mások elvárnak, nem a munkánk, nem a traumánk, hibánk vagy múltunk! *Te nem a traumád vagy. Te nem a hibád vagy. Te nem a múltad vagy.* **A mostani állapotod csak azt mutatja, mi az, amin keresztülmentél, és hogyan**

reagáltál rá. Az állapotod nem te vagy. A nagy kérdés már csak az: *mivel* tudunk végső soron azonosulni? *Ki vagy te valójában?*

Érezted már úgy, hogy ránézel az életedre és nem tetszik, amit látsz? Hogy becsapva érezted magad, mert egyszerűen *nem ilyennek képzelted a felnőttkort*; a valóság bekopogtat az ajtódon, és rájössz, hogy az élet nehéz... tulajdonképpen egy rossz vicc? Úgy érzed, nem azt kaptad, amit vártál, de menni kell előre, mert az idő fénysebességgel robog előre, és mert visszafele nincs út? És lehet, hogy már arra sem emlékszel, vagy nem is érted, hogyan kerülhettél ebbe a helyzetbe, mi történt veled, egyáltalán; *ki ez az ember, akivé váltál?* Mert te nem akartál olyan szürkévé és megkeseredetté válni, mint más megkeseredett felnőttek, akiket gyerekként láttál, és mégis; egy lettél közülük. Valahogy... bekoszolódtál. Már nem vagy olyan tiszta lelkű, mint gyerekként, mert a világ nem engedi. Úgy érzed; a világ téged is összekoszolt. Bántott. *És már azt sem tudod, hogy ki vagy te valójában.*

Fel sem mered tenni magadnak a kérdést, hogy jó ember vagy-e, vagy éppen hajtogatod, hogy mennyire fantasztikus vagy, mert pontosan tudod, hogy ha a dolgaid mélyére nézel, megvannak a saját sötét titkaid. És *nem érzed* magad annak a jó embernek, aminek mások látnak téged.

Itt a trükk. Néha *nem érezzük magunkat belül annak, aminek kívülről látnak. Nem vagyunk önazonosak.*

Tudom, hogy egy abortuszt nem mindenki tragédiaként fog fel. Elmondok egy másik történetet. Egy közeli barátnőm szeretői kapcsolatba került élete szerelmével, akinek történetesen volt barátnője. A barátnőm, bár ő vállalta önként és dalolva, hogy belemegy ebbe a helyzetbe, egy idő után nem bírta elviselni a szeretői szerepet, egy nap elöntötte az agyát a vak düh, felhívta a férfi barátnőjét, és mindent elmondott neki.

Más szavakkal: bántotta a szerelmét, elárulta a bizalmát és visszaélt egy olyan helyzettel, amibe korábban beleegyezett. Persze, a férfi azóta hallani sem akar róla.

Ahogy már megbeszéltük, nincs tisztán jó és tisztán rossz ember, ezek csak a tények, amik történtek. A barátnőmet

18

azonban azóta eszi a bűntudat. Egy kívülálló mondhatja, hogy „nem tragédia, nem a világvége". Mindenki hallott már hasonló történetekről, vagy ismer valakit, aki hasonló dolgot művelt – az ilyen esetek szinte mindennaposak, sajnos. Már meg sem döbbenünk rajtuk, mert hozzájuk vagyunk szokva. Ez azonban nem teszi őket kevésbé tragikussá – vagy helyesebbé. Annak, aki benne van, a *barátnőmnek*, ez valóban tragédia. Ő átérzi a tragédiát. *Neki az*. Számára fordult egyet a világ. Ő saját magát azóta rossz embernek tartja, nem tud tükörbe nézni és eszi a bűntudat. **Amikor a dolgok velünk történnek, egyből felismerjük a súlyukat.** Ami nekem az abortusz, az a barátnőmnek az árulás. Valaki másnak lehet, hogy egy félrelépés. Egy eljárt kéz. Egy gyerek, akit elhanyagolt. Egy válás. Egy cél feladása. Egy méltatlan kompromisszum. *Bármi* lehet.

Nem az a fontos, hogy mi történik velünk, hanem ahogy érezzük magunkat miatta. Bűntudat és bűntudat között nincs hierarchia, mindegy, hogy milyen módon jutottunk el oda. Ahogy fájdalom és fájdalom között sincs. Nem versenghetünk, hogy melyikünknek fáj jobban: a belső megélést nem lehet méricskélni. Az is fájhat nagyon mélyen, ami egy kívülálló számára nevetséges apróság. A félelem pedig félelem, mindegy, hogy mitől félek. *Számomra* valós.

Úgy érezni, hogy visszavonhatatlanul elrontottál valamit, nem jó érzés. Azt érezni, hogy késő már változtatni, nincs erőd, nincs hited, nincs időd vagy lehetőséged, pokoli kín. Amivel – nincs választásod – együtt kell élned, kilátástalanul. Életre vagy ítélve.

(Egy pillanatra eljátszhatunk a halál gondolatával… Félreértés ne essék, egyébként feladni sem könnyű, megölni magadat egyáltalán nem könnyű. Főleg akkor nem, ha hívő ember vagy és hiszel a pokolban. Mert e szerint a logika szerint – egy kedves barátnőm magyarázta el nekem, hogy tulajdonképpen ő miért nem öli meg magát – nem elég a szenvedés, ami oda juttatott, hogy meg akarj halni, hanem még érezz bűntudatot is miatta, ráadásul amiért meg merted ölni magadat, a túloldalon a pokol vár, ahol szenvedni fogsz örökkön örökké. Milyen logikai bukfenc ez?! És főleg, milyen szerető „Isten" tenne ilyet?! Milyen szerető „Isten" rúgna beléd még egyet, mikor már úgyis a padlón vagy?! Én is sokszor éreztem, hogy nem bírom tovább, én ezt feladom, meg akarok halni – többször is közel kerültem a halálhoz. De mindig volt valaki, aki visszatartott és a lelkemre beszélt. Aki visszarángatott a szakadék széléről. A lelkiismeretemre hatottak ezek az emberek. Azt mondták: „képzeld magad elé a szüleid fájdalmát a temetéseden". Meggyőző érvnek tűnt. Nem akartam még több bűntudatot érezni, és fájdalmat okozni azoknak az embereknek, akiket végtelenül szeretek. Ezt nem tehettem meg velük. Tehát maradtam, azaz léteztem tovább. Bűntudatból. Élni nem tudtam, meghalni nem mertem. Maradtam, és viseltem a terhemet.)

Ha tettél valamit, ami bánt téged, ami esz téged belül, amit még magad előtt is szégyellsz, amitől kevesebbnek vagy rossz embernek érzed magad, akkor tudod, hogy *ez nem élet*. Azt gondolni, hogy mindezért még „Isten" büntetni is fog, hogy „Isten" minden tévutadért eltol magától, elhagy téged, méltatlannak tart téged magához, végső soron; *nem szeret már téged* és jó oka van erre... nem jó érzés.

Csakhogy itt rengeteg félreértés van, és sok mindent tévesen értelmezünk... Hiszen *hogyan fejlődhetnél, ha nincs megengedve, hogy hibázz?* Ez egy fair kérdés, és halálosan komolyan kérdezem: nem lenne butaság Istentől idetenni téged erre a Földre tökéletlenül, majd elvárni, hogy tökéletesedj magadtól, de hibázás nélkül ám!? Ez egy sikerorientált, maximalista istenkép lenne, aki lehetetlen küldetés elé állít minket. Nemde?

Isteni szerencse, hogy ez nem így van.

Az Élet, a Szeretet és Isten nem az, aminek mi képzeljük.

II. fejezet

MINEK NEVEZZELEK?

Kezdésként, sőt, az egész könyv érdekében játsszunk el a gondolattal, hogy van valamilyen istenszerűség, van Mindenható. És ne valami istenkét képzeljünk el, mint az ókori görög mitológiában, ahol az emberarcú istenek egymással harcoltak és nem tudták egymást legyőzni. Nem, nem. Ha van Isten, *ő pontosan azért isten, mert legyőzhetetlen.* És ez nem félelmetes – *pontosan, hogy ebben rejlik a biztonságunk!* Gondolj bele! Ha Isten legyőzhető lenne, akkor retteghetnénk vele együtt, hogy majd jön a sátán és jól legyőzi őt. Közös rettegés Istennel... szép is lenne!

Neale Donald Walsch kérdése szöget ütött a fejembe: hogy van az, hogy az emberiség közel 5000 különböző istent, istenséget imád, mindegyiknek van saját neve (pl.: Atya, Úr, Allah stb.)... *Akkor mégis melyik lenne az igazi?* A valódi? Melyik az az egy, ami valós, és honnan ismerjem fel a 4999 nem igazit? Hiszen, ha van rá mód, én a nagyfőnökkel, és nem a 4999 wannabe-vel (önjelölttel) szeretnék beszélni!

A dolog úgy áll, hogy annyi nevet találunk ki az élet összefüggéseire, ahányan vagyunk. A Mindenhatót hívhatom "Istennek", "Úrnak", "Atyának", "Univerzumnak", "Szeretetnek", stb. – hiszen **nem a szó határozza meg a tartalmat, hanem a tartalom határozza meg a szót.** Azért, hogy megtaláljuk azt az istent, ami az embert létrehozta, el kéne engedni azokat az isteneket, amiket az ember hozott létre. Tudjátok, ahogy Shakespeare Rómeója mondta Juliának: "Eh, mi a név? Mit rózsának hívunk, bárhogy nevezzük, éppoly illatos". Rómeó azt mondja ezzel, hogy Júliát a "Capulet" névtől függetlenül szereti. Nem a név számít, hiszen az csak hangok összessége. Ismeritek a mondást, hogy "ha valami úgy hápog, mint egy kacsa, úgy totyog, mint egy kacsa, és úgy néz ki, mint egy kacsa, akkor az kacsa". *Az akkor is kacsa, ha kiskutyának hívom.*

Tehát a szó csak hangok összessége, akár a saját viszonyunk leképeződése a 'mindenható' elé, egyfajta nyelvi relativizmus, azaz amilyen asszociációkat és viszonyt társítok az adott szóhoz. A nyelvi relativizmus (Sapir-Whorf-hipotézis) azt mondja ki, hogy a szavaink meghatározzák a gondolkodásmódunkat, tehát a szavainkban egyben kifejezzük az adott dologhoz való viszonyunkat. Például angolul a pénzt *csináljuk* (make), franciául *nyerjük* (gagner), németül *megszolgáljuk* (verdienen), magyarul *keressük*. *Ugyanarról a fogalomról (pénzkereset) beszélünk, az igében mégis megjelenik, hogy milyen módon tekintünk a pénzre.* Nehezen lehet megszerezni, 'keresni' kell? Az ölünkbe hullik, 'nyerjük'? Rajtunk múlik, 'csináljuk'? Felettünk áll, 'megszolgáljuk'? *Ugyanez történik az isten-neveinkkel* is, meg egyébként más fogalmakkal is.

Tehát én mondhatom, hogy 'úr', 'atya', 'mindenható', 'univerzum', 'energia', 'felettes én'... nem a szó, hanem a definíció számít. „Úr" – tehát a gazdám? „Atya" – olyan, mint egy szülő? „Mindenható" – tehát hatalmas? „Teremtő" – tehát belőle származunk? A szavak a mi személyes hozzáállásunkat jelzik a misztikus Nálunknagyobbhoz. Különböző emberek különböző szavakat fogadnak be jobban (a bennük dolgozó félelem függvényében), de a nagy kérdés nem az, hogy milyen szóval írjuk le a Mindenhatót. Van, aki meghallja a szót: „atya", és egyből rávágja, hogy ő nem hisz Istenben. De ez nem pontos. Ő azt akarja mondani igazából: „én nem hiszek abban a tartalomban, amivel azok az emberek, akik Istent Atyának hívják, (szerintem) a szót megtöltik. Mert milyen dolog már, hogy fölöttünk áll, és ítélkezik?". Az adott szóban kifejezett *hozzáállással, viszonnyal* nem értenek egyet, *nem* a szóval, hiszen aki pl.: szülőként tekint Istenre, ő nem fogja elfogadni, ha valaki más pedig a gazdájának tekinti. És a hozzáállás a bennünk dolgozó sebeket is, illetve a bennünk létrejött szeretetfogalmat is megmutatja – aki Istent egy ítélkező zsarnoknak képzeli, *attól ez a viselkedésminta a mindennapi életben sem áll távol.* Saját világképének a meghosszabbítása, amit Istenre – mint minden másra az életében – kivetít.

Tehát ez tulajdonképpen az élethez való hozzáállásunk, mentális állapotunk, és a bennünk dolgozó traumáink harca... *nem a valódi Istené*. És sokszor van, hogy ugyanezek az emberek más szavakat viszont könnyebben fogadnak be - pl.: energia, univerzum -, mert ezeket a szavakat a vallások még nem töltötték meg merev konnotációval. Szabadabbak. Befogadhatóbbak. Kevésbé fenyegetőek.

Nem lehetséges, hogy azért nem értjük Istent, mert *magunkból indulunk ki*? Hiszen az istenképünk olyan, amilyenek mi vagyunk. Várunk egy megkérdőjelezhetetlen isteni megnyilvánulást, ami bebizonyítja Isten létét egyszer s mindenkorra - pedig ha jönne, azt mondanánk, hogy ez nem az igazi. *Nem tudunk hinni abban, amiről eldöntöttük, hogy nincs*. Ha valaki azt mondja, hogy nem hisz Istenben, pontosabban azt mondja: nincs bizonyítéka arra, hogy van. Vagy, esetleg valami olyan dolgot élt át, amit nem tud elképzelni a Mindenhatóról, hogy megtenné vele (tehát a saját istenfogalmát az élet nem igazolta) - ebből jut arra a logikára, hogy Isten szükségszerűen nem létezik -, a félelem és fájdalom azt diktálja, hogy nincs.

Viszont ha Isten kinyilatkoztatná magát mint egy megkérdőjelezhetetlen szuperhatalom, ha letolná önnön létezését a torkunkon, *mi különböztetné meg őt egy zsarnoktól*? Hol maradna a szabad akarat?

The Great Beyond - ezt egy sorozatban hallottam, és személyes kedvencemmé vált. Úgy fordítanám: a Nagyszerű Esszencia. A Nálunknagyobb. Hiszen abban talán meg tudunk egyezni, hogy ha van Isten, akkor ő szükségszerűen nagyobb nálunk. (Roppant kellemetlen lenne, ha nem így lenne!)

Tehát ha van Isten, akkor ő mindenható, azaz látja a teljes valóságot, tudja a mindenség minden titkát, *hiszen ő Isten*... akkor *valóban azt gondoljuk*, hogy az a valami, ami megalkotott minket ÉS az egész világot, melyben élünk, *NEM TUD AZ ÖSSZES REZDÜLÉSÜNKRŐL ÉS MÖGÖTTES GONDOLATUNKRÓL*? Nem arrogáns feltételezés ez egy kicsit? Az én anyukám a testtartásomból tudja, ha éhes vagyok, mert ő az anyukám, és ő csak egy pont olyan ember, mint te vagy én. Akkor *valóban hisszük*, hogy a Mindenható nincs tudatában a „tökéletlenségeinknek", „bűneinknek", hibáinknak, hovatovább, emberi mivoltunknak? *Gondold át újra!* Ha van Isten, akkor ő az alfa és az ómega. A kezdet és a vég. A mindenható. Ez a mindent megteremtő erő, a mindenség létrehozója, ami mindent kitalált, megteremtett és elrendezett, ő *pontosan* ismer téged, mint a saját tenyerét. Tudja minden gondolatodat, ismeri minden „bűnödet", gyarlóságodat és fájdalmadat. Minden gondolatmenetedet érti, minden fájdalmadat érzi. Röviden: *mindenről tud. Nem kell meggyónnod neki azért, hogy tudjon róla!* Már tudja. A gyónás *nem neki kell,* neked sem kötelező. A gyónás más szóval: önazonosság. **Aki beszél, gyógyul.** Mindegy, hogy pszichológushoz járok, gyónok, naplót vezetek, imádkozom, meditálok – *az összesnek az a lényege, hogy közelebb kerüljek a valódi énemhez.* Pontosan fordítva működik a dolog: *nekünk* van szükségünk szembenézni magunkkal. Isten köszöni, de tud a bűneidről. És tudod mit? *Mégis szeret.* (Durva, ugye?)

Hallom a gondolatodat, hogy „de ha annyira szeret ez az Isten, akkor hogy van az, hogy ha hibázol és nem gyónsz, a pokolra kerülsz?"

A vallások megkövült mesék, azaz valódi mondanivalóval rendelkező szemléltetések szó szerinti értelmezései, félreértelmezései. Ezek a bűntudatból táplálkozó, dogmatikus, merev, gyermeteg értelmezések, melyekhez sok álszent, nem igaz hitben élő ember foggal-körömmel ragaszkodik, sajnos ezer sebből véreznek. Én azért nem tértem meg soha (legalábbis nem olyan módon, melyet bármelyik vallás elismerne), mert számomra rengeteg érthetetlen önellentmondás van az összesben, mert az isteni lényeg ember általi megértésének a leképezései. Magyarul az, amit *az isteniből az adott kor adott emberei megértettek.* Mindig is azt gondoltam, hogy a hit nem kellene, hogy a latinul beszélők, teológiát ismerők kiváltsága legyen. Ha van Isten (Univerzum/ Mindenható)... *miért nem adja a hitet úgy nekünk, mint a levegőt?!*

Ez a rengeteg tiltás – ne egyél húst, ne csináld ezt vagy azt, mert a pokolra jutsz – mindig távoli volt tőlem, ahogy a kontroll, a formalitás, keretrendszer és a megfélemlítés is.

Hiába mondták nekem, hogy „Jézus segít, gyónj meg", Jézus így, Jézus úgy... Tudjátok mit? Amikor fuldokoltam, nekem nem jött be a vallás kenetteljes formalitása (ami a szó szerinti értelmezésen alapszik), pedig kerestem a válaszokat teljes szívemből. Kimondom: nem segített, csak mélyebbre taszított. És higgyétek el, hallgatni, hogy „megöltél egy ártatlan embert, aki csak benned bízhatott, rád számíthatott, kiszolgáltatott volt neked", amikor amúgy is mardos a bűntudat, hát... *gondold bele magad a helyzetembe!* Megmásíthatatlan. Feloldhatatlan. Pokol.

A legrosszabb az volt, *hogy nem éreztem magam méltónak semmi jóra,* senki szeretetére, és amint valaki mégis szeretetet mutatott felém, rosszul éreztem magam, *nem tudtam elfogadni,* mert úgy éreztem, hogy nem érdemlem meg... én ilyen szépet nem kaphatok. *Mert ugyan ki tudna szeretni valakit, aki ilyet tett?!* Mert én biztosan nem. *Azonosultam a poklommal, és aszerint is viselkedtem.* Elhinni, hogy van a világon, aki esetleg mégis szeret, amikor nem érzed belül magad rá méltónak... hát, nagyon nehéz. Azt gondolni, hogy talán Isten *ennek ellenére* szeret, amikor megöltem a kreációját... nevetséges gondolatnak tűnt. És az ÉN hibám volt, ÉN tehettem róla, SZÁNDÉKOSAN öltem meg. Életre hívtam valamit, aztán megöltem. *Milyen kegyetlen szörnyeteg tesz ilyet?* És Isten, vagy bárki... akárki... *hogy tudna a szívében szeretetet találni számomra?*

Tehát a vallás néhány földi helytartója csak rontott a helyzeten... belém rúgott, amikor már amúgy is a földön voltam. (Hangsúlyozom: néhány – az a pár, akikkel én személyesen beszéltem –, azaz nem az összes.)

A Biblia igaz abban az értelemben, hogy igazi mondanivalója van, de sok helyen értjük félre, értelmezzük gyermetegen, vagy szó szerint. (Tudtátok például, hogy az intézményesített vallás nem biblikus?)

Szinte hallom a kérdést: Istennek, ennek a Nagyszerű Esszenciának ugyan miért volt arra szüksége, hogy tanmeséket gyártson, hogy analógiákat, allegóriákat és szóképeket használjon? Ugyan miért nem mondta el a tutit pár mondatban összefoglalva, egy több száz oldalas, történetekkel és mesékkel tarkított könyv helyett? *Miért kellett neki ez?*

Az a helyzet, hogy nem a saját szórakoztatására kreálta a Bibliát, hanem azért, hogy könnyebben megértsük a lényeget. Pontosan fordítva működik a dolog: a *mesék miattunk, és nem miatta vannak*. Nem magának sztorizik, hanem *nekünk*. Nem, nem lett volna könnyebb, sőt, sokkal nagyobb félreértésekhez vezetett volna, ha lerövidíti. A Biblia oka pontosan ugyanaz, amiért színházba járunk. Amiért könyveket olvasunk. Tartalommal, mélységgel és magassággal tölti meg a szavainkat. Shakespeare elmondhatta volna egy mondatban a Rómeó és Júlia lényegét: szerelmes lesz két fiatal, a családjaik utálják egymást, meghalnak. Kész, vége, főcím. De pontosan, hogy a lényeg – a mondanivalóhoz vezető út, a felépítés, az érzelmi töltöttség, a sírás és a nevetés – hiányzott volna belőle.

Gondolj egy gyerekre, aki bár tud beszélni, még sok szót nem ismer (a gyerekek még a legegyszerűbb szavakat is félretanulhatják). Egyszer csak a gyerek azzal jön hozzád, hogy nem ért egy bizonyos szót, magyarázd el neki. *Hogy* magyarázod el?

Mondok egy példát. Másodikos koromban anyukámtól megkérdezem, hogy mi az a „ribanc". Ő úgy írta körül, hogy „rossz lány". Megkérdezte, hogy értem-e, természetesen értettem. Másnap az akkori legjobb barátnőm valami butaságot csinált, én ránéztem, és halál komolyan a szemébe nézve azt mondtam: „ribanc". Ő persze ismerte a szót és sírni kezdett. Én pedig nem értettem a problémát, és még engem szidtak le csúnyabeszédért.

Mi történt? Az anyukám azt elfelejtette mondani – mert *számára* egyértelmű volt –, hogy ez egy csúnya szó. És hiába kérdezte, hogy értem-e, én csak azt tudtam érteni, amit elmondott nekem. A gyerekeknek egy szó, bármilyen szó, csak *hangok összessége*. Ha ez nem így lenne, akkor csak egy univerzális, „igazi" nyelv létezne, melyen mindennek lenne egy „igazi" neve. A gyerek nem fogja magától tudni, hogy az a szó csúnya, ha nem ismeri. *El kell neki mesélni, mert tanmesén, példán, szemléltetésen keresztül értünk meg igazán valamit, addig csak az üres szót ismételgetjük.* Rengeteg ember rohangál ám a világban, fel sem ismerve, hogy a szavakat ugyan ismételgeti, *de a lényeg kimarad*. Csak a szavakat érti, a mondanivalójukat nem. Isten pontosan, hogy *számunkra* könnyítette meg a megértést hasonlatokkal, analógiákkal, mesékkel. És a legtöbb félreértésünk *pontosan onnan származik*, hogy a Biblia *szavait* értjük, a *tartalmát* nem. *Szó szerint értelmezünk valamit, ami arra íródott, hogy ne szó szerint értelmezzük.* Innen jönnek a gondok. Ezért bántott engem néhány vallásos ember.

III. fejezet
TYÚK VAGY TOJÁS?

Tehát a dolog természete határozza meg a szót, és nem a szó határozza meg a dolog természetét. Egyszerűen azért, mert *előbb volt a dolog természete, és később jöttünk mi, akik a nyelvünkkel próbáltuk körülírni azt. A világ előbb volt, mint a mi világértelmezésünk. Előbb léteztünk, utána kezdtünk beszélni.*

Beszéljünk a sátánról és a pokolról!
Van-e „sátán"? Ahogy láttuk, mindent a természetéről tudunk felismerni, nem a szó alapján, aminek elneveztük. Tehát a kérdés így hangzik: *milyen* a „sátán"? A „sátán" olyan, hogy valamilyen jót megakadályoz, valamilyen fejlődést blokkol, arra késztet, hogy bánts másokat, a legrosszabbat hozza ki belőled... Tudsz valamire gondolni az életedben, amire illik ez a leírás? Én tudok. Úgy hívják: *félelem*. A „sátán", „ördög", „fekete energia" nem más, mint a bennünk dolgozó félelem. A félelem áll az utunkban, a félelem bénít minket, és a **félelem hozza ki belőlünk a legrosszabbat.** Erre később részletesen kitérek.

Akkor, ha a „sátán" a félelem (és nem egy bukott angyal, meg nem egy két lábon járó, gonosz szellem, meg nem egy félig kecske, félig ember mix), akkor vajon van-e pokol?

Persze, „pokol" van, de a pokol nem a halálunk után jövő tüzes hely, ahol az örökkévalóságig büntetésben vagy és szenvedsz. (Milyen szerető Isten lenne, aki ilyet kitalál, sőt, ha *valóban* mindenható, nem lett volna számára is egyszerűbb egyből tökéletesnek teremtenie bennünket, hogy ne hibázzunk, hogy egyből mehessünk a mennybe, ahogy azt ő is szeretné, probléma megoldva? Gondoljátok, hogy a Mindenható létrehozta a teremtményeit, majd abban leli örömét, hogy nézi a bukdácsolásainkat, hogy, ugyan, mikor nem érünk fel az ő alkotói sztenderdjeihez? Hát nem ő a mindenható? Az alkotó?! Sőt, ha már itt tartunk, *milyen szerető pap, vallás, ember akarna téged* BELEFÉLEMLÍTENI a hitbe, mondván, ha nem hiszel, pokolra jutsz? Sajnálom, de ez nem igazi hit. Ez *nem* igazi szabadság. *Nem* igazi öröm. *Nem igazi szeretet.)* Ez Isten, a Biblia, a Szeretet, az Élet *félreértelmezése.* De menjünk vissza a pokol értelmezésére. Ezt is első kézből tapasztaltam meg, és nap mint nap tanúja vagyok mások poklának. A poklot *mi teremtjük meg a saját életünkben*. A saját, egyénre szabott poklunkat és **mindenkinek a saját pokla fáj a legjobban**!

Elmesélek még egy történetet:

Évekkel ezelőtt ismertem egy férfit, akit nagyon szerettem, nevezzük Tamásnak. De Tamás családos ember volt, nem tudott a szerelmünk és a családja között dönteni, ezért 2,5 év után elhagytam. Sok örömöt és sok bánatot is vittünk egymás életébe. Tamás üzletember, az évek alatt a második természetévé vált a füllentés. Amikor mi először találkoztunk, ő már azon a ponton volt, hogy *észre sem vette*, amikor ferdített, elhallgatott dolgokat, vagy egyszerűen nem mondott igazat. A kapcsolatunkban voltak pillanatok, amikor nekem valamiért megmutatta az igazi arcát. Nekem megengedte, hogy lássam a sebeit, lássam a rettegő, gyermeki énjét. Sajnáltam miatta. A látszat, amit a külvilágnak fenntartott, meseszép volt: szerető család, feleség, gyerekek, szép otthon, karrier... tisztelet és elismerés övezte őt a felszínen. A fájó valóság azonban az volt, hogy a feleségét már azelőtt megcsalta, hogy elvette volna, és a kb. 30 éves házasságuk alatt Tamásnak *mindig is* voltak titkos barátnői! Ez a férfi belül szenvedett. Ez a férfi menekült önmaga elől, a füllentés csak egy önvédelmi eszköz volt számára, hogy senki se hatolhasson a lelkéig, senkinek se kelljen megmutatni az igazi arcát, senki előtt ne legyen törékeny vagy sebezhető. A füllentés a bujkálásnak, önmagam fel nem vállalásának és a problémákkal való szembe nem nézésnek egy formája. Az, hogy füllentett, nem azt jelentette, hogy ő egy „rossz" ember. Egyszerűen félt, és könnyebbnek találta, ha a helyzetén nem változtat, és a mélyebb problémákat (mert akkor csalunk meg valakit, ha mélyebb probléma húzódik a háttérben) helyileg kezelte, hogy elviselhető legyen számára a hideg valóság. És itt jön a csavar: a folyamatos füllentéssel megteremtette a *saját földi poklát: senkinek nem engedte meg, hogy a fantasztikus, de tökéletlen embert meglássa benne; senkinek nem mutatta meg az igazi arcát, a sebeit, a fájdalmát, így a legnagyobb ajándéktól fosztotta meg magát: attól az ajándéktól, hogy őt önmagáért, a hibáival együtt szeressék!* És EZ tragikus! Mert a hazugság mit csinál? **A hazugság érzelmileg eltávolít minket a helyzettől.** Eltávolít minket az önazonos igazságunktól, és végső soron attól, hogy lelki közösséget vállaljunk valakivel. Nem leszek sebezhető, de így nem is adom meg a lehetőséget az embereknek, hogy önmagamért, a hibáimmal *együtt* szeressenek!

Ha nem mutatom meg magam a világnak, vagy legalább a szűk környezetemnek, a társamnak, akkor a világ, a szűk környezetem, a társam legjobb esetben is csak azt a maszkot szereti, amit nap mint nap felveszek, és nem *engem*. Ekkor a szeretet nem éri el az elevenemet, a lényemet, sosem fogom magam igazán szeretve és elfogadva érezni. És **szeretetlennek érezni magad a legnagyobb kín a világon**... *Ez a pokol*.

A pokol a nem megfelelő dologgal való azonosulás, és az eszerint élés. Önmagam elrejtése, és így a szeretetlenség érzése. Mert a maszk mögé nem hatol a szeretet. A példához visszatérve, Tamás elméje azonosította magát a meseszép (de nem *igazi*) képpel, amit a külvilágnak mutatott. Papíron gyönyörű élete volt. Az igazság azonban úgy állt, hogy sírt, zokogott, mint egy gyerek, amikor senki sem látta. Magányosnak és elhagyatottnak érezte magát belül. Titokban szenvedett, kilátástalanul. Mi ez, ha nem pokol?!

És ahogy létezik pokol, létezik mennyország is.

A mennyország nem más, mint az önazonosság, és az ezért való szeretettség érzése. Mert ennél jobb érzést elképzelni sem lehet.

Gondolj bele!

Mi a legjobb érzés a világon? Persze, mondhatod, hogy egy pohár (vagy üveg) vörösbor, a kedvenc ételed, esetleg egy kádfürdő.

Mondhatod, hogy a Mount Everest meghódítása, vagy a világ legszebb emberének megcsókolása, vezetni a világ legdrágább autóját vagy kiugrani egy repülőből – és igazad van, ezek mind nagyszerű érzések. De a trükk nem a konkrét élmény: a nagyszerű érzés *mindig egy vágy kielégítése*. És ezek a vágyak mindig a kontextustól függnek, *egyet kivéve*. Például, ha az a vágyad, hogy a teljes szabadságot megtapasztald, eszközök egész tárháza áll rendelkezésedre: kipróbálhatod a szabadesést, szakíthatsz a pároddal, vagy anyagilag juthatsz nagyon magasra stb. Ha a vágyad az, hogy fontos ember legyél, lehetsz vezérigazgató, előrukkolhatsz egy találmánnyal, válhatsz szülővé stb.

Tehát az, hogy a saját vágyunkat milyen módon elégítjük ki, *rajtunk* múlik. (A miértek számítanak, erre később térek ki, mert pl. a búvárkodás nekem a nyugalom megtapasztalása, de lehet, hogy neked a legnagyobb félelmed megvalósítása.)

De menjünk oda vissza, hogy vágyak kielégítése. Minden vágynak egy gyökere van; van egy vágyunk, ami univerzális, mindenkinél jelen van egész életében, meg nem másítható, el nem vehető. Letagadható, lehet úgy tenni, mintha nem vágynánk rá, el lehet játszani, hogy nekünk nincs is ilyen vágyunk; de belül igenis vágyik rá *minden ember*, és minden ember *ugyanarra* vágyik: hogy *szeressék*. **Ám a szeretet csak akkor érint meg minket, ha önmagunkért történik, mert akkor érezzük valódinak.**

Ezzel egyidőben van egy legnagyobb félelmünk, pontosabban egy nagy félelem, mely az összes félelmünk gyökere és melyre minden kisebb félelmünk lebontható. Na, vajon mire? Mi lehet az, amitől mindenki – te is, én is, most is, évszázadokkal ezelőtt is félünk vagy féltünk? Mi az, amitől minden egyes ember, aki valaha élt, most él, vagy bármikor a jövőben élni fog, a legjobban retteg? Kitalálod? **Az emberiség legnagyobb félelme, hogy önmagunkért szerethetetlenek vagyunk!**

Gondolj bele!

Mire vágyik a lelked helyzettől és pillanattól függetlenül? Arra, hogy *szeressék*! Ha szeretnek téged, ha van, aki szeressen, igazán szeressen, önmagadért szeressen, a jót keresse és lássa meg benned, felsegítsen, amikor elesel, és ne kelljen félned, hogy bántani fog, az a földi mennyország.

Ez az alapigényünk a létünk mozgatórugója, célja és eredője: *megtapasztalni a szeretetet.*

Játsszunk el egy gondolattal! Tételezzük fel, hogy te vagy az alkotó – még nincs világ, nincs Föld, nincs anyag. Csak te vagy – az Ige. A Tudat. Ez a Láthatatlan Mindenség. Minden, amit teremtesz; a *szereteted* terméke – ahogy mi, emberek is szeretjük az alkotásainkat; a festményeinket, az épületeinket, az írásainkat, a gyerekeinket. Tehát szeretnél egy világot teremteni, melyben az általad szeretett teremtmények jól élnek, boldogok, szeretik egymást.

Hogyan éred el ezt?

Nagyon komolyan kérdezem. Te vagy a teremtő. Hogy nézne ki az a világ, ahol nem bábok, hanem igazi, tudattal, értelemmel, szabad akarattal bíró lények élnek boldogan, szeretve egymást?

Röviden a feladat: egyrészről legyen szabad akaratuk, másrészről nem szeretnéd, hogy a legszebb alkotásod önmaga ellen forduljon és nekiálljon megsemmisíteni magát. Te *hogyan* csinálnád?

Hogyan máshogy lehetne szabadakaratú szeretetet generálni, mint a teremtményeid szívébe ültetni az IGÉNYT a szeretetre, és rájuk hagyni, hogy ők válasszák ki, miként érik el ezt???

Az univerzálisan minden egyes emberbe programozott alapigény a szeretetre nem más, mint a nálunk nagyobb erő ösztönzése arra, hogy szeressünk. Hiszen csak akkor fogunk a tettek mezejére lépni, ha van rá igény. Minden, ami körülvesz, igénnyel kezdődött.

A szeretet, az öröm, az igazság pedig kéz a kézben járnak, egymásból kezdődnek és egymáshoz vezetnek. *És ez minden más nagyszerű érzést felülír.* Mert hiába iszod a kedvenc borodat, hiába ugrasz ki egy kisrepülőből, hiába van 10 szeretőd, hiába halmozod az élvezeteket: ha nem szeretnek, a szíved nyugtalan, szomorú és magányos. Mert szerethetik a pénzedet, a pozíciódat, a testedet, a fiatalságodat, de ezek mind múlékony dolgok és állapotok. Ez múlékony, önös szeretet. Hiszen amint ezek a dolgok megváltoznak, a „szeretet" is elmúlik, és retteghetsz, hogy amint a változás bekövetkezik (mert be fog következni, ez biztos, hiszen az életben minden elmúlik, *egy dolgot kivéve*), már nem leszel szeretve. De! Van jó hírem is! A pénzed *nem* te vagy! A pozíciód *nem* te vagy! Az élethelyzeted *nem* te vagy! A tested *nem* te vagy! Te ezeknél sokkal, de sokkal *több* vagy; *több vagy, mint bármi, ami elmúlik*. A nem igazi szeretet félelemhez vezet; ahhoz, hogy elveszíthetem, amiért valakit szeretek. Az igazi szeretet nem veszíthető el és *nem vezet félelemhez*. Innen ismerhető fel.

Ha nincs, aki önmagadért szeressen, száműzött vagy a saját életedben. Mondhatni, a saját életed áldozata, és te húzod a rövidebbet, mert az igazi szeretet olcsó utánzataival éred be. Végül pedig egyedül maradsz önmagaddal, ami elsőre talán nem hangzik tragédiának, de ha nincs, aki a halálos ágyadon fogja a kezed, ha nincs, aki öregkorodban egy jó szót szólna hozzád, aki átlátna a ráncaidon és a remegő kezeden, aki nem az aktuális formádra reagál, hanem a *valódi lényedre*, aki emlékszik rá, hogy ki vagy te – akkor is, amikor már nem annak látszol, vagy amikor már te magad sem emlékszel –, ha nincs, aki szeretettel gondol rád... akkor az egyedüllét nem egyedüllét többé, hanem *magány, elhagyatottság, végső soron: szeretetlenség*. Hideg létezés egy életben, amiben már nem vagy otthon, mert már nem vagy szeretve. **Hiszen az otthon ott van, ahol szeretnek.** Mindenhol máshol számkivetett vagy.

IV. fejezet

KI A SZÉP? KI AZ ÖREG? ÉS KI A GYEREKEM?

A 15 éves tanítványomnak egy videót kellett elemeznie, ami a szépségről szólt. Röviden elmondva arról, hogy nekünk, embereknek miért van szükségünk a szépre, hiszen ma már igazolt tény, hogy a szépségre való igényünk és törekvésünk nem úri huncutság, nem a gazdagok szórakozása, amikor jó dolgukban megvesznek valamit, mert az szép. Nem, nem. A szépségre való igény biológiailag belénk van táplálva. Hiszen a modern idők előtt a túlélésre játszottunk, ehhez pedig eszközökre volt szükségünk. Azt találtuk szépnek, ami tudat alatt valami számunkra hasznos információt hordozott: egy egészséges női test azt üzeni a férfinak, hogy alkalmas gyerekszülésre. Egy jó illatú gyümölcs azt üzeni, hogy biztonsággal megeheted, nem fogsz meghalni tőle. A felhők nyugalmas rendezettsége azt üzeni, hogy nem jön vihar, nem kell elbújni. Az agyunk hozzászokott ahhoz, hogy a szimmetriát, az aranymetszést, a fraktálokat a biztonsággal azonosítsa. Más szavakkal: tudat alatt, ami szép, az biztonságos. Ami biztonságos, az jó. Ami jó, az szép. A kör bezárult. **Az élet azt akarja, hogy azt találjuk szépnek, ami jó nekünk.** Érdekes, nem?

Megkérdeztem a tanítványomtól, hogy van-e univerzális szépség. Természetesen az volt a válasz, hogy: „nincs, hiszen tudjuk, más kultúrák más dolgokat találnak szépnek, és akkor személyes preferenciákról ne is beszéljünk". Ez a válasz nagyon logikusan alá volt támasztva, és a kislány meg is volt győződve a saját igazáról: amit mondjuk, az arab kultúrában szépnek látnak, nem biztos, hogy az ázsiai kultúrában is szépnek találnak. Mosolyogtam.

A következő párbeszéd zajlott le közöttünk ezután, szóról szóra írom le:

– Tehát nincs univerzális szépség, értem. Akkor mondd el a saját szavaiddal, mi a szépség. – Már előre mosolyogtam magamban, nagyon vártam, hogy lássam, mi zajlik a fejében.

– Hát, az a szépség, ami tetszik – mondta lassan. Hangosan kuncogtam. Ő is nevetett a nyilvánvalóan semmi újat nem tartalmazó mondatán, amit a videó megnézése előtt is pontosan tudtunk.

– Ez eddig is egyértelmű volt, köszi a definíciót. Akkor kezdjünk ott, hogy anyukád szép-e.

– Igen.

– És apukád?

– Igen.

– A húgod?

– Cssss, nem akarom, hogy meghallja! – mondta suttogva, de *igen*t bólintott a fejével.

– Rendben. Én szép vagyok? – Nagyon figyeltem a reakcióját, hogy mennyit gondolkodik rajta, mennyire erőltetve mondja a választ. De azonnal, gondolkodás nélkül rávágta:

– Hát persze!

Hittem neki. Ő valóban szépnek látott engem. Mosolyogtam a dolgon, hiszen pontosan tudom, hogy nem vagyok klasszikus szépség, és megerőltetni sem szoktam magamat. Úgy képzeljetek el engem ezen a napon, mint egy teljesen átlagos, szürke kisegeret – senki nem fordult volna meg utánam az utcán.

– Miért? Miért gondolod, hogy szép vagyok? Nézz rám! A ruhám egyszerű. Nincs rajtam smink. A szemem alatt karikák vannak, fáradt vagyok. A bőröm nem egyenletes. A hajam mosatlan, és a fejem tetején van feltűzve. Az orrom nagy, és szemüveges vagyok.

Láttam az arcán, ahogy szemügyre vesz és konstatálja, hogy bizony igazam van – objektíven nézve valóban semmi szép nem volt rajtam. Láttam, hogy keresi az érveket a fejében, hogy bár igazam van, ő mégis szépnek lát, de maga sem érti, miért. Egyszer csak felragyog az arca, és gondolkodás nélkül rávágja:

– Mert szeretlek!

– Aha! – kiáltottam fel, megörülve ennek a felismerésnek. Így folytattam:

– Tehát univerzális szépség mégis van. Az a szép, akit szeretünk.

A kislány nevetve bólogatott.

A közeli barátaim lényegesen idősebbek nálam. Vannak, akik 40-50 évesek, de vannak igen közeli barátaim a 70-90 éves korosztályból is. A barátaimnak és barátnőimnek tekintem őket a szó klasszikus értelmében: összejárunk kávézni, teázni, ebédelni, sakkozni, és kibeszéljük az életet, együtt sírunk vagy nevetünk, biztatjuk egymást, és örülünk a másik örömének. Ezek igazán tartalmas kapcsolatok. Annyira természetesen jönnek, hogy én nem látom, nem érzem, nem veszem észre a korkülönbséget. Az emberek körülöttem van, hogy rácsodálkoznak, vagy furának tartják, ilyenkor mindig meglepődöm. Amikor találkozom velük, sosem, egyszer sem fordul meg bennem, hogy *ő idősebb nálam*. Persze, látom a ráncokat, látom az ősz hajszálakat, de valahogy keresztüllátok rajtuk – sőt, szépnek is látom őket. Mert ahogy egy 15 éves kislány is meg tudta fogalmazni, én is azt érzem, hogy a szeretet egyszerűen *túlmutat* a fizikai valónkon – az igazi szeretet nem áll meg a borítón, a külsőn, a csomagoláson, az aktuális állapoton, hanem továbbmegy azon. A fizikai formánk lényünk *legjelentéktelenebb* része – a lényeg *mögötte* van.

Sokan őrült módon üldözik a fiatalságot, gondolván, hogy ha fiatalok maradnak, akkor szépek maradnak, ha szépek maradnak, akkor jobban fogják majd őket szeretni. Ez tévedés. **Szeretni bárkit, bármikor, bármilyen állapotban lehet.** Az egyetlen feltétele a szeretet adásának az, hogy *ne pusztulj el* a folyamatban, mert akkor az nem valódi szeretet, csak a szeretet látszata, ugyanis a valódi szeretet téged is feltölt, nem pedig leszív.

Az „öreg" egyébként az egyik legtévesebben használt szó. Olyan sokan mondják, hogy „öreg vagyok", de nem azt értik alatta, amit mondanak. Mert az öregség egy *hozzáállás*, egy gondolkodásmód. Igen, jól olvasod: **az öregség egy gondolkodásmód.** Hiszen akik azt ismételgetik, hogy ők „öregek", valójában azt akarják mondani, hogy „befásultam, fáradt vagyok, feladom ezt az élet nevű projektet, boldogtalan vagyok, reményvesztett vagyok, kész, vége, nem akarok többet csalódni, be vagyok savanyodva". Ezt mondják igazából. Az öregségnek *semmi* köze a korhoz.

A fiatalság pedig nem a ráncok hiánya. Nem, nem. A kérdés mindig a dolog természete, azaz: a fiatalság *milyen*? A fiatalság játékos, gyermeklelkű, nevetős, bolondozós, tenni akaró, megújuló, keresi a játékot.

Tudom, hogy ez így meredeken hangzik, ezért elmesélem, mi történt Máriával, aki ekkor 85 éves volt.

Mária nagybeteg volt, tudtuk, hogy napjai, esetleg hetei lehetnek hátra. Már kórházban feküdt, az állapota nem volt túl jó: felkelni nem tudott, levegőt nehezen vett, enni és inni kis adagokban még tudott. Tudta, hogy nincs sok hátra. Vittünk neki fügét és málnát, mint kedvenc gyümölcseit. Megkérdeztem, hogy melyiket kívánja jobban. Mária rám nézett, és a világ legnagyobb természetességével kijelentette:

– Váltakozva, kérlek! Olyan unalmas lenne, ha minden falat egyforma lenne! – Ennek a fantasztikus embernek a legnagyobb problémája a halálos ágyán az volt, hogy untatja az étel, amit eszik! Értitek?!

Mária a kora és körülményei ellenére sem veszítette el a játékosságát. Amikor vittem valahova kocsival, mindig azt indítványozta, hogy játsszunk olyat, hogy az autók rendszámából ki tud több értelmes szót kirakni. Általában ő nyert. *Mária a halála pillanatáig nem volt sem öreg, sem csúnya.* Tudom, mert ott voltam. Ráncos volt? Igen. Beteg volt? Igen. Segítségre szorult? Igen. De szép volt, és fiatal. **Aki pedig csak a testet látja, pontosan a lényegről marad le.** Mert a testi szépség csak egy pontig visz el – a belső felül fogja írni a külsőt. Egy szép arc önmagában kevés, ha hiányzik belőle mindaz a jó, aminek az alapja a szeretet: a kedvesség, a melegség, az őszinteség. Az a nagy helyzet, hogy a nagy többségünknek gondja van vagy volt a szépség valódi fogalmával. Az a szép, aki *kedves*. Aki *jó*. Aki az *igazat mondja*. Aki *megbízható. Szép az, aki nem bánt, akitől nem kell félni, aki elfogad, megvigasztal, felemel*. Ezek a valódi dolgok az életben – és **a valódinál nem lehet szebbet kitalálni.** Az öregedés üzenete tehát: MÉG ITT VAGYOK! A ráncok alatt *itt vagyok!* Az énem független a testemtől! *Én nem a testem vagyok!* A testet elhasználjuk, mert eszköz. A fiatalság nem tartós. Csak a szeretet az. Mindenkinek

két születésnapja van: az első, amikor fizikailag megszületik. A második, amikor rádöbben, hogy mi mindannyian a halálhoz vezető úton vagyunk társak – mi mind haldoklunk. A felnőtt lét a második születésnappal kezdődik. **Amikor rájössz, hogy haldokolsz, elkezdesz élni.** A célod ne az legyen, hogy fiatal maradj – legyen az a célod, hogy önazonosan boldog legyél! **Az élet akkor kezdődik, amikor szeretni mersz.**
Tehát az öregedésnek két funkciója van:

1. Észrevetted, hogy az idős, kiszolgáltatott emberek (már akik nem savanyodtak be) nem fukarkodnak a szeretettel? Nem méricskélik, csak adják? Dicsérnek? Jótanácsot adnak? Meghallgatnak? Elmondják, hogy szép vagy, fiatal vagy, kedves vagy? Hogy őszintén hálásak, és ezt nem rejtegetik? Ők már legyőzték magukban a szeretet adásával járó sebezhetőség érzését. Mert amikor szeretünk, félünk: mi van, ha a másik nem szeret? Nem becsül meg? Kihasználja, hogy tudja; szeretem, és pozícióbeli előnye lesz, amivel vissza is él? Mi van, ha szeretek nyílt szívvel, és bántást kapok cserébe, olyan bántást, ami mélyebbre megy minden másnál, hiszen kinyitottam a szívemet, beletettem magam... és úgy érzem; nem voltam elég jó, elég szép, elég szerethető, hiszen nem becsültek meg. (Ugye-ugye, a félelem, hogy nem vagyunk önmagunkért szerethetőek.)
2013 óta foglalkozom daganatos beteg hölgyekkel, önkéntes hennafestő vagyok. Ez egy különösen érzékeny bizalmi kapcsolat, amit én megtiszteltetésnek veszek: aki ilyen környezetben mozog, azzal ennyi év alatt sok minden szembejött már. Az emberek a legkülönfélébb dolgokat képesek megbánni, de olyat én még nem hallottam senkitől egyszer sem, hogy azt bánja meg, hogy túl sokat szeretett, hogy túl sokat adott, hogy túl kedves vagy túl jó volt. Nem, nem. Pontosan hogy ennek az ellenkezőjét szoktuk megbánni: amikor nem mertünk adni, amikor nem mertünk kedvesek lenni, amikor nem volt erőnk jónak lenni, végső soron: *amikor nem mertünk eléggé szeretni.*

Tehát az idősödés arra ösztönöz, hogy szedd össze a bátorságot és szeress többet, tedd meg azt, amit a szeretet szeretne, hogy megtegyél, hiszen rájössz: nincs vesztenivalód. Így is, úgy is vége lesz. Akkor pedig miért ne tehetnéd meg, ami a legjobban esik a lelkednek: szeretni?
2. Megtanít, hogy ne fókuszálj túlságosan a fizikai valóságra, hiszen minden, ami mulandó, ugrani fog.
A fiatalság ugrik. A szex ugrik. Minden ugrik, egy dolgot kivéve: a lelki kapcsolódást. És ez azért van, mert a szerepeink forognak a lelki kapcsolódásaink körül, és nem fordítva. A lelki kapcsolódás pedig nem más, mint annak a bizonyosságnak az érzése: a *túloldalon összetartozunk.*
A korral megnőtt az orrod? És akkor ugyan mi van? Aki szeret, túllát az orrodon! Szépnek látlak, *mert szeretlek.* **A tökéletesség egyarcú, a karakter unikális.** *Tökéletes akarsz lenni, vagy tökéletesen önmagad akarsz lenni?* Az öregedéssel a karakteres vonásaink felerősödnek. A tökéletesség besimul egy arctalan tömegbe, amit a kornak és kultúrának megfelelő szépségideál határoz meg – a szépség sztenderdjeihez, és nem az autentikus önmagához igazodik. Ebből jön a kérdés: *vajon mi vagyunk a fizikai világért, vagy a fizikai világ van értünk?* A fizikai segít kibontani a lelkit, vagy a lelki célja a fizikai tökéletesség?
Segítek: az első a helyes megoldás, minthogy fizikai tökéletesség nem létezik, vagy ha esetleg mégis, nem tartós, ahogy arról már beszéltünk. **A fizikai megvalósulásunk az eszközünk a lelki kapcsolódások kibontására.** Az egy *félelemből* eredő logikai bukfenc, hogy ezt sokan nem merik felismerni – sokan azért koncentrálnak a fizikaira, mert elfelejtették a fizikai lét *alapját;* a láthatatlan világot. Ez az alapvetése egyébként a „mennyiség helyett minőség" elvnek is: a kérdés az, hogy sokra van szükségem (fizikai világ), vagy arra a kevésre, akivel minőségi a kapcsolatom (lelki kapcsolódás)?
És ha már ott tartunk, hogy a szavainkat nem megfelelően használjuk, van még egy szó, amit az emberek nem megfelelően

használnak. Ez pedig a „gyerekem". Én sok embert kortól, nemtől, nemzetiségtől függetlenül tartok a „gyerekem"-nek. Sőt, továbbmegyek: képes vagyok dolgokat is a „gyerekem"-nek tekinteni. Hadd magyarázzam meg!

Gondolj bele, klasszikusan *hogyan* írnád körbe a saját gyerekedet? *Mit jelent* számodra a gyermeked?

Ideális esetben *a gyerekem a belőlem lett legjobb dolog, amit el tudok képzelni.* Egy szerelem beteljesülése, ahol már semmi szebbel nem tudom kifejezni, hogy mennyire a helyemen vagyok, mennyire szeretem a másikat, mint egy gyerekkel. A gyerek az alkotásom, akiért áldozatokat hozok, akiért vállalom a felelősséget, akiért akár meghalnék. A gyerekem az, akibe a legszebbet teszem magamból, akinek a legjobbat akarom, akit akkor is szeretek, ha bánt engem, csak azért, *mert van.* A gyerekem az én legjobb részem, ami tovább fog élni belőlem a világban. Akitől nem sajnálok semmit, amire a legbüszkébb vagyok, akire fordítok időt, pénzt, energiát, szeretetet. Akinek kérdés nélkül is segítek, akinek én vagyok a hátországa, akit én hívtam életre, miattam van itt, és *örülök* annak, hogy itt van. *A gyerekem öröm.* A gyerekemnek hozzáteszek az életéhez, ott vagyok, amikor elesik, felsegítem, és örömmel nézem, ahogy nyílik az értelme. A gyerekem az, akiért megéri élni, akit *a legjobban szeretek a világból, azért, mert van.*

Sok mindenki és sok minden iránt érzek így. Sokan szülnek, a megszült gyermek mégsem lesz a gyerekük ebben az értelemben, és ez nagyon szomorú. **Gyerekemmé nem a megszületés által válsz, hanem a szeretet által.** Aki érezte magát „gyerekemnek", akkor ő már igazán volt szeretve. A világ sokkal szebb hely lenne, ha az emberek – legalább a szó szerinti gyermekeiket – így szeretnék.

Gyerekem lehet bármi és bárki, az egyetlen feltétel *az iránta való érzés*: nekem ez a könyv is a gyerekem, a tanítványaim is a gyerekeim, a keresztlányom is a gyerekem, a fiatal barátaim is a gyerekeim. Továbbmegyek: miért ne lehetne az életem is a gyerekem, mint legszebb alkotásom? *Miért ne lehetne a saját életem a legszebb, amit magamból adhatok?* Egy üres vászon, amit nem összemaszatolok bizonytalan ecsetvonásokkal, amire nem ráborítom mérgemben a festéket, amiért csak egy vásznam van, hanem amire festek valami csodaszépet? *Miért ne?* Miért ne fejezhetné ki a saját életem azt, aki én belül vagyok, és *abból is a legszebbet?*

Meggyőződésem, hogy **az Univerzum ugyanezt a mély szeretetet érzi irántunk.**

V. fejezet

HOL ÉRÜNK ÖSSZE?

A fizikai világ kibontja a lelki világban már létezőt. **Mi mind kapcsolódunk egymáshoz lélekben, mégsem vagyunk felcserélhetőek egymással.** Akivel a kapcsolódás, az együtt rezgés erős, azzal találod meg a „közös hangot" a fizikai világban. Hiszen *csak azt tudod kibontani, ami már létezik.*

Azért tudok mély barátságot ápolni idősebb emberekkel, mert a barátságon keresztül a lelkünk együtt rezgése mutatkozik meg, így alakul ki egy lelki közösség kettőnk között. **Mély kapcsolat soha nem abból születik, ha a fizikai világra koncentrálsz**, mert az csak a megtestesülése a láthatatlan mögöttes világnak.

Akkor „érsz össze" valakivel, ha tudatod vele; *nem vagy egyedül,* én is itt vagyok, és olyan vagyok, mint te, lehetséges, hogy idősebb, fiatalabb, erősebb, gyengébb, de *ugyanaz* vagyok, mint te. **Te egy másik én vagy.** *Nem vagy egyedül!* Ekkor jön létre a találkozás. Amikor a te igazi részed és az én igazi részem összeér. Sok emberrel, amikor beszélgetek, úgy érzem, hogy önmagam korábbi verzióihoz beszélek – innen tudom, hogy fel tudom őket emelni, „össze tudunk érni", mert látom bennük önmagamat. Ez a lelki közösség. Lelki közösséget emberi beleérzésen keresztül bárkivel ki lehet alakítani bármikor, mert az alapja az emberi együvé tartozás. Ez univerzális.

A lelki kapcsolódás erőssége viszont egyéni, ezt az együtt rezgést nem mi hozzuk létre... az csak úgy van. Nem tudod létrehozni, lerombolni, megmagyarázni, elfelejteni a mélyről jövő bizonyosságot, hogy „én őt ismerem" (akkor is, ha most beszélek vele először), vagy „őt nekem szánták" (mert érzem), nem lehet megindokolni a fizikai világhoz tartozó érveléseinkkel – ugyanis az eredete nem innen származik.

Lelki közösséget pedig bármikor ki lehet alakítani, akár egy kisbabával, akár egy demens emberrel is – a találkozáshoz nem kell memória, nem kell tudni beszélni: *elég, ha vagy.* Amikor a rendelkezésre álló eszközökből a másik tudtára tudom adni, hogy *„nem vagy egyedül, itt vagyok, ne félj".* Amíg dobog a szívünk, amíg a tudtára tudjuk adni az ő nyelvén, hogy „nem vagy egyedül, vigyázunk rád, biztonságban vagy", addig „össze tudsz érni" vele. A beszélgetéseknek nagyon sokszor nem az információközlés a célja, hanem az, hogy a másik tudja, *figyelnek rá, ő is fontos, őt is szeretik.* Amikor egy kisgyerek elmeséli hatalmas lelkesedéssel, amiről tanultak az iskolában, és te figyelmesen végighallgatod, nem azért hallgatod végig, mert ne tudnád az adott anyagot – semmilyen új információt nem tartalmaz számodra valószínűleg. Egyszerűen azért hallgatod végig figyelmesen, mert ő elmesélheti, megoszt veled egy számára fontos felfedezést, te pedig adsz az idődből és figyelmedből, így tudja, hogy ő is fontos, rá is figyelve van, őt is szeretik. *Vele* csodálkozol, *vele* örülsz, *vele* sírsz. Így bontjátok ki azt a szeretetet, ami lélekben már ott van köztetek. Az életkoránál fogva nem tud veled az élet nagy kérdéseiről beszélgetni, de nem is kell. Mindenkivel a saját szintjén lehet éreztetni, hogy szereted. **A beszélgetések nem arról szólnak általában, amiről tűnik, hogy szólnak.**

Ugyanez a helyzet a demens emberekkel. Egy demens ember fogalmazta meg a saját lányáról, akit nem ismert már meg: „nem tudom, ki vagy, de azt tudom, hogy szeretlek". Ő is arra vágyik, hogy fontos legyen, figyelj rá, az idődre. Akkor is, ha érdemben nem tudtok már beszélgetni. *Elég, ha ott vagy.* Ha megfogod a kezét. Ha kedves vagy vele. Nem kell, hogy ő emlékezzen rád; nem kell, hogy emlékezzen magára ahhoz, hogy te tudd, ő valóban kicsoda. Elég, ha te őrzöd az emléket. Elég, ha *te* tudod: szereted. A Mindenható pontosan így szeret minket – és erre azért képes, mert amíg mi a Földön bukdácsolva keressük önmagunkat, ő pontosan tudja, hogy kik vagyunk. Ő őrzi azt a verziónkat, amit mi elfelejtettünk magunkból. *Ezért* nem tudunk elveszni.

Ahhoz, hogy tudjuk, ki tartozik az életünkbe, *önmagunkat* kell először megtalálnunk. Ez pedig a felnőtté válás folyamata. A dolog úgy áll, hogy a legtöbb felnőtt felnőtt-testbe bújt gyermek, Pán Péterek, akik sosem érkeztek meg önmagukhoz. Ez egy nagyon érdekes felfedezése az életemnek, úgy is mondhatnám: a legtöbb ember éretlen Ez pedig *független* az éveink számától. Éretlen az, aki nem tudja, hogy valójában ki ő. Aki nem mer dönteni. Éretlen, aki még keresi magát. Éretlen az, aki még nem érti a világ örök igazságait, akit csábít a könnyebbik út, aki bedől a világ illúzióinak, aki szívesebben hiszi el a hazugságot, minthogy az igazságot keresse. Éretlen, aki másokra mutogat ahelyett, hogy a válaszokat magában keresné. Éretlen az, aki még nem értette meg a saját szerepét a saját sorsának alakításában. Éretlen az, aki nem vállalja fel önmagát. Én is éretlen voltam, és ironikus módon *még csak nem is tudtam róla*. Akkor vagy felnőtt, amikor az általad meghatározott értékrend téged *békéhez, szeretethez* és *fejlődéshez* vezet. A döntéseink az énünk nyúlványai, visszatükröződései, ha nem ide vezetnek bennünket, akkor még dolgunk van magunkkal, *függetlenül* attól, hogy a fizikai testünk hány éves.

Mert ha nem tudom, hogy valójában ki vagyok, honnan tudjam, hogy kik illenek az életembe?

Például párválasztásban is, nyilván a legjobb partnert keressük. De honnan tudjam, hogy *számomra* ki a legjobb, ha nem tudom, hogy én ki vagyok?

Tehát a „mennyország" az önmagunk megtalálásával, felvállalásával és életcélunk megtalálásával kezdődik. És hogy hogyan vezet egymáshoz az öröm, szeretet és igazság?

- Elmondom az *igazat* magamról, rájövök, hogy mégis *szeretnek, örömhöz* vezet.
- *Szeretlek*, tehát megmutathatod az *igazi arcodat, örülök* neked és te *örülsz* nekem.
- *Örülök* neked, *szeretlek*, annyira szeretlek, hogy látni akarom a csúnya részeidet is, mert látom az *igazságot* alattuk, az igazi énedet.

Látod? Öröm-szeretet-igazság. Egy soha véget nem érő, meg nem unható, folyamatosan felfelé törő spirál. Nemcsak körbe-körbe megy, hanem egyben felfelé is tart. Ahogy mi is az egyre jobb és jobb verziónkat bontakoztatjuk ki.

Az önmagunkhoz vezető utat már a Biblia is kikövezte számunkra – persze, jól félre is értettük!

Tehát *van* pokol és *van* mennyország, csak éppen nem úgy, ahogy azt képzeljük.

Az élet nem folyamatos mea culpák sorozata, és ha nem gyónom meg Isten helytartója előtt, baj lesz. Az ima nem az ezer és ezer éve megkövült szavak üres ismételgetése (majd másnap a „bűn" újbóli elkövetése).

Nem, nem.

A gyónás és az ima *példák*, *eszközök* arra, hogy hogyan legyünk önmagunkkal őszinték. Hogyan ne takargassuk önmagunk elől a hibáinkat, **mert csak azon tudunk változtatni, amit már felismertünk.** Amíg azt hajtogatjuk, hogy a világ gonosz és mi vagyunk az áldozatok, addig nem adjuk meg saját magunknak a lehetőséget arra, hogy a sorsunk változzon. Hogy változtatni tudjunk rajta. Hogy ne elszenvedői, hanem teremtői legyünk a saját életünknek. Hogy ne kiszolgáltatott, passzív állapotban tűrjük az élet szeszélyeit, hanem legyünk proaktívak, vegyük ki a részünket a saját életünkből. **Felismerni őszinteség nélkül nem lehet semmit. Amíg nem vagyunk őszinték magunkhoz, magunkat sem szeretjük igazán.** Tehát nem a megaláztatást vagy büntetést, hanem a *felismerést* könnyítik meg ezek az eszközök. Hogy végre szembenézzünk önmagunkkal. Igen, ehhez bátorságra van szükség. Jó nagy adag bátorságra!

Ahhoz, hogy Isten jelen legyen, nem kell pap. Nem kell templom. Te kellesz hozzá, és a szíved megnyitása kell hozzá!

Már megbeszéltük: a Mindenható mindenhol ott van, mindent lát, mindenről tud. És mindig beszél hozzád. (Mert a Mindenható nemcsak a kiválasztottakhoz beszél ám. Igen, HOZZÁD is beszél, erre később térek ki.) Az, hogy meghallod-e, *rajtad múlik*. Ő várja, hogy eldöntsd, válaszolsz-e, lesz-e az egyoldalú közlésből beszélgetés. Megvárja, hogy te menj hozzá. Vár rád.

Ja, és érti a szlenget. Érti a káromkodást. Érti a kifakadást, a kiborulást, sőt, még azt is érti, ha frusztrált vagy, haragszol rá, netalántán a halálát kívánnád. És elviseli. A Mindenható beszéli a nyelvedet, akármilyen nyelvet, nyelvezetet, stílust vagy terminológiát is használj. Ugyanis a Mindenható anyanyelve a szeretet és az ebből jövő őszinteség – hál' istennek, tudja értelmezni az általunk kreált agyszülemény nyelveket is, mint a hazugság, képmutatás, bujkálás – nemcsak, hogy tudja értelmezni, hanem átlát rajtuk, mint a szitán. És várja, hogy végre értelmesen beszélgess vele, az őszinteség nyelvén keresztül, mert csak ez visz közelebb egymáshoz, semmi más.

Várja, hogy elmondd neki a kendőzetlen igazságot, ahogy tudod. Ami történt, miért történt, hogy történt. És ha kéred, lelkesen ki fog terelni téged a viharból. Munkás? Igen. Nehéz? Igen. Ijesztő? Igen! *De nincs más út magadhoz, minden más zsákutcába vezet.* A döntés rajtad áll. Ez pedig a szabad akarat.

Lelki egységet egy másik emberrel, önmagunkkal és Istennel is *csak igazmondáson keresztül lehet megtapasztalni.* **Az igazmondás ugyanis mindig összekapcsol,** közelebb hoz egymáshoz és önmagunkhoz. **A hazugság pedig mindig eltávolít** egymástól és a belső énünktől. És a hazugság gyökere mindig a félelem.

És az igazság mindig felszabadít. (Ezt segíti elő a gyónás, az ima, a terápia, a naplóírás stb.)

Az igazságban semmi szégyellnivaló nincs. Akkor sem, ha önmagadhoz nem méltó dolgot tettél. Akkor azt tetted, amit tudtál (ami az akkori meggyőződésed szerint a helyes volt, vagy amit a traumáid és félelmeid diktáltak, hogy tegyél). Akkor azt a döntést hoztad, amit tudtál, azzal a tudással, amivel rendelkeztél, azzal az eszközzel, amid volt. Ne marcangold magad. **Ha már jobban tudod, csináld jobban!** Sosem túl késő jobban csinálni. Nem számít, hogy mennyit sétáltál a rossz irányba, *bármikor megfordulhatsz.* Az életed irányát bármikor megfordíthatod, **a változás benned kezdődik, nem a körülményeiden múlik. Fejlődni sosem késő, még a halálos ágyadon sem.**

Én sokáig azt gondoltam magamról, hogy én nem hazudok. Aztán rá kellett jönnöm a csúf igazságra, hogy de bizony, én is ferdítem az igazságot, hallgatok el részleteket, sőt, mondok én is hazugságokat. Az is egy hazugság, hogy hiszel Istenben, aztán egy temetésen összeomlasz és zokogsz. A kettő egyszerűen kizárja egymást. Ha hiszel, ha *tényleg* elhiszed, hogy van valami a halál után, és ez a valami jó, akkor *miért sírsz*? Félre ne értsetek, sírni kell. A sírás az öntisztulás folyamata, egészséges. A lelkünk úgy működik, akárcsak a testünk: impulzusok tömkelege éri nap mint nap, amit szelektálnia kell: ami fáj neki, abból tanulni, ami jó, azt beépíteni – *a gyomlálás folyamatos*. Ápolni kell, ami jó, és javítani azon, ami lehetne jobb. Az önreflexió folyamatos (kellene, hogy legyen). Tehát nem az van, hogy megszületünk, hozzuk magunkkal vagy az első pár évben magunkra szedjük a jó és rossz tulajdonságainkat, az addig minket ért traumákra a válaszreakciókat (a pszichológusok szerint az ember személyisége négyéves korára teljesen kialakul), és akkor azt mondjuk az életnek, hogy „helló, ez vagyok én, tessék engem úgy elfogadni, ahogy vagyok! Ez van, ezt kell szeretni". Nem, nem.

Az élet alapvetése az, hogy **egy egészséges ember törekszik önmaga jobb és jobb verziójának a megvalósítására**. A megrekedtség ugyanis mélyebb problémáról árulkodik. Egy nagyszerű élet nagy munkával jár, de csak így éri meg élni.

A cél tehát *nem az*, hogy validáljuk a saját diszfunkciónkat, olyanokat mondva, hogy „én ilyen vagyok, fogadj el", vagy „én csak őszinte vagyok", miközben átgázolunk mások lelkén a saját vélt vagy valós igazságunkkal. A cél *nem az*, hogy elfogadjuk, megszokjuk, létjogosultságot adjunk a diszfunkciónak. *A cél az, hogy mi mind jobbá váljunk.*

Mondok egy példát. Ismerek olyan embereket, akik az „őszinteség" mögé bújva érzéketlenné válnak mások érzéseire, és így átgázolnak rajtuk. Például azt mondják, hogy „kövér vagy, ne zabálj már, fogyjál le!". Csak halkan kérdezem, hogy vajon az az ember, aki küzd a saját súlyával, nincs pontosan tisztában vele, hogy van rajta plusz?! Nem tudja ő jobban bárki másnál, hogy nem jó az irány? Ő mindennap a saját bőrén érzi; azzal nem érsz el semmit, ha még el is mondod neki, hogy ő szerinted "zabál", majd validálod azzal, hogy de te csak "őszinte" voltál. Nem, te bántó voltál. **Az őszinteség nem egyenlő a beleérzés hiányával.** Én voltam 20 kilóval több, és nagyon el is voltam hanyagolva, az apukám pedig azt mondta: „így is és úgy is szeretünk, tudjuk, hogy nagyon szép a lelked – de annyira örülnénk, ha azt látnánk, hogy kívül is olyan széppé válsz, mint belül, és nem eszed meg az érzéseidet". Hát nem esne neked is sokkal jobban, ha emberséggel, felemelési szándékkal érnének hozzá a lelked amúgy is sajgó részeihez? *Hiába van technikailag igazad, ha közben a másiknak könny gyűlik a szemébe.* De ennél extrémebb példát is fel tudok hozni. Egyik ismerősömet már csak a lélegeztetőgép tartotta életben, amikor is egy magát „őszintének" valló „barát" mindennap felhívta a családot, és megkérdezte: „na, lekapcsoltátok már csóri gyereket a gépről? Neeeem??? Mit tököltök, ideje, hogy lekapcsoljátok, és mindenki élje tovább az életét". Ebből a megnyilvánulásból minden érzékenység a helyzetre és a hozzátartozókra irányulóan hiányzott. És igen, ez egy megtörtént helyzet. A jóakaró saját bevallása szerint ő „csak az igazat mondta".

Az igazság azonban úgy áll, hogy az igazságnak a másik arcába vágása nem vezet jóra. Ugyanis így csak elmarod az embereket magad mellől, és végül magányosan fogsz ücsörögni az igazságoddal, nem értve, hogy téged miért nem fogad el senki, amikor te olyan őszinte vagy. **A valódi igazság nemcsak igaz, hanem szelíd is.** Nem azért igaz, hogy megmutassa a másiknak: „NEKEM" van igazam. Nem, nem. Azért igaz, mert azt üzeni: „nézd, így is lehet. Lehet jobban is. Segítek. Elmagyarázom". Minden más csak az ego a másikon való győzedelmeskedésének megnyilvánulása, ami azt üzeni: *„én* vagyok az, aki kijavít téged", és „te vagy az, aki *javításra szorulsz"*. Tehát *én* magasabban vagyok nálad.

A sírás pedig a méregtelenítés eszköze: megengedem, hogy az érzés ne tartson hatalmában azáltal, hogy átmegy rajtam, átfolyik, és végül elhagy engem. Nincs más út ugyanis: vagy nem éljük meg az érzéseinket és elnyomjuk őket, vagy átmennek rajtunk, és tudjuk; *nem maradnak örökké.* Elmúlnak. Nem tudod kikerülni őket. Az egyetlen út, hogy végre megszabadulj tőlük, az, hogy *keresztülmész* rajtuk – pontosan úgy, mint egy viharon, tudva, hogy nem tart örökké. *Egy vihar sem tart örökké,* hiszen minden felhő mögött ott van a nap, ami akkor sem szűnik meg sütni, amikor éppen nem látjuk.

VI. fejezet

A NÁLUNKNAGYOBB VS. TUDOMÁNY

Sok embernél a hit ott akad el, amikor nincs tudományos magyarázat. Pedig előbb volt a működő világ, mint a mi tökéletlen magyarázataink a világra. A hit dilemmája ugye, a „mi van, ha nem?" kérdés. A világ jó. Igen, de mi van, ha nem? Isten szeret. Igen, de mi van, ha nem? Isten létezik. Oké, *de mi van, ha nem*???

Félelmünkben elhisszük, hogy nincs Isten, magunkra vagyunk utalva, kiszolgáltatottak vagyunk, és egy olyan játékban (élet) próbálunk boldogulni, aminek a szabályait ki jobban, ki kevésbé, ki egyáltalán nem érti. Amikor viszont felismerünk egy törvényszerűséget, például, hogy a víz 100 fokon forr (és *mindig* száz fokon forr), akkor annak a törvényszerűségnek a felismerése biztonsággal tölt el minket, megnyugszunk, hogy még egy szabályszerűséget sikerült felismernünk, könnyebbedik az életünk, tisztul a kép. A szabályszerűségek támpontok nekünk, hiszen a felismerés csökkenti a kiszolgáltatottság érzését. (Egyébként egy gyerek is akkor érzi magát biztonságban, ha tudja, hogy mit szabad, és tudja, hogy mit nem szabad, és ha mindig *ugyanazok* a szabályok érvényesülnek. Az inkonzisztencia feszültséget kelt benne: ha egyszer engeded, de máskor ugyanazt nem, akkor elveszíti a kiszámíthatóságot és ez benne bizonytalansághoz, a biztonság elvesztéséhez vezet. Az igazság is pontosan azért szabadít fel, mert ma is igazság, holnap is igazság, de 10 év 100 év és 1000 év múlva is igazság lesz. Ez a szelíd kiszámíthatóság szinte megsimogatja a lelkünket. Ha az élettársam füllent nekem, akkor a gond nem az, hogy nem tudok neki megbocsátani. Megbocsátani meg lehet. De nem fogom tudni, hogy mikor történik meg újra, és ezt a bizonytalanságot nem tudjuk kezelni. Vágyunk a biztonságra

minden szinten, vágyunk válaszokra, igaz válaszokra az élet
nagy kérdéseivel kapcsolatban, úgy, ahogy egy gyerek vágyik
biztonságra, ahogy a párunk vágyik biztonságra.)

Ebből következik az, hogy feltalálók nincsenek, csak *felismerések*
vannak! *Gondolj bele!*
Nagy felismerések vannak csak. A feltaláló az, aki felismer
egy jelenséget, és ezt figyelembe véve, együttműködve vele
eredményt ér el. A hiten *belül* van a logika és törvényszerűség,
és nem fordítva.

Az orvos megfigyeli, felismeri, megtanulja a törvényszerűségeket, és *megteremti a körülményeket, hogy a test meggyógyítsa magát*. Nem gyógyít. Játszik a játékszabályok szerint.

És milyen érdekes, hogy az ember ösztönösen keresi a megoldást minden problémára, mert HISZI, hogyha van probléma, lesz megoldás is! Az, hogy nem látjuk, hogy nem ismertük még fel, *nem jelenti, hogy nincs megoldás*. Szép is lett volna, ha a nagy felismerőink nem keresték volna a megoldásokat, mert nem hittek volna bennük! Szép is lenne, ha mindent feladnánk, mert elsőre nem sikerült. Gondolj egy járni tanuló gyerekre! Először feláll, bizonytalan, meginog, fenékre ül. Meglepődik: mindenki két lábon járkál körülötte, neki mégsem sikerült... ez nem is olyan egyszerű! Na jó. Tudomásul veszi. Eldönti, hogy megpróbálja újra. Fenékre ül. Jó. Harmadjára is nekiveselkedik, már fáj a hátsója. Most kicsit többet képes két lábon állni, de a hátsója csak visszahúzza a földre, megint a fenekén találja magát. Sikertelennek érzi magát, úgy érzi, akárhogy is próbálja... ez lehetetlen küldetés. Sírni kezd. Durcás és türelmetlen lesz. De amikor kisírta magát (hiszen a földön fetrengés és a sírás is unalmassá válik egy idő után, nem lehet örökkön örökké dagonyázni az elkeseredettségünkben és fájdalmunkban), tudod, mit csinál? Megpróbálja újra. És újra. És újra. És előbb-utóbb sikerülni fog neki, hiszen valahogy mi mind megtanulunk járni. Szép is lett volna, ha feladjuk kétévesen, mert fenékre ültünk párszor! Persze, lehet mondani, hogy járni megtanulni könnyebb, mint megtalálni Istent. Az igazság azonban az, hogy

mindig az előttünk álló, ránk szabott feladat számunkra a legnehezebb. A kétévesnek az, hogy járjon. Lehet, hogy utólag vagy kívülállóként nem is tűnik akkora dolognak – *számára* azonban az. Hatalmas dolog! Sokan keresik Istent, és valahogy sehogy sem találják. Sem első, sem második próbálkozásra nem sikerül megtalálni – és feladják a próbálkozást. Belenyugszanak, hogy nincs, vagy ha van, bújócskázik, vagy a bolondját járatja velünk. Tehát ha van, és nem sikerült sem elsőre, sem másodjára megtalálni, eldöntjük, hogy még ha létezik is, mi akkor sem rajongunk érte! Mert nem tetszik a világ, nem tetszik, hogy nehéz, nem tetszik, hogy nem sikerül elsőre... szóval jól megsértődünk – pontosan úgy, ahogy egy kétéves. Aztán csodálkozunk, hogy besavanyodunk, nem találjuk a helyünket, és valahogy árvának érezzük magunkat. Valójában csak a totyogó beszél belőlünk, akinek fáj a hátsója és elvesztette a türelmét. Nem lehet, hogy nem akartuk eléggé megtalálni Istent? Vagy nem jó helyen kerestük? *Nem lehet, hogy először el kéne hinni, hogy meg lehet találni, ahhoz, hogy megtaláljuk?* Úgy tartja a mondás, hogy a nyertesek olyan vesztesek, akik felálltak, és megpróbálták újra.

A világ összes nagy „felfedezője" hívő volt, hiszen hinni, hogy van megoldás, annyit jelent, mint hinni abban, hogy nem véletlenszerűen, törvényszerűségek nélkül, következetlenül létezünk egy kiszámíthatatlan világban, ami tőlünk függetlenül létezik. Hinni, hogy van megoldás, annyit jelent, mint hinni a Mindenhatóban. Hit nélkül elveszettek, otthontalanok és üresek vagyunk.

A hit mindig előrevisz. A hit hiánya pedig semmittevéshez, elakadáshoz, inkább-meg-sem-próbálomhoz, végső soron depresszióhoz vezet... Szomorú világkép az, ahol már meg sem merem próbálni.

Egy kedves tanítványom dolgozat előtt mindig azt kérdezi tőlem: „nehéz lesz?". A válaszom mindig így hangzik: „ha tanultál, nem lesz nehéz".

Más szavakkal: **az életben minden nehéz, amíg nem értjük.** Hiszen amit nem értünk, az számunkra kiszámíthatatlan;

ami kiszámíthatatlan, az csalódást fog okozni; ami csalódást okoz, az fáj; ami fáj, az ellen védekezünk. De amint egyszer megértettük, *minden egyszerűvé és logikussá válik*. Ismered a Rubik-kockát? Első pillantásra lehetetlen küldetésnek tűnik. De ha tudod a szabályt, a trükköt, a titok nyitját, NEKED is menne. Ha megértetted, egyszerűnek fogod találni. Sőt, idővel természetesnek fogod venni. És még az a pont is el fog jönni, amikor nem fogod érteni, hogy mások miért nem tudják kirakni, hiszen olyan egyszerű, olyan magától értetődő ez.

Felmerül a kérdés: egyáltalán *miért kellenek játékszabályok?* Sok embert frusztrál a leszabályozott élete, akár egyházi, akár jogi, akár más szabályokról legyen is szó, ide értem a természet törvényszerűségeit is. *Van-e szükség szabályra?*

Olvastam egy rövid, de annál tanulságosabb történetet, elmesélem röviden a mondanivalóját: egy iskolában, az osztályban a gyerekek nagyon lázadoznak a szabályok ellen. A tanár vevő is erre a logikusnak tűnő gondolatmenetre – hiszen miért kéne bárkit is szabályozni? Miért ne csinálhatná mindenki azt, amit akar? A teljes szabadság miért nem jár alanyi jogon? Az osztály meg is egyezik, hogy innentől nincsenek szabályok – minden szabály megszűnik. A gyerekek azt csinálhatnak, amit csak akarnak. A dolog nagyon jól is halad, amíg a tanár el nem kezdi valaki füzetéből tépkedni a lapokat. Majd kiszedi egy másik diák tolltartójából a ceruzákat, és a földre dobja azokat. Természetesen ez már nem tetszik a közösségnek. *De mivel nincsenek szabályok, nem tehetnek semmit.*

Más szavakkal a (helyes) „szabályok" vagy inkább a törvényszerűségek *értünk* vannak, *minket* szolgálnak. Ugyanez történik a büntetőjoggal. A büntetőjog azért áll közel a szívemhez, mert bár első látszatra a „gonosz" embereket bünteti önkényes alapon, valójában nem ez a lényege. A lényege az, hogy a társadalmat védje az őt bántó tagoktól – hiszen ha határ nélkül mindent eltűrnénk, ránmennénk.

A helyes szabályok mentén élni összhanghoz, harmóniához, békéhez, végső soron; jóhoz vezet. És ehhez bizony tanulás útján jutunk el.

Ezt a szót is, hogy „tanulás", nagyon pontatlanul használjuk. Gondolj bele! Ha meghallod ezt a szót: „tanulás", mi jut eszedbe? Nekem nagyon sokáig tanterem, tanárok, tanórák. Sokáig úgy gondoltam, hogy a tanulás egy tudatos folyamat, amikor leülök és megtanulok valamit. Gyerekként azt mondták nekem, hogy ami a felnőtteknek a munka, az nekem az iskola, tehát a tanulás. De ez egy nagyon leszűkített értelmezés. A tanulás pontosabban: *befogadás*. És mi mind, életünk minden pillanatában, tudatosan vagy tudat alatt befogadjuk a külvilágot. **Akkor is befogadom, ha elutasítom.** Hiszen az elutasításhoz *először el kell ismernem a létezését,* ami hat rám, maximum nem tudatos szinten, tehát befogadtam magamba, aztán kivetem magamból. Az elutasítás a befogadás legminimálisabb formája – elismerem a létezését, de nem szeretném magamba építeni. Ez nem jelenti azonban, hogy nem épül be. Amikor viszont befogadok valamit, amit be is szeretnék fogadni, az nem csak diplomákhoz vezet ám! Hiszen ennek a folyamatnak a lényege az, hogy egy, kezdetben csak a külvilágban megjelenő dolgot magamévá teszek, gyakorlok, és ez a dolog idővel a természetemmé, részemmé válik. Az egy gondolkodásbeli megrekedtség, amikor úgy érezzük, hogy megszereztük a végzettségünket és abbahagyhatjuk a befogadást. Nem, nem. **A befogadás a kulcs ahhoz, hogy önmagunk egyre jobb és jobb verzióját bontakoztassuk ki** – pontosabban az egyik kulcs. (A másik kulcs a folyamatos gyomlálás, felülírás, beleérzés, ha tetszik: önreflexió, ezt már említettem). Egy nagyszerű élethez bizony munkára van szükség önmagunkon, hiszen befogadni valamit munkás – de *ez a munka mindig megéri.* Sőt, a létezés, vegetálás, fejlődés nélkül az egyetlen, ami nem éri meg. De ehhez tartozik egy előfeltétel: *hinni abban, hogy az élet lehet jobb.* Csinálhatom jobban. Lehetséges a boldogságot és megelégedettséget mesteri szinten, *életstílusként* űzni. **A fejlődés alapja tehát a hit.**

Ha a nagy felismerők úgy álltak volna a problémákhoz, hogy „de mi van, ha nincs megoldás?" (Ugye; a mi van, ha nem?), akkor az *emberiség megállt volna a fejlődésben.* A hit a sikerhez vezető út része - szükségszerűen előbb kell hinnem abban, hogy van megoldás, meg tudom csinálni, sikerülhet, mint hogy valóban megtalálom a megoldást, valóban megcsinálom, valóban sikerül. De meglátni, megérteni valamit csak úgy lehet, hogy őszintén feltételezed, és hiszel benne, hogy *van mit keresni*. Vagy minimum összeszedsz elég bátorságot magadban ahhoz, hogy őszintén kíváncsi legyél. **Mert a kíváncsiság bátorság. A nyitottság bátorság. A hit bátorság.**

Hogy találhatnád meg Istent, *ha eldöntötted, hogy nincs*? Ismered az a fejtörő játékot, hogy a képen el van rejtve egy valamilyen forma, ami beleolvad a háttérbe, és meg kell keresni? Ha keresed, meg tudod találni. Ha nem keresed, észre sem veszed, nem is gondolsz rá, hogy talán az is van a képen. A szemed ugyanis nem találja meg magától. Ha eldöntötted, hogy azon a képen márpedig nincs is ilyen forma, nem is fogod megtalálni. **Keresni kell ahhoz, hogy találj, és tudjuk: aki keres, az talál.**

Akármennyi jót is tapasztalsz meg az életedben, akárhány csodát élsz át, ha eldöntöd a fejedben, hogy nincs Isten, addig folyamatosan „véletlennek", „egybeesésnek", „szerencsének" fogod hívni. (Ugye emlékszel, hogy a szavaink a dologhoz való *viszonyunkat* is kifejezik?) Az emberek a legkülönfélébb teóriákkal rukkolnak elő, hogy elmagyarázzák, *miért nem lehet valami* Isten. Amíg a fejedben nem adsz neki lehetőséget, amíg nem keresed aktívan, amíg nem hiszed el, hogy ez vagy az a jó dolog *akár Isten is lehet...* addig *számodra* nem is lesz Isten. És ebből senki sem tud kizökkenteni, amíg *te* nem engeded: *te* zárod el saját magad Istentől, melynek eszköze a félelem (ami a hitetlenségnek is a gyökere).

A félelem azt mondja: de mi van, ha igazából NINCS? Tehát a fejedben végigmegy, hogy jobb az, ha nem tételezzük fel, hogy mégis van, mert ha kiderül, hogy kerestük és még sincs, az sokkal jobban fáj, mintha nem is reménykednénk benne, hogy talán van... ugyan, ki akarna szándékosan, duplán csalódni?! Értelek!

Csak ez a hozzáállás *nem életszerű*, ugyanis *patthelyzethez vezet*. Gondolj bele! **Semmit nem tudsz építeni, semmilyen pozitív végeredményt nem tudsz elérni, ha úgy sétálsz a**

helyzetbe, hogy "ez biztosan rossz lesz, ez biztosan fájni fog, biztosan csalódni fogok". Így nem lehet semmi jóra számítani! Mert még ha, tegyük fel, valami jó is történik, gyanússá fog válni, hogy „Aha! Ez túl jó! Biztos, hogy nem igaz, egyszerűen ilyen nem lehet. *Hol van a kutya elásva?*".

Tipikus példa, amikor párkapcsolatba mennek bele emberek úgy, hogy az előző sérüléseket még vonszolják magukkal. Az egyik barátnőm szent meggyőződése, hogy minden férfi disznó (lop, csal, hazudik, stb.). Ezért úgy is megy bele minden kapcsolatába, hogy a férfi biztos, hogy disznó (hiszen szerinte *nem létezik más*). Persze, az összes kapcsolata csődöt mond, hiszen még a nem disznó férfiakkal kapcsolatban is olyan szinten gyanakvó (túl jónak érzi őket ahhoz, hogy igazak legyenek), hogy senki nem tart ki mellette. Hiszen a folyamatos gyanúsításba, gyanakvásba, bizonygatásba, hogy „más vagyok, mint az előző tapasztalataid", mindenki előbb-utóbb belefárad. Ő megnyugszik, hiszen az önbeteljesítő jóslat végbement, megerősítést nyert, hogy a disznó otthagyta őt, *tehát igaza volt, és mindenki disznó.*

De ez egy kilátástalan, szomorú világkép, amiben semmi öröm nincsen. Totális hitevesztettség, ahol már abban sem tudok hinni, hogy lehet az élet jobb, lehet az élet szebb. Nem életszerű így élni. (Sőt, ezt én nem is hívnám életnek, hanem csak létezésnek.)

VII. fejezet

MADARAK JÖNNEK

Találkoztál már olyan emberrel, akiből dőlt a negativitás? Olyannal, akinek ömlik a szájából a panaszkodás, az önsajnálat, a megkeseredettség? Akik egyből azt nézik, hogy *miért nem* lesz jó valami, *miért nem* fog működni valami? Az ilyen károgó embereket varjaknak hívom, mert a *saját* fájdalmukat, elkeseredettségüket károgják a világba. **Azok válnak varjúvá, akik nem valósítják meg önmagukat, mint csodát.**

Nemrég volt egy érdekes beszélgetésem egy ismerősömmel, aki nem akarta elhinni, hogy kaptam egy megtisztelő felajánlást, így segítve ennek a könyvnek a megjelenését. Maga a gondolat, hogy valaki donációval járul hozzá valamihez, *és nem vár cserébe semmit,* elképzelhetetlen volt az ismerősöm számára. Szóvá is tette, hogy ugye tudom, hogy valamilyen hátsó szándék van a dologban, mert ilyen nem létezik a világon. Azt válaszoltam, hogy tudtommal nem vár cserébe semmit, és én hiszek neki. Az ismerősöm rám nézett, csóválta a fejét és azt mondta, hogy „ne legyek naiv, a világot a pénz működteti, minden szentnek maga felé hajlik a keze, hiszen ő nem egy és nem kettő vallásos embert látott másokból hasznot húzni". Tehát a *saját tapasztalataiból* arra a következtetésre jutott, hogy az emberek csak kihasználnak másokat. Őszintén sajnáltam a beszűkült látásmódját. Saját elmondása szerint ő „nem pesszimista, hanem realista".

Az igazság azonban úgy áll, hogy *teljesen mindegy, miként címkézem fel a negatív hozzáállásomat* (egyébként szomorú, ha a negativitást már normalizáltam magamban, és ez nekem a természetes, a reális – vagyis, **csak mert normálisnak hívom a diszfunkciót, nem lesz kevésbé diszfunkció, nem lesz kevésbé pesszimista vagy jobban reális**, csak a saját hitevesztett hozzáállásomat vetítem ki, károgom a világra), *a* *negativitás negativitás marad.* A negativitás definíciója pedig a hit elvesztése vagy hiánya a pozitív eredményekben. A negatív energia egy sérült, vérző energia, ami nem vezet semmi jóhoz. A negativitás soha nem a megoldás. Az alapenergiája minden egyes embernek a pozitivitás, és aki ettől eltérően rezeg, *gyógyulásra szorul.* Komolyan mondom.

Nézzük meg, mi is történik pontosan a varjaink fejében! Sérültek a múltban, egyszer, kétszer, sokszor. Ezek a sebek nem gyógyultak be. *Tehát a valóságképük a saját csalódásaikból táplálkozik, és azt hiszik, elhiszik, hogy az egész világ ilyen.* Elhiszik, hogy az ő limitált tapasztalatuk a világról egyenlő az egész világgal – és abban biztos lehetsz, hogy a tapasztalataid limitáltak, akárhány éves vagy és akármennyi tapasztalatod van. Akkor is, ha úgy érzed, te már mindent megéltél: *a rengeteg tapasztalat nem az összes tapasztalat,* ami létezik: limitált. A saját hitevesztettségük börtönében élnek, mert önvédelemből nem mernek hinni, hiszen félnek, hogy hisznek és csalódnak. Tehát inkább nem hisznek, és úgy gondolják, hogy ők túl „tapasztaltak" már a tündérmesékhez, *de ebben igazából nem érzik jól magukat, és savanyúságukban károgank.* Érthető, de nem egészséges gondolkodásmód, mert a múltbeli sebekből véreznek. A gond ugyanis az, hogy **önvédelemben nem lehet igazán szeretni.** Ők nem túl „tapasztaltak" a tündérmesékhez. Nem, nem. *Ők túl sebzettek a hithez, ami a pozitivitás alapja.* Vajon ki van közelebb a sikerhez: az, aki meg meri próbálni újra annak ellenére, hogy már csalódott, vagy az, aki meg sem próbálja? Na, vajon?

Persze, elismerem... vannak haszonleső emberek? Vannak. Mindenki az? Nem, nem. Talán a TE múltadban az összes az volt, de az nem ad reális képet a világról. Úgy élni, hogy negatív gondolatokat árasztok magamra és a világra, megkeseredettséghez vezet. **A negativitás sosem megoldás, mert csak még több negativitást eredményez. Sötétből még több sötét nem vezet ki.**

Egyébként magammal tolok ki, ha nem merek hinni abban, hogy talán most sikerülni fog, talán nem akar bántani, talán a másik is ugyanolyan tökéletlen ember, mint én, és talán nem fog ez fájni nekem. Mert az a hozzáállás, hogy meg sem próbálom, mert úgyis csalódom és úgyis fájni fog, *még az esélyt is elveszi tőlem*, hogy esetleg rájöjjek: *mégis vannak csodák, mégis lehet jobb, mégis sikerülhet... mégsem fog fájni... mégis van az életnek értelme.*

Halkan teszem hozzá, hogy ha ugyanazt a negatív tapasztalatot élem át különböző emberekkel újra meg újra meg újra... akkor bizony van bennem egy mély seb, ami *engem* késztet újra meg újra meg újra, hogy ne a megfelelő embereket válasszam. Gyors példaként hozom fel saját magamat, ez régen történt. Mert bizony én is voltam varjú. És pontosan tudom, hogy ezzel bizony nagyon nehéz szembenézni. Nehéz arra gondolni, hogy talán nem a világ a gonosz, hanem én vagyok sebzett. Nehéz szembesülni azzal, hogy talán nem a csúnya, gonosz világ tehet az összes csalódásomról, hanem bizony nekem is van felelősségem az engem körülvevő helyzetek megteremtésében. Engem rengetegszer csaltak meg, egymás után, csúnyábbnál csúnyább módokon. El is döntöttem, hogy az összes férfi disznó, tehát vagy leszek, akit megcsalnak, vagy leszek, akivel csalnak. Nem túl rózsás, de mivel a *saját* tapasztalataim azt diktálták, hogy akármennyire megfeszülök, akármennyit adok magamból, úgyis megcsalnak, ezért úgy éreztem, hogy a rossz és a még rosszabb opciók közül tudok csak választani – *elvesztettem a hitemet abban, hogy van, aki nem csal meg.* **Minden döntésünknek van miértje. Mindennek van logikája. A nem egészséges logika is logika.** „A logika a valóság valaki általi limitált megértése." (Stephan Labossiere). Így kerültem össze Tamással, és lettem a második. Az én fejemben az „akivel csalnak" pozíció előnyösebbnek tűnt, több rálátással és kontrollal járt – úgy is mondhatnám, hogy én láttam a teljes képet, a felesége csak a felét. Reméltem, hogyha tudom, hogy van felesége, az kevésbé fog fájni, mint elhinni, hogy szeret engem, majd megtudni, hogy amúgy van valaki más is a képben. *Reménykedtem, hogy a tudás és információ meg fog védeni a szívfájdalomtól.* Természetesen rádöbbentem, hogy mégsem akkora buli másodiknak lenni, és 2,5 év után szakítottunk. Teljesen magam alá kerültem, egyszerűen úgy tűnt, hogy ez a szerelem-dolog velem nem is fog megtörténni, mert fájdalomból csak még több fájdalomba zuhanok.

Sok munkának és bátorságnak köszönhetően azonban rájöttem, hogy bár a saját tapasztalataim egyáltalán nem támasztották alá, hogy van olyan férfi, aki nem csal meg, *mégis van*. Létezik! És bizony nekem *vastagon részem volt* abban, hogy nem megfelelő férfiakat választottam tudat alatt, aminek a gyökere az volt, hogy nem tanultam meg gyerekkoromban, hogy mi a szeretet. Az a fals narratíva alakult ki bennem, hogy „ha bánt, akkor szeret", „a szeretet fáj". És **az ember ösztönösen a számára ismerős helyzeteket keresi:** *persze,* hogy olyan kapcsolatokba mentem bele, ahol sérültem, hiszen úgy éreztem, hogy akkor szeretnek, ha bántanak. Az, hogy én szinte csak hűtlen férfiakkal találkoztam, *az én mentális állapotom,* tehát a nem egészséges választási folyamat tükörképe volt, *nem a valóságé.* Teljesen értem a varjakat, voltam a helyükben. Én is árasztottam a negativitást a világra, álltam bele idegenekbe Facebookon, panaszkodtam, és kivetítettem a saját frusztrációmat és fájdalmamat mindenre és mindenkire. Nem volt jó.

Ide vezet, ha feladjuk a reményt csak azért, mert az egyéni tapasztalataink eddig csak negatívak voltak. Hiszen lehetséges, hogy eddig végig rosszul akartuk az eredményt, nem megfelelő eszközöket használtunk, *és még csak észre sem vettük,* vagy nem akartuk észrevenni, mert bizony **könnyebb mindenki másra mutogatni magunkon kívül.** Ha úgy érzed, hogy téged mindenki, de tényleg mindenki csak bánt, vagy az emberek állandóan kikopnak mellőled, vagy ugyanolyan helyzetekbe futsz bele újra meg újra meg újra... sajnálom, de valószínűleg nem a csúnya, gonosz világ esküdött össze ellened és akar kibabrálni veled! Tudom, tudom, felismerni a lehetőséget, hogy talán nekem is van közöm a tapasztalataimhoz, felismerni, hogy talán van felelősségem abban, ami velem történik, keserű pirula. *De pontosan ebben rejlik az erőd,* hiszen **amit felismersz, azon tudsz változtatni. Amin tudsz változtatni, az nem zár többé börtönbe téged, annak nem vagy többet kiszolgáltatva! Az nem irányítja többet suttyomban az életedet!**

Amit megértesz, az nem fog fájni. Ha fáj, akkor még nem érted eléggé. Ahelyett, hogy rettegünk magunktól, rettegünk attól, hogy milyen szörnyeteg él bennünk, aki eltaszítja maga mellől az embereket, lehetnénk *kíváncsiak is!* Megkérdezhetnénk magunktól, hogy *mitől váltunk ilyenné, mi történt velünk, ki vagy mi bántott minket ennyire, mi fáj ennyire, ami ellen foggal-körömmel védekezünk?* Mert **senki nem születik szörnyetegnek.** Ismétlem: *senki!* A szörnyetegség egy *tanult viselkedési forma,* semmi több.

Gyógyulni sosem késő és sosem lehetetlen. Lehet, hogy nagyon nehéz és ijesztő, de nem lehetetlen. Lehet, hogy kitartást, alázatot és őszinteséget igényel, de nem lehetetlen. Egy dolog nagyon fontos: *a gyógyuláson kívül minden más út zsákutcába vezet.* Nekünk magunknak meg kell vívni a saját csatáinkat, szembe kell nézni a múlttal azért, hogy az ne határozza meg a jelenünket és a jövőnket.

Az alapja egy nagyon egyszerű elv: aki beszél, gyógyul. Én nem hiszek abban, hogy gyógyulni csak egyféleképpen lehetséges – igenis, hogy gyógyulni annyiféleképpen lehetséges, ahányan vagyunk. Viszont minden valódi gyógyulás alapja egy elv: kifejezem, ami bennem van. Leírom, kibeszélem, pszichológushoz, coach-hoz, paphoz járok, és *mélyre ások.* Ez az alapja.

Nagyon sok ember mászkál a világban „hitről", „gyógyulásról", „energiáról" beszélve, de közben süt belőlük a gyógyulatlanság. **Aki gyógyult, összhangban van magával, önazonos, nem ontja magából a negativitást, pozitív és életigenlő.**

Sok olyan embert ismerek, akik a felszínen azt mondják, ők márpedig kigyógyultak a múltjukból és a sebeikből, de közben betegségből betegségbe esnek, közben nem érzik jól magukat a bőrükben, közben panaszkodnak, drámáznak, ingadozik a hangulatuk, érzelmileg nem stabilak, függőségben élnek... Na, *ez nem igazi gyógyulás,* sajnálom. Megtanulni fájdalommal élni, normalizálni a fájdalmat addig a pontig, ahol már nemhogy természetesnek tekinted, de észre sem veszed, hogy fáj – ismétlem: *ez nem igazi gyógyulás.*

Az igazi gyógyulás kemény meló, és nem Facebookon vagy egy jógastúdióban történik, hanem *benned* történik *önmagaddal* magadért.

Én végigcsináltam Stephan Speaks methodját, és uramatyám, mik ki nem derültek a saját működésemről! Olyan érzés volt, mint egy felszínen bevarasodott, de a mélyben elfertőződött seb. Ha hozzáértem, fájt, megtanultam nem nyomogatni. *Megtanultam fájdalomban élni. Normalizáltam a fájdalmat.* Nagyon sok ember él közöttünk pontosan így; úgy tekintve a fájdalomra, mint az élet szükséges rossz velejárójára. Úgy funkcionálnak, mint a funkcionális alkoholisták. Feladták a reményt, elvesztették a hitet, elfogadták, hogy az élet már csak ilyen, fájdalommal teli, és normálisnak fogadták el azt, ami nem normális. De amikor ez a módszer felnyitotta a seb felszínét, csak úgy zúdult ki a felhalmozódott vér. Ömlött! Dőlt belőlem a sok elnyomott bántás, sérelem, igazságtalanság, szégyen, bűntudat, végső soron: fájdalom.

Ez egy nagyon egyszerű módszer, külön könyv (Szeretni szívfájdalom után – a hannaszive.hu oldalon megtaláljátok magyarul) szól róla itt csak röviden leírom a saját tapasztalatomat. Stephan Labossiere-től származik, a lényege a következő: tedd fel magadnak a kérdést: „Ki bántott?", és írj le mindenkit, aki eszedbe jut. Nem számít, hogy régen volt, vagy apróság, vagy azt hiszed, hogy túl vagy rajta. Nem. Ha eszedbe jutott, még dolgod van vele. Egy-két pontban írd le, hogy mivel bántott téged. Majd egyesével írj egy levelet nekik. Ez lesz az első levél. Az első levelet senki nem fogja látni, csak te. Ez arra szolgál, hogy a benned cirkuláló, elnyomott negatív energiákat végre szabadjára engedheted. Káromkodhatsz, kívánhatod a halálát, kiírhatod azt, amit akár kimondani is szégyellsz: *ne tarts vissza semmit*. Hiszen amíg nem adsz egy kivezetést a benned elnyomott fájdalomnak, amíg nem engeded, hogy valahol kijöjjön belőled, *addig utat fog találni máshol vagy máshogy,* és az nem lesz nagy buli. A varjaink szájából ez dől, például. Aki nem tud uralkodni az aktuális érzelmein, aki mérgében összetöri a számítógép egerét, aki vörös nyakkal üvöltözik veled, *ez dől belőle.* Ez a sok felhalmozódott fájdalom. Gondolj bele! Amikor engem először megcsaltak, nagyon rossz volt. Az első szerelmem volt, a legjobb barátnőmmel jött össze hivatalosan egy nappal a szakításunk után, de tudtam, hogy már előtte is történtek dolgok. 15 éves voltam. Összetörtem. Majd 8 évvel később, amikor valaki más csalt meg, szintén összetörtem. Amikor már a harmadik férfiban próbáltam megbízni, és kiderült, hogy van barátnője vidéken, akkor már *nemcsak azért sírtam, mert ő megcsalt, nemcsak az a fájt, hogy most megcsaltak*. Nem. Hanem az *addigi életem összes megcsalása, bizalomvesztése, árulása zúdult rám*. Miért? Ezt hívják a pszichológiában triggernek. Trigger az, amikor egy új helyzet emlékeztet – akár tudat alatt – egy régi, fel nem oldott fájdalomra, és nemcsak az újra reagálunk, hanem a régire is. Az új hasonló helyzet előhívja a bennünk elnyomott sebeket. Röviden: azért zúdult rám az összes fájdalom, mert sosem értettem meg, miért történt, sosem adtam a negatív energiáknak kiutat, csak lenyomtam és lenyomtam őket, majd a hasonló helyzet az egészet, az *összeset* előhozta belőlem *és hatványozottan* fájt. Amikor megtudtam, hogy a harmadik megcsalónak van barátnője, minden lepergett a szemem előtt: a 15 éves énem, a 22 éves énem, az akkori énem, fájt, hogy megint ez történik, MIÉRT történik velem ez, majd eljutottam oda, hogy ha mindig ez történik, én ezt többet nem akarom, *védekeznem kell ellene*. **Amit elnyomunk, az később hatványozottan fog ránk törni.** Addig ugyanis nem tudsz meggyógyulni, amíg a fájdalom próbál utat törni magának belőled. Addig az életed egy folyamatos belső harc lesz. És nem elnyomással, tudomásul nem vétellel, eltemetéssel gyógyulunk, nem, nem. Gyógyulni pontosan csak felismeréssel, felszabadítással, és végül elengedéssel lehet. Nincs más hátra, mint előre.

Tehát az első levél arra szolgál, hogy ennek a sok elnyomott érzésnek teret adjunk, kifejezzük azt, amit eddig nem tudtunk vagy nem mertünk. Akármilyen hosszú lehet, addig írj, amíg jön. Amíg van, ami kikívánkozik. Amíg kiürülsz. Nekem volt, akinek 15 oldalas levelet írtam. És bármit írhatsz, ne fogd vissza magad! Ne maradjon egy pici negativitás se! Addig írj, amíg elfogynak a szavaid. Amíg meg nem könnyebbülsz.

És nyugodtan szánj rá időt, gondold át, írhatod napokig, érlelheted magadban a gondolatokat. De a legjobbat azzal teszel magadnak, ha minden követ felforgatsz magadban és megnézed, mi van alatta.

Amikor már úgy érzed, hogy minden fájdalmadat, dühödet, keserűségedet kiadtad magadból, amikor az összes elnyomott frusztráció távozik belőled, amikor már nincs benned több, ami kikívánkozik, ideje elkezdeni a második levelet.

A második levél az első levél átírása olyan módon, hogy az olvasó be tudja fogadni. Mondhatni, ugyanannak az üzenetnek a befogadható formájává írása – tehát az üzenet ne sérüljön, a stílusa változzon. Ne a vádaskodás süssön belőle, hanem a dolgok tisztázása, megértése, elengedése. Például a „köcsög voltál, bántottál, bárcsak meghalnál" helyett, megtartva az üzenet lényegét, így is lehet mondani: „amikor ezt meg ezt csináltad, azt nagyon igazságtalannak éreztem, az nekem nagy fájdalmat okozott ezért meg ezért". Vagy mondhatod: „amikor te ezt meg ezt csináltad, akkor úgy éreztem magam tőle, hogy én nem vagyok neked fontos, én nem számítok".

Ez most lehetetlennek hangzik, de ha az első levélben őszintén odateszed magad, mire a második levélhez jutsz lelkileg, már nem fog benned tombolni az indulat.

Tudom, hogy nagy bátorság kell hozzá, de bátorítalak arra, hogy küldd is el a levelet a címzettnek! A második, szalonképes levelet, természetesen. :) Akkor is, ha nehéz, ha félsz, ha rettegsz – én vettem egy nagy levegőt és azt mondtam magamnak: „Tudod mit? Nincs mit veszítened. Akikkel évek óta nem beszélsz, velük rosszabb nem lehet, aki pedig az életedben van, és tényleg szeret téged, azt nem fogod elveszíteni". Úgyhogy ráébredtem, hogy valóban: csak előre van út, hátra nincs.

Az eredmény megdöbbentő volt! A múltam szereplői *bocsánatot kértek* tőlem olyan dolgokért, amikért addig egyszer sem. A körülöttem lévő emberekkel pedig tisztult a kapcsolatom – őszintébb, mélyebb, igazabb, és főleg: *szeretettelibb* lett. (Ugye-ugye, az őszinteség összehozza az embereket, a maszk pedig eltávolítja őket). Már nem bántjuk egymást, könnyebben átlépünk az apró frusztrációkon. Minden egyes kapcsolatom a helyére került. *Fantasztikus érzés!*

És ami a legfontosabb: helyreállt tőle az energiám, már nem a fájdalmon keresztül szemlélem a világot – és így minden sokkal tisztább, sokkal élesebb. Már nem kell valakinek a szavaira támaszkodnom ahhoz, hogy tudjam, ki lakik benne, megbízható-e, bántani fog-e. Érzem az energiáját, ki tudom szúrni, ha esetleg az energiája valahol sérült, és ez vezet. Rábízom magam. Az energia pedig nem hazudik és nem téved. A kapcsolataim belülről motiváltak lettek: azzal van kapcsolatom, akikkel élő kapcsolatot tudok fenntartani – és igen, sokszor ők nem azok az emberek, akik papíron az életem részei kellene, hogy legyenek. De ha látnál engem a hozzám közel állók társaságában, te is éreznéd, hogy ez egy szerető közösség. Itt jó lenni. Itt olyan emberek vannak, akik valóban szeretik egymást – pedig korban, vallásban, élethelyzetben stb. *nem is lehetnénk különbözőbbek.*

Régen úgy éltem, hogy az anyagi világ szabályai diktálták az énemet: „jóban kell lenni vele, *mert* ő a testvéred", „fel kell köszönteni, *mert* így illik", „kötelező részt venni a családi karácsonyon, *mert* a család része vagy". Az alanyi jog alanyi kötelezettségekkel járt és mindig úgy éreztem, hogy bár vannak körülöttem emberek, *fizikailag* nem vagyok egyedül, mégis nagyon magányos vagyok. Ezzel a tulajdonképpeni detoxszal az ok-okozat megfordult: „kapcsolódom hozzád, *ezért* jóban vagyunk", „fontos vagy, *ezért* felköszöntelek", „szeretem a családomat, *ezért* elmegyek a karácsonyra". Egyébként pontosan azért, mert van egy mély, szeretetteljes kapcsolat, ezek az emberek nem kezdenek el drámázni, ha néha elesek, elrontom, elfelejtem. Nem az a reakciójuk, hogy „elfelejtetted a szülinapomat, akkor mostantól haragszom". Nem, nem. Mivel tudják, hogy fontosak nekem, el tudják hinni, hogy ha hibázom, az őszinte hiba: nincs rejtett negatív érzés mögötte.

Ma már tudom, hogy az anyagi szabályszerűségek csak egy kiindulási pont – nem kell valakivel kapcsolat csak azért, mert az anyagi világ ezt diktálja, például mert a testvérednek született. **Amit erőltetni kell ugyanis, azt nem kell erőltetni.** El fognak jönni, az élet fogja hozni azokat az embereket, akiknek látszatra ugyan semmi közük hozzád, mégis, energetikai szinten lelkileg kapcsolódni tudtok. El fognak jönni azok az emberek az életedbe, akik oda tartoznak. És ők maradni is fognak, amíg ott a helyük.

Először meg kell szabadulni a terheinktől, detoxikálni kell, azaz először értelmet, medret, irányt kell adni a létezésnek és nem fordítva: nem arról van szó, hogy éljünk valahogy, ahogy esik, úgy puffan alapon, freestylingolni a nagyvilágba, majd a káoszban értelmet keresni, mert könnyen lehet, hogy nem fogjuk megtalálni. De nem azért, mert amúgy nincs, hanem mert összevissza éltünk, cél nélkül, bolyongva, elveszetten.

Tehát ha találkozol egy varjúval, ne vedd magadra, amit mond. Szegény el van foglalva a saját poklának a teremtésével, szenved, és ez a fájdalom beszél belőle. Ha kitisztítod a te energiádat, lesz képességed arra, hogy szemügyre vegyél egy varjút, megérezd, hogy mi beszél belőle, és közben ne húzzon le téged. Hiszen pontosan tudod: az ő valósága *köszönőviszonyban sincs az igazi valósággal*, vagy azzal, amivé a *valóságot formálhatjuk*.

Nem a reményt kell feladni és negativitásba bugyolálni magunkat, ahol bár kényelmesen elvegetálhatunk károgva a világra, hanem **a tapasztalatainkat kell megváltoztatni azáltal, hogy meggyógyítjuk a lelki sebeinket, azaz szembenézünk a fájdalmunkkal és a félelmünkkel, a múltunkkal; végső soron önmagunkkal.** Újra: csak azon tudunk változtatni, amit már felismertünk. Csak akkor vagyunk képesek felismerni valamit, ha ki merjük nyitni a szemünket és rá merünk nézni. *Ne félj látni!* Hiszen emlékszel: folyamatban lévő mestermű vagy. Igen, TE is! **A hibázás a tanulási folyamat RÉSZE.** A komfort pedig egy trükkös dolog. Hiszen a felszínen úgy tűnik, hogy jól érzed magad benne, de nem, nem. **Nem a jót találjuk komfortosnak, hanem amihez hozzá vagyunk szokva, ami ismerős. A komfort más szóval: inspiráció nélküliség.** Gátolja a fejlődést, hiszen túlságosan... kényelmesen, biztonságban érzem magam ahhoz, hogy a fejlődésbe energiát feccöljek. Tehát komfortot ott találunk, amit *ismerősnek* érzünk – *ismerem* a helyzetet, *ismerem,* hogy a helyzet milyen érzést kelt bennem, *ismerem* a játékszabályokat, komfortosan mozgok benne – de ez nem feltétlenül ott van, ahol *valóban* jó nekünk. *És igen, a fájdalmat is érezhetjük komfortosnak – hiszen már mondtam: létezik olyan, hogy normalizáljuk a fájdalmat, hozzászokunk, majd természetesnek vesszük.* Ismerek olyan embert, aki gyerekkorától kezdve a feszültséghez és békétlenséghez volt szokva – a szülei kapcsolata nem volt rózsás, idővel el is váltak. Ez a személy, bár lett volna esélye egy boldog párkapcsolatra, mégis amint nem volt aktuális probléma vagy konfliktus, elkezdte generálni a feszültséget! Kötözködött, veszekedéseket kezdeményezett – egyszerűen azért, mert ez volt számára tudat alatt ismerős. A helyzettel, hogy nyugi van és minden kerek, *nem érezte magát komfortosan.* De ez nem vezet jóra.

Tehát a komfort olyan természetű, hogy ami *számomra* mindig is volt, hozzászoktam, tudom, hogy hogyan kell kezelni, a komfort azt mondja: *ezt a helyzetet már ismerem, bár annyira nem jó, de inkább nem kockáztatom az ismertet az ismeretlenért.* **A fejlődés viszont újra meg újra meg újra megkérdőjelezi magát. Igazabbá és igazabbá válunk általa, és ezáltal jobbá. A fejlődés az, ami valóban jó nekünk.**

Tehát a negativitás, a „mi van, ha nem?", jóra nem fog vezetni – sőt, igazából sehova sem vezet.

Pontosan fordítva működik a dolog: *„Mi van, ha igen?* Mi van, ha *mégis?".*

Azt hiszed, ha felismered a csodát, az már nem csoda többé. **Valójában a csoda nem lesz kevésbé csoda attól, hogy megértetted. A csoda attól csoda, hogy van.** Van egy rendező elv, ami mindent áthat – van, amit már felismertél belőle, és van, amit még nem. *De minden csoda.*

A kedvenc jogi kifejezésem egyébként: „a tudomány jelen állása szerint". Pontosan! A tudomány tudja, hogy mennyi mindent nem tud!

Tehát a tudomány az a *része* a csodának, amire már kitaláltunk magyarázatot, amit már uralmunk alá hajtottunk, de a csoda az egész: minden, amit értünk és értelemmel felfogunk, és mindent, amit nem. Ez a narratíva egyébként arra hangol minket tudat alatt, hogy minél többet értünk, annál kevesebb a csoda. Például amikor még nem volt magyarázat a napfogyatkozásra, a fáraó erejének tulajdonították azt. Most, hogy tudományosan értjük, hogy mi zajlik ilyenkor, úgy gondoljuk, hogy ez nem is nagy ügy. Pedig az. Az élet minden dolga nagy ügy. Attól, mert megértettük, még nem lesz kisebb ügy! Nem nagy ügy például, hogy minden hópehely más? Nem nagy ügy, hogy egészséges vagyok? Nem nagy ügy, hogy szeretve érzem magam? Ez MIND csoda.

Az is a csoda része, amit már felismertünk, aminek a működését már megértettük és megmagyaráztuk az évek alatt, amiknek a törvényszerűségeit elfogadjuk természetesnek, TEHÁT már nem lepődünk meg, nem csodálkozunk rájuk – **elfelejtettük csodálni a csodákat, de _ettől még ezek is csodák, NEM kivételek a csodák alól._**

A tudomány is egy megközelítés az élet csodálására. A tudomány a racionális elme nyelvezete és körülírása a csodának.

Amit a pszichológia _nárcizmusnak_ hív, kifejezhetjük úgy is, hogy _'szenvedő lélek'_ vagy _'nagyon önző ember'_. Tudjuk: csak mert a terminológia más, a fogalom nem változik. Egyik nem zárja ki a másikat, csak egy más megközelítésből világítja meg ugyanazt.

Tehát a kérdés nem a szavakon lovaglás, nem, nem.

VIII. fejezet

A LEGFONTOSABB KÉRDÉS: MICSODA „ISTEN"?

A legfontosabb kérdés tehát nem az, hogy milyen szót használunk 'Istenre'. Nem, nem. A legfontosabb kérdés így hangzik: micsoda Isten? Mi pontosan a – bármilyen istennév mögötti – fogalom? *Mit értünk 'isten' alatt?*

Egyszer volt egy lelkész ismerősöm, aki fél órán keresztül beszélt arról, hogy Isten vajon férfi vagy nő? Illetve a másik nagy kérdés még az volt, hogy Isten megbántódik-e, ha „istenkének" hívom? Ez olyan... gyermeteg értelmezés. (Megint csak: **mindenki annyit ért a világból, ahol ő tart.**)

Isten azért isten, mert nem ember. Micsoda megállapítás! Ne próbáljuk már a Mindenhatót emberi mércével mérni és az emberi fogalmainkkal korlátozni, azon morfondírozva, hogy vajon férfi vagy nő?! Tudjátok, ez olyan, mint amikor a filmekben a földönkívülieket próbálják ábrázolni, és ezek az ábrázolások hajaznak az emberi formánkra, mert nem tudunk kilépni a saját fogalmi kereteink közül, tehát magunkon, a saját korlátozott értelmezésünkön keresztül próbálunk egy számunkra ismeretlen fogalmat definiálni.

Tehát... nem, Isten nem férfi, nem nő, és nem is ítélkezik. Megbántódni egy újabb szón, amivel próbájuk őt megnevezni, *végképp nem fog.*

Ha van valami, amit az ezerféle istennevünkkel próbálunk körbeírni és megfogni a lényegét... nem kellene, hogy a tartalma *minden egyes embert megérintsen*? Van olyan, létezhet olyan definíció, tartalom, amit *minden egyes ember univerzálisan és szívből el tudna fogadni,* mint Istent? *Nem kellene, hogy a Mindenható definíciója mindenkit megérintsen* (és nem csak azokat az egyéneket, akik olvasták a Bibliát)? Nem kellene, hogy a Mindenható valami olyan... valami vagy valaki legyen, ami/aki *mindenkivel rezonál*, amit *mindenki felismer*, kultúrától, iskolázottságtól, kortól, mindentől *függetlenül*?! Hát nem *pontosan ezért* mindenható a Mindenható, mert *mindenkire hat*?

Neale Donald Walsch egyszerű, de nagyszerű definícióját szeretném idézni:
Isten a tiszta szeretet.

De *honnan* tudjuk, hogy valami tiszta szeretet? A tiszta szeretet pontosan azért tiszta szeretet, mert *nincs bekoszolva a félelmeinkkel!* Pontosan az a szeretet, ami megengedi, elviseli, hogy bántsuk – nem örül neki, várja, hogy végre otthonra találjunk benne, de *nem büntet*. Annyira szeret, hogy mindig, minden formában szeret. Nem lehetsz túl tökéletlen, túl bűnös, túl koszos ahhoz, hogy hozzá fordulj – *mindig kész segíteni neked*.

És jön a következő kérdés: Isten (tehát a tiszta szeretet) egy rajtunk kívül álló valami lenne?

Nem, nem. **Mi vagyunk a tiszta szeretet összpontosulása, koncentrációja, mi vagyunk az anyaggá vált tiszta szeretet.** És ez a valami, amit életnek nevezünk, *értünk* van, a *szeretet* hívta életre, és várja, hogy *szeressük* őt. Mert előbb volt a szeretet, mint minden más. Előbb volt a szeretet, aztán lett a fizikai világ. **A fizikai világ kibontja azt, ami már lélekben létezik, ami már lélekben megtörtént.** A szeretet bennünk él, *általunk tapasztalja meg magát* – persze, csak ha hagyjuk. Mert ha a tiszta szeretet csak ücsörögne a saját világában, ami nem anyagból van, hanem még több tiszta szeretetből, akkor az végtelen unalmas lenne. Képzelj el egy olyan helyet, ahol csak fény van, semmi más nincs. (Egyébként tudtad, hogy a tűznek nincs árnyéka? Durva, nem?) A fény nem látja a saját fényességét, mert *nincs más*, csak fény. Ezért a fény (tiszta szeretet) meg akarja tapasztalni magát. Ezért megalkotta az anyagot, minket és a világmindenséget, ahol újra meg újra meg újra meg tudja tapasztalni önnön fényét. Vagyis megalkotta a viszonylagosságot, ahol vannak viszonyítási pontok. És itt megalkotta a saját hiányát is (mint sötétséget), *de nem azért*, hogy sötétségre (félelemre) kárhoztasson bennünket, hanem azért, hogy *együtt örüljünk a fény győzelmének, a folyamatnak, amikor a sötéten úrrá lesz a fény*. Más szavakkal: Isten *lekapcsolta* a lámpát, hogy a mi fényünk világíthasson önállóan! A sötétség semmi más, csak a fény hiánya. **A remény a sötétben kezdődik. A hit a sötétben kezdődik.** Ugyan, hogy is győzhetne valami, ami definíciónál fogva azt jelenti: „itt most éppen nincs fény, ezért én vagyok, *de amint fény lesz, én megszűnök*"? Tehát az, hogy a fény éppen most nincs itt, nem jelenti azt, hogy nem létezik. Csak mi szeretünk ettől a forgatókönyvtől rettegni félelmünkben.

Képzelj el egy szobát, ahol vaksötét van! A szoba vagy te. Ahogy át akarsz vágni rajta (ahogy felfedezed magad), beütöd a kislábujjad valami keménybe. Fáj. Nagyon fáj. A következő gondolatod a fájdalom érzékelése után: úristen, ez a sötét hely veszélyes. Ez egy barátságtalan hely barátságtalan lényekkel. Szörnyekkel! Bánthatnak engem. Óvatosnak kell lennem. *Elkezdek félni.*

Lassan, tapogatózva haladsz, már nem vagy heves. Rájössz, hogy ha nem rohansz, hanem óvatos vagy, a sötét, ijesztő dolgok nem támadnak meg. Sőt, idővel felfedezed, hogy ezek a dolgok nem is mozognak, csak egyhelyben... léteznek. Az, hogy kemények, élesek, vagy éppen puhák, csak tulajdonságok, *nem ellened szólnak*. Nem támadnak téged; te akartál átmasírozni a vaksötéten eszetlenül. Ezek a dolgok csak vannak a helyükön a saját tulajdonságaikkal, amik valamire alkalmassá teszik őket. Bár te már félelmedben beképzeltél mindenféle nyolcszemű fenevadat, ami nem más, mint a félelmed kivetülése, rájössz, hogy ha ésszel közlekedsz, egyáltalán nem bánt senki. Sőt, ha van elég bátorságod, a kezeiddel tapogatva akár fel is fedezheted, hogy melyik tárgy milyen. Tudod használni valamire? Használható valamire? Jó neked?

Ne feledd: a szoba te vagy. A felfedezetlen tárgyak a veled született tulajdonságok és az események, amik történnek veled; a világképed, ami körülvesz; a világ, aminek „nem ismered" a szabályait. A látszólagos káosz, ami bánthat, ami fájhat, ami veszélyes.

A gond az, hogy sötétben még a legegyszerűbb tárgyakat sem sikerül felismerni... sötétben valahogy minden ijesztőbb. Kell a saját fényed – a hited –, hogy felfedezd egyesével, melyik tárgy mivel szolgál téged. A hit nem más, mint merni feltételezni azt, hogy bár beleütötted a kislábujjad, bár fáj, *lehetséges, hogy mégis jó valamire*; lehetséges, hogy te használtad nem rendeltetésszerűen. Azt vedd szemügyre, hogy a lényednek milyen aspektusát bontja ki, minek enged teret, miben fejleszt téged. *Minél erősebb a fényed, azaz a hited, hogy minden egyes tárgynak van értelme, ami téged szolgál, annál nagyobb részt tudsz a szobából bevilágítani vele.* Amikor meghalsz, az nem lesz más, mint a lámpa felkapcsolása. Isten felkapcsolja a lámpát. Le fog esni az állad, a szemed meg fog telni könnyekkel – te nem is egy szobában voltál, hanem egy egész kastélyban, tele szebbnél szebb kincsekkel, amik felfedezésre vártak! És nevetsz! Ami igaz személyes szinten, hogy az igazság-öröm-szeretet egymáshoz vezet, az igaz univerzális szinten is! Az Univerzum szeret, az igazság felszabadít, és amikor átkerülsz a túloldalra és rájössz, hogy a halál nem a vég, örülni fogsz!

Rájössz, hogy a nyolcszemű fenevad a legszebb fotel, amit valaha láttál; ami „fájdalmat okozott", az a legszebb asztal, amin tanulhattál volna, amin ehettél volna. Ami nem okozott volna fájdalmat, ha rendeltetésszerűen használod! Csodálhattad volna ezeket a kincseket. Nevetni fogsz örömödben, magadon, megkönnyebbülésedben, hogy a világ nem is akart bántani téged – Isten végig csodákat akart adni neked, és egy gyönyörű életet. *És te nem mertél hinni benne.* És leéltél egy életet fájó kislábujjal, a sötétben, félelmedben passzívan kuporogva, a komfortos sarokban, sajnálva magadat.

Amikor rájövünk, hogy **minden egyes félelmünk irracionális**, hogy *nincs semmi*, amitől valóban félnünk kellene, megtaláljuk magunkat. Így tapasztalja meg a fény önmagát.

Csak bizony elfelejtettük, hogy kik is vagyunk – persze, ha emlékeznénk, semmit nem vennénk komolyan az életben. **Az élet nem más, mint az emlékezés folyamata, emlékezés arra, hogy kik vagyunk a félelmeink alatt.**

A helyzet az, hogy *nem merjük elfogadni önnön nagyságunkat*, értékünket, és bár mindenünk megvan ahhoz, hogy felismerjük, elhiggyük, és aszerint cselekedjünk, akik valójában vagyunk, inkább becsukjuk a szemünket és hajtogatjuk a saját beszűkült, félelem-orientált világképünket, hiszen „csak" emberek vagyunk. Nem... csúfondáros ez egy kicsit?

Valójában azonban **mi mind, kivétel nélkül, Isten szeme fényei vagyunk.** Csodaszép alkotások, mesterművek. Az egy másik dolog, hogy a legtöbb ember nem eszerint él, mert bele sem mer gondolni, el sem meri hinni, hogy ez valóban lehetséges (ugye, a negativitás: inkább nem gondolok bele, inkább nem hiszem el, nehogy fájjon). Pedig ha ezzel azonosítanánk magunkat és eszerint viselkednénk, *megváltozna a világ*.

Na, de mi mikor vagyunk önazonosak?

Az önazonosság az, amikor az igazságomban járok minden szinten: amikor a szó, a gondolat és a tett egységben van, egy irányba mutat. (És ez valóban felszabadít!) Ha bármelyik is eltér az összhangtól, az nem teljes igazság. A nem teljes igazság feszültséget kelt a tudatunkban/tudatalattinkban, amivel valamilyen önvédelmi mechanizmus (pl.: felejtés, hazugság, tagadás) folytán meg kell küzdenünk azért, hogy tudjunk tovább funkcionálni.

A pszichológia kognitív disszonanciának nevezi. Például tudom (gondolati szint), hogy a dohányzás árt, ki is mondom másoknak, hogy a dohányzás káros (szavak szintje), mégis rágyújtok (a tett szintje). Ez feszültséget okoz bennem akkor is, ha nem ismerem be magamnak – nem vagyok ebben a pillanatban önazonos, és azért, hogy ezzel megküzdjek, például füllenthetek – akár csak magamnak is –, sőt, el is hihetem a saját megnyugtatásomra és a feszültség feloldására szolgáló füllentésemet. Például mondhatom, hogy „úgyis meg kell halni valamiben". Könnyebbnek tűnik, mint szembenézni a probléma gyökerével. És MINDEN, amibe elkerülésként menekülünk, mérgez.

Minden, amit túltolunk: méreg. Ismétlem: minden. **Minden függőség: menekülés.** Menekülés a fájdalom, szégyen, végső soron az általunk észlelt valóság elől, amit átitat a félelem, és nemcsak a klasszikus függőségekre kell itt gondolni: *bárminek lehetünk függői, és bármit tolhatunk túl.* Igen, akár a félreértelmezett istenképet is! Például ismerek olyan embert, aki rengeteget utazik – évi kb. 200 napot tölt külföldön. A külvilág azt látja, hogy éli a fantasztikus életét, egzotikusabbnál egzotikusabb helyekről posztol a social médiára: sok ember szeretne a cipőjében lenni és az életét élni (már az alapján, amit mutat belőle). Én történetesen tudom, hogy menekül. Az utazás számára az a menekülés, ami az alkohol az alkoholista számára: valami, ami megkönnyíti a saját nyomorának az elviselését, ha tetszik: fájdalomcsillapítás, a mély problémák helyi *kezelése,* NEM *megoldása.* Ha otthon kellene maradnia, ha nem tudna utazni, azzal a sok megoldatlan fájdalommal kellene szembenéznie, ami elől évek óta menekül (például azzal, hogy a férje megcsalja). Ezért úgy tűnik számára, utazni könnyebb. (*Igazából pontosan, hogy nehezebb.* Nem szembenézni a fájdalommal, nem megszüntetni a fájdalom forrását pontosan, hogy nehezebb, mint normalizálni azt, és megtanulni fájdalommal élni.)

De túltolni a munkát, az önmegvalósítást is lehet. Az ilyen embereket fehér cápának hívom. A fehér cápa egy olyan cápafajta, ami arra van ítélve, hogy állandóan mozgásban legyen: ha nem úszik, megfullad. Ironikus, nem? Ez azt jelenti, hogy alvás közben is úsznia kell, az élete a tét.

Azok az emberek, akik látszólag egészséges dolgot tolnak túl, *pontosan olyanok,* mint a fehér cápák: ha abbahagynák, ha szembe kellene nézniük a realitással, depresszióba esnének. Van, hogy könnyebb azt mondani, hogy „nincs időm", de valójában tudat alatt *olyan struktúrát teremtenek az életükben,* hogy *ne legyen idejük megállni. Attól félnek ugyanis, ha megállnak, belefulladnak a fájdalomba.*

Lehetséges, hogy úgy tűnik, hogy az életük irigylésre méltó... de az „úgy tűnik"-ben meg a „látszatra"-ban, meg a Facebook like-vadászatban *hol az igazi öröm?*

IX. fejezet

FELSÉGSÉRTÉS!

A dolog úgy áll, hogy *aki nem akarja látni az igazságot, az nem is fogja látni az igazságot*. Aki nem keresi a válaszokat, az ő ölébe nem fognak válaszok hullani. **Keresni kell ahhoz, hogy találj.** Aki mindent megtesz, hogy a szőnyeg alá söpörje a valóságot, az egy felpúposodott szőnyegen fog sétálni, és végül el fog esni benne. Mégis, rengeteg ember nehézzé teszi, hogy őszinték legyünk velük.

Személyesen ismertem olyan pedagógus anyukát, aki inkább hazudott a gyereke orvosának, minthogy minél korábban elismerje: a kisbaba nem fejlődik rendesen, autizmus gyanús. Ha őszintén elmondta volna az orvosnak a kisbaba lassabb fejlődését, hamarabb el tudták volna kezdeni a kisbaba fejlesztését, ami akár a későbbi életminőségére is hatással lehetett volna – hiszen minél fiatalabb korban kezdődik a fejlesztés, annál jobb eredményeket lehet vele elérni. Ez az anyuka, nevezzük Anyatigrisnek, mégis inkább azt füllentette az orvosnak, hogy a kisbaba rendesen fejlődik, csak hogy ne kelljen szembenézni a fájó igazsággal: „baj" van a babájával. Presztízskérdést csinált a helyzetből és elvárta, hogy mindenki az ő egyfős igazságához, mint egy színházhoz asszisztáljon. A helyzet rendkívül sok feszültséghez vezetett: a nagyszülők, a rokonok, az apuka, az anyuka, egyszóval: *mindenki látta*, hogy a kisbaba nem a korának megfelelően fejlődik – az igazság a napnál is világosabb volt, és az arcukba bámult minden alkalommal, amikor a kisbaba más, hasonló korú gyerekek körül volt – ráadásul a sors fintora nagyon személyre szabott volt: a kisbabának történetesen volt egy ikertestvére, tehát a nap minden pillanatában üvöltött a két gyerek fejlettsége közötti különbség. *Mégis, a gyerek saját apukájának sem volt mersze az Anyatigrist szembesíteni a valósággal.* De persze **az igazság**

mindig előjön – késleltetni lehet, elrejteni lehet, de nem igazzá tenni nem lehet: a gyereket évekkel később diagnosztizálták autizmussal, és így elesett sok olyan fejlesztéstől, amit kisbabaként még megkaphatott volna.

Ez a történet nem sokban különbözik a családos exem történetétől: a férj, a feleség, a gyerekek, a kollégák, egyszerűen mindenki tudta a nyílt titkot: a szülők nem boldogok. *Mégis, mindenki szemet hunyt felette és igaznak fogadta el*, mindenki részt vett a kétfős cirkuszukban, eljátszva, hogy ilyen egy boldog család: szülők külön szobában, anyuka az év kétharmadában külföldön, apuka barátnőzik. Senki nem akart vagy mert szembenézni a fájó igazsággal: itt nincs valódi szeretetközösség.

De ismerek több olyan típusú királyt és királynőt is, akiknek nem lehet nemet mondani. Akik csak azt fogadják el, ha minden úgy történik, ahogy ők azt elképzelték – bármilyen eltérésre veszélyforrásként tekintenek, és egyből támadnak, övön alulra ütnek. Az ilyen szülővel felnövő gyerekek általában konfliktuskerülő felnőttek lesznek – hiszen azt tanulják meg, hogy béke akkor van, ha „anyának van mindig igaza", „apának engedni kell". A fájó igazság azonban az, hogy *soha senkinek sincs mindig igaza*! Tudom, hogy ez ijesztő, de egyben ez a fejlődés kulcsa is – hiszen *hogyan* legyek jobb, ha az a meggyőződésem, hogy mindenben én vagyok a legjobb? *Hogyan tanuljak, ha azt hiszem, hogy a világon ÉN tudok mindent a legjobban?*

A fent elmesélt példákban egy közös: a főszereplők *nem könnyítették meg a környezetüknek azt, hogy igazat mondjanak*. Hiszen, hogyan mondjak igazat, ha félnem kell a másik reakciójától? Ha attól kell rettegnem, hogy az én szeretetteljes igazmondásom (és nem: letámadásom!) a másik komfortos, de nem igazi világát, tehát a jelenlegi helyzetét veszélyezteti?! Könnyebb úgy táncolni, ahogy ők fütyülnek, és akkor megússzuk a kiabálást, a fájdalmat, a káoszt. Pedig a dolog úgy áll, hogy **a fájó igazság elkerülése csak késlelteti az igazság kibukását, több teret enged a hazugságból eredő toxikus viselkedéseknek, és egyedül maradsz a „saját igazságodban", amíg a világ pontosan látja, hogy az egész egy lufi.** Pontosan, mint

amikor a király meztelen, de senki sem meri neki elmondani.
Inkább nem követünk el felségsértést, minthogy felvállaljuk az
önazonos konfliktust.

Ha nem könnyítjük meg másoknak, hogy az igazit adják
nekünk magunkból, akkor végül egyedül maradunk, a saját
igazságunk foglyaként.

Persze mondhatjuk, hogy „én ilyen vagyok", de ez más szavakkal azt jelenti: nem fejlesztem magam annyira, hogy könnyebb legyen körülöttem létezni, validálom a toxikus viselkedésemet... Megtehetem? Hogyne tehetném meg. De az emberek ki fognak kopni mellőlem, ugyanis ki akar egy király vagy királynő személyes cirkuszához asszisztálni? Tudod kik? A kitartottak, a haszonlesők és a bohócok.

X. fejezet

AZ IDŐ MINDEN SEBET BEGYÓGYÍT... JA, NEM

Nemrég beszélgettem egy fiatal ismerősömmel, a húszas évei elején járhat. Feltűnt már máskor is, hogy az exére nagyon bántó megjegyzéseket tesz. Többek között olyanokat, hogy „pfuj", „utálom, utálom, gyűlölöm azt a lányt". És ezt az álláspontját sokszor hangoztatta is. Annyira bántotta a fülemet a belőle ömlő negatív energia, hogy végül is beszélgetésbe kezdtünk. Kiderült, hogy a lánnyal már *két éve* szakítottak, és egy 3 hónapos kapcsolatról beszélünk.

Hasonló történet, amikor az egyik közeli barátnőmre az anyukája nagyon sok fájdalmat öntött, többek között azért, mert a barátnőm apukájának a családja nem fogadta őt el. Ez őt olyan szinten bántotta, hogy a mai napig emlegeti, majdnem napi szinten. Az igazsághoz hozzátartozik, hogy a történet minden szereplője az anyukán kívül már elhunyt, az egész történet olyan *40 évvel ezelőtt* történt. Érted?! 40 évvel ezelőtt! Amikor a barátnőm ezt halkan megjegyezte, az anyuka válasza az volt: „te nem érted, *nem veled történt*".

Mind a két történetben a főszereplők a múltban szerzett, vérző sebekből ontják a negativitást a világra. Én nem voltam ott, nem is hiszem, hogy lehetséges lenne évek távlatából igazságot tenni – abban biztos vagyok, hogy valóban nagy fájdalmat, lenézést, visszautasítást stb. élhettek át a főszereplők. A fájdalom valós. De mi történik? Az X idővel ezelőtt érzett fájdalom *a mai napig kihat rájuk*. A saját fájdalmuk börtönében raboskodnak, és még csak észre sem veszik! Fájt? Elhiszem. De a meg nem bocsátás *minket* blokkol, a harag *minket* zár börtönbe – hiszen a mi békénket veszi el: nem célravezető a jövőnket a múltunk fájdalmában dagonyázva tölteni. Így a múlt elfoglalja a jelen helyét, hiszen a jelenünk elkezd a múltról szólni.

Azt gondolnánk, hogy az idő begyógyít minden sebet. De ez nagy tévedés. Az idő, ahogy a példákból is láthatjuk, *önmagában* nem elég. Kell még valami más is: kell a gyógyulásra való komoly szándék.

XI. fejezet

MI AZ IGAZI, ÉS MI NEM AZ?

Az igazság a szó, gondolat és tett összhangjának a megtapasztalása, és ez *felszabadító*. Amikor a szó, a gondolat és a tett egy irányba mutat. Tapasztalatból mondom, **semmi nem übereli az igazságot!**
Én már teljesen feladtam az őszintétlenséget. Nem azért, mert Isten kényszerít, vagy mert félek, hogy ne szeretne. Egyszerűen *saját magamért*. **Az igazságnál nem kell (és nem is lehet) szebb dolgot kitalálni,** vagy „kiszínezni" a hatás kedvéért egy történetet. Ebben az egyszerű példában is: elmesélsz egy történetet, amit te „kiszíneztél" és a barátaid elhiszik, ők szívből reagálnak rá, szívből nevetnek vagy sírnak rajta. De a lelki egység *nem jön létre*, mert te pontosan tudod legbelül, hogy nem igaz, amit ők annak hisznek. Te nem tudod szívből átélni a saját történetedet, és így kizárod magadat belőle. Nem szomorú ez?

Az igazság, mint életstílus, hitelessé tesz.
Egyik idős barátnőm, Mária, gyakran mondogatta: „ki mint él, úgy ítél". Mennyi igazság szorult ebbe a mondatba! Úgy is mondhatnám: mindenki magából indul ki. Elmondok egy megtörtént példát, ami gyönyörűen szemlélteti ezt.
Mostanában történt, egy barátnőm azt mondta egy közös barátnőnknek, hogy nem tud elmenni a megbeszélt találkozóra, mert lebetegedett. (Nekem történetesen a barátnőm elmondta, hogy füllentett, nem lett beteg, csak egyszerűen nem volt kedve kimozdulni otthonról). Át is tették a találkozót pár nappal későbbre, amikor is a közös barátnő felhívta az én barátnőmet, és elmondta, hogy sajnos nem tud jönni, mert beteg lett.
Tudod mi volt a barátnőm reakciója? Legalább 30 percet zsörtölődött és dühöngött azért, mert szent meggyőződése volt, hogy

a közös barátnő füllent, nem mond igazat stb. Később kiderült, hogy a közös barátnő valóban megbetegedett.

Ez a történet (ahogy a többi történet is ebben a könyvben) igaz, szó szerint így történt meg.

Hajlamosak vagyunk azt feltételezni másokról, amit mi magunk követünk el. Tamás, a már említett házas exem, rendszeresen megvádolt engem azzal, hogy megcsalom, és hogy nem mondok igazat. Pedig a valóságban ő csalta a feleségét és ő élt hazugságban. De mivel NEKI ez volt a valóság, *el sem tudta képzelni,* hogy nem mindenki él így. De milyen szomorú valóság az, ahol el sem tudom képzelni, hogy valaki nem hazudik, mert ÉN hazudok? Hát milyen... milyen hitevesztett világkép az, ahol el sem tudom képzelni, hogy lehet ennél jobban is élni? Boldogabbnak, szeretettebbnek lenni? A saját félelmem börtönében élek. És ez nem túl rózsás.

Néha validáljuk a saját viselkedésünket azzal, hogy „de más is hazudik", „de más is füllent". Megint csak: ez megkönnyíti nekünk, hogy ne kelljen a probléma gyökerével, és végső soron; önmagunkkal szembenézni. **Mert a hazugság: menekülés (melynek gyökere a félelem).**

Halkan jegyzem meg: csak mert mások csinálják, nem jelenti, hogy boldogságot hoz az életükbe. Vannak kirakatemberek, akik arra fókuszálnak, hogy a külvilág mit lát belőlük. Belül persze szenvednek.

Csak az igazság kedvéért leírom: nem. *Nem mindenki hazudik.* És *nem mindenki füllent.* Akkor sem, ha te személy szerint nem ismersz ilyen embereket. Ez csak egy újabb menekülés: ha más is csinálja, *én miért ne tehetném?* Teheted! Évekig rettegtem, hogy elveszítve Tamást, ő boldog lesz: ő az okos és ő csinálja jól csinálja az életét – én vagyok a balek, a naiv, aki társat akar és aki hisz a szerelemben. És tudjátok mit? Akik az én életemben vannak, önmagamért szeretnek, a hibáimmal, gyengeségeimmel, harcaimmal együtt. Tamás pedig a mai napig titokban sír és menekül. Akkor hogy is van ez?

Mi töltjük meg a szavainkat jelentéssel. Gondolj bele! Ugyanaz a szó mást jelent egy őszinte embertől (tehát egy igazságban járó embertől), és mást egy olyan embertől, akinek szokása hazudni, esetleg már hazudott nekünk. Ezért nem jó, ha a szavakra fókuszálunk túlzottan – hiszen a szavakat az azokat kimondó emberrel együtt szükséges értelmezni ahhoz, hogy megértsük: pontosan mit ért az alatt, amit mond a másik.

Például, ha egy őszinte ember mondja azt, hogy „megpróbálom", akkor *biztosak lehetünk benne,* hogy legjobb tudása szerint *meg fogja próbálni,* hiszen nem azért mond igazat, mert fél a reakciónktól, nem addig viselkedik hűségesen az igazsághoz, amíg rajtakaphatjuk – azért mond igazat, mert az az igazság. És az igazság akkor is igazság, ha nem látjuk, ha nem vagyunk ott. Ők a hátunk mögött is azt teszik, amit mondanak, hogy tesznek. Ők a megbízható emberek, ők a sziklák.

Viszont ha például egy üzletember mondja, hogy „megpróbálom", az akár egy udvarias „nem" is lehet. Nem mond nemet, de igazából tudja, hogy nincs szándéka valóban megpróbálni.

És a szavak szintjén *ugyanaz történt.* Az egyiknek mégis hiszünk, a másiknak pedig nem.

Az igazság felvállalása létfontosságú a *saját* hitelességünk miatt. És a *saját* lelki békénk miatt is. Hogy a szó, a gondolat és tett harmóniában legyen, és ne keltsen bennünk feszültséget. *Magunk* miatt kellene igazságban járnunk, nem isten miatt.

(Abba pedig már bele sem megyek, hogy mekkora energiabefektetés egy hazugságot fenntartani és fejben tartani...)

Tehát: nincs jó vagy rossz ember, *igaz* van és *igaztalan, önazonos* és *önelkerülő.* És az egyik mindig ezerszer jobb érzés, mint a másik!

Az igazság azonban nem a saját vélt vagy valós igazunknak a másik arcába vágása, erőnek erejével, mindenáron, akkor is ha, megbántom. Mindent és bármit el lehet mondani, és el is kell mondani, *szeretetteljesen, amikor ott van a helye és az ideje.*

Csak azok az emberek bántanak másokat, akik maguk fájdalomban élnek, akiknek fáj valami. **A fájdalom még több fájdalomhoz vezet.** Mint egy sarokba szorított kutya, ami fél, és fájdalmában nyüszít, támadni fog. Úgy is mondhatnám: az ördög, a sátán, a fekete energia, hívd bárminek, nem más, mint az igazi szeretettől való eltérés (végső soron: félelem): csak EZ bánt másokat. És minden ebből következő döntés „poklot" teremt, vagy a „pokolhoz" visz közelebb minket.

Hiszen az, hogy hogyan viselkedünk másokkal, rólunk szól, és NEM róluk. Ahogyan másokkal viselkedünk, olyan állapotban vagyunk – hiszen a tükörképed sem te vagy, csak ahogy éppen kinézel. **Semmi nem jogosít fel arra, hogy bánts másokat.** Ismétlem: semmi. A fájdalmad nem jogosít fel, nem teszi helyessé, nem teszi jóvá, hogy te is bánts másokat.

Igen, jól olvasod: az sem, ha neked fájdalmat okoztak. A fájdalom okozása nem jelenti, hogy neked *valóban* jó lesz attól, hogy fájdalmat okozol nekik. Sötétből még több sötét nem vezet ki. Ha a fájdalmadban még több fájdalmat és negatív energiát kreálsz magad körül, az zsákutcába vezet. Az nem mutat előre. Az nem megoldás. Arról nem is beszélve, hogy azzá válsz, amit cselekszel. *Pontosan olyanná fogsz válni, mint aki téged bántott.* Tényleg olyan fájdalmat akarsz okozni, mint amit neked okoztak? Nem akarnál ennél jobb lenni? Boldogabb? Szeretettebb? **Ha nem tudsz mások támasza, vigasza, öröme lenni, ne legyél az ok, amiért félnek, sírnak, szenvednek.** Egyrészről nem is jó érzés, *neked sem* jó érzés, másrészről pedig *nem vezet sehova*. Levezetni a pillanatnyi dühödet máson nem visz előre, és valószínűleg olyanokat mondasz közben, amiket magad is meg fogsz bánni később – de késő lesz, a sebeket, amiket okoztál másban, nem tudod majd meg nem történtté tenni.

És most jön egy keserű pirula, tudom, de tarts ki, szeretettel mondom, aminek *része* az őszinteség:

Mondhatod, hogy „de én impulzív vagyok", vagy „de az önuralom nagyon nehéz", vagy „én nem tudok nem azonnal reagálni, amikor elönti az agyamat a vak düh".

Képzeld, mások is impulzívak. Másoknak is nehéz. Másoknak is el tudja önteni az agyát a vak düh. Tudom, hogy elképzelhetetlennek

tűnik, de **másoknak is fájt már annyira valami, mint ami téged bánt.**
Mégsem mindenki veszíti el a fejét! Nem mindenki üvöltözik másokkal, gázol mások lelkébe, türelmetlenkedik, néz le másokat, vág mások szavába vagy tölti ki az aktuális érzését és indulatát másokon. Nem mindenki él így. Ennél lehet *jobban* élni. *Máshogy is lehet!* Az sem jogosít fel, ha összetörték a szívünket. **Mindig lehet máshogy dönteni. Nem kell, hogy a fájdalom és félelem uraljon minket.** Nem én vagyok az egyetlen ember a bolygón, akit elárultak. És mégis *van,* aki el tud sétálni. *Van,* aki nem adja be a derekát a dühnek. **Mert elveszteni az önkontrollt önzőség.** Azt üzeni: semmi más nem számít, csak ÉN számítok, csak az ÉN fájdalmam számít. ENGEM bántottak, akkor most az ÉN fájdalmamért megfizetsz.

Egy ismerősömmel történt az eset, házaspár két kisgyerekkel, jól keresnek. Apuka iszik, anyuka szépen összetartja a háztartást. Egy nap kiderült, hogy apukának szeretője van. Anyukának elöntötte az agyát a vak düh és apuka fején szétvert egy borosüveget, a férfi arca felismerhetetlen lett. A dolog odáig ment, hogy a két kisgyerek is látta a következményeket, látta, hogy vérre menően veszekednek a szülők.

Amikor én hallottam ezt a sztorit, a gyerekeket nagyon sajnáltam. Mondhatnánk az anyukáról, hogy „de a férfi megérdemelte", és persze, természetes reakció, hogy bántani akarjuk, aki minket bánt. De nem állatok és nem ösztönlények vagyunk. Értelem által vezérelt lények vagyunk, akiket *semmi* nem jogosít fel arra, hogy a gyerekeinknek ilyen példát mutassunk – ugyanis ha visszabántom, a hatás nem áll ott meg, hogy „megbosszultam", „levezettem a feszültségemet", „megérdemelte". Nem, nem. **A hatás a tetten tovább mutat**, gyakran olyan messzemenő hatást váltunk ki, hogy akár egy életen, vagy akár életeken átívelhet. Itt, ebben a példában a tett hatásának a már most észrevehető túlcsordulása a gyerekeket érinti: a gyerekeink legelőször a mi példánkon keresztül tanulnak szeretni. Ránk néznek, és azt gondolják: „ez a szeretet! Ha anya és apa így csinálja, akkor ez a jó!".

Arról nem is beszélve, hogy hosszútávon az anyukának sem hoz békét a borosüveg szétverése az apuka fején: talán az aktuális frusztrációját és fájdalmát le tudta vezetni az apukán. *De a probléma gyökere nem oldódott meg, sőt, csak rosszabb lett:* holnap, holnapután, 5 év múlva is azzal a tudattal kell felkelnie, hogy őt megcsalták, elárulták. De a reakciója miatt nemcsak ezt a terhet hordozza magával: most már az is ott van megmásíthatatlan tényként, hogy „a gyerekeim láttak engem erőszakosnak", „a gyerekeim látták, ahogy elveszítem a fejemet", „a gyerekeimnek traumát okoztam". (És ne felejtsük el, a gyerekek másként látják a világot: nekik az anyuka csalárd férje az ő szeretett apukájuk. Tehát számukra a két ember, aki a biztonságot kellene, hogy jelentse, csúnyán egymás ellen fordult; a biztonság és béke ugrott.)

Egyébként pontosan így veszítjük el a szeretetbe vetett hitünket gyerekként, mert azt hisszük, hogy ez a szeretet: ez a fájdalmas, kiszámíthatatlan, hektikus drámázás – persze, hogy a világ tele van olyan emberekkel, akik nem bíznak a szeretetben. Amikor állatias módon eluralkodik rajtunk a bennünk lévő fájdalom, *az nem szeretet. Ez nem igazi szeretet,* sajnálom. Mert ez nem szeretetből, hanem félelemből jön.

Ismertem egy férfit, aki szintén csalta a feleségét, és a lánya kamaszkorában erre rájött – véletlenül meghallotta az apja telefonbeszélgetését a szeretővel. Évekig nem mondta el senkinek, eltemette magában, nap mint nap azt nézve, hogy az apja képes kiejteni a száján, hogy „szereti feleségét". A lány pontosan tudta, mi zajlik a színfalak mögött. Ez a lány már felnőtt, két gyereke van két különböző apától (mindketten erősen toxikus, lecsúszott férfiak), és egyikük felé sem mert soha elköteleződni. Azért, mert ő azt látta gyerekkorában, hogy a szeretet megbízhatatlan, a szeretet az arcába hazudik, és elhitte, magáévá tette ezt... *Hát csodálkozunk, hogy már most megkeseredett, elveszett ember lett a lányból, aki nem mer hinni az igazi szeretetben? Hát ki kérne a helyében ilyen „szeretetből"?!?!*

Hajlamosak vagyunk azt gondolni, hogy a mi élethelyzetünk (bármi is legyen az) egyedi. Pedig, sajnálom, de nem. Lehet, hogy nem hallottál másokról. Lehet, hogy úgy érzed, NEKED fáj a legjobban. Sajnálom, de ki kell, hogy ábrándítsalak: *vannak mások is, akiket megcsaltak. Akiket megaláztak. Akiket bántottak. Akiknek fáj.* Az élethelyzeteink másokkal, ezernyi és ezernyi emberrel megtörténtek már. Nincs új a nap alatt. *Mégsem mindenki adja át a kormányt a félelmeinek!* **A reagálásunk rajtunk múlik.** És a mi felelősségünk, nekünk kell viselni a következményeit. **A saját érzéseink és indulataink kezelése a mi felelősségünk, a reakciónk pedig a mi döntésünk.** Ugyanarra a dologra lehet megsértődéssel, haraggal, nevetéssel, tagadással is reagálni. Rajtunk múlik.

Van egy ismert tanmese, elmondom röviden. Az apukának volt egy ikerpár gyereke, mindkettő kisfiú. Az apuka születésüktől kezdve ivott, kiabált, agresszívan viselkedett. A gyerekek ebbe nőttek bele. Idővel ez oda vezetett, hogy elfogyott a pénzük, az életszínvonaluk csökkent, minden az alkohol körül forgott. Ahogy telt-múlt az idő, a kisfiúkból férfiak lettek, és az élet elsodorta őket egymástól. Évtizedekkel később mégis találkoztak. Az egyik fiúnak a sorsa „szerencsésen" alakult: jól fizető munkahelye lett, szerető felesége és családja, szépen élt és boldog is volt. Nem ivott. A másik fiúval azonban „a sors mostoha" volt és széthullott körülötte minden, vele „nem történtek" jó dolgok, őt „nem találta meg a szerencse" és bánatát ivásba fojtotta – először csak egy pohárral, majd két pohárral, utána üveggel naponta. Egy ponton pedig már pontosan olyan alkoholistává vált, mint a saját apja. Amikor a férfiakat megkérdezték, hogy mégis mi döntötte el a sorsukat, *mindketten ugyanazt a választ adták:* „az apám alkoholista volt".

Vannak, akik *pontosan azért* fordítják meg a sorsukat, mert a negatív tapasztalatból azt tanulták meg, hogy hogyan *ne* éljenek. Mi a *nem* jó. Mi az, ami *nem* vezet jóra. Nem az a kérdés, hogy az élet megtör-e... az élet meg fog törni. A kérdés az: *mit kezdesz a darabjaiddal?*

Tehát nem mindenki hagyja, hogy a reakciója a körülményektől függjön... nem mindenki él így. És megint csak: aki pedig igen (ugye a „de mások is csinálják" érv), NEM jelenti, hogy ez igazi boldogságot, örömöt, békét hoz az életükbe. Ne aszerint kezeld az embereket, amilyen gonoszok veled. Kezeld őket aszerint, hogy *te mennyire jó vagy*. **Ha hagyod, hogy a jóságot kioltsák belőled, veszítettél.**

A negatív, mérgező, félelem-orientált viselkedés nem vezet szeretethez, akármilyen szép is lehet a látszat. Hiszen **minden tettünk vagy közelebb visz az igazi szeretethez, vagy eltávolít tőle.** És igen, meglepő módon, ha másokat bántunk, az nem fog közelebb vinni hozzá. **Az igazi szeretet nem akarja, hogy bántsuk egymást.** Durva, ugye?

Tehát: vagy emelj fel másokat – ehhez *két* ember kell, mert ha valaki a padlón akar dagonyázni a fájdalomban, akkor nem fogod tudni felemelni, akárhogy is akarod –, vagy ha nem megy, lépj tovább. *Nincs szükség rá, hogy mérgezd magad másokkal.*

Akikkel körülveszed magad, meghatározzák a világképedet és nagy jelentőségük van abban is, hogy milyen energiát árasztasz magadból.

Mérgező emberek között nem lehet egészségesnek maradni.

Egyébként pedig, hogy mennyire szeretünk valakit és mennyire vagyunk rendben önmagunkkal, *PONTOSAN, hogy a nehéz időkben mutatkozik meg*. Mert mindenki tud udvarias és kedves lenni; amikor minden rendben van, nem nagy kunszt. A kérdés az: mi történik, ha valami *kizökkent* a lelki békédből? Hogy viselkedsz a szeretteiddel, amikor *fáj*? Amikor *félsz*? Amikor *nehéz*?

Pontosan ilyenkor mutatkozik meg a valódi szeretet. **Aki szeret és nem fél szeretni, nem fog bántani.**

Ugyanis nehézségek mindig lesznek. A kérdés tehát nem az, hogy lesznek-e nehézségek. Tudjuk: lesznek. A kérdés az, hogy *ki marad mellettünk a nehézségek alatt, és hogy erősebben jövünk-e ki a másik oldalon, amikor a vihar elmúlik? A nehézségek vagy összekovácsolnak, vagy széthúznak minket. Tehát az élet megpróbáltatásai vagy segítenek, hogy a kapcsolat közöttünk erősödjön, a bizalom mélyüljön, a valódi jellem megmutatkozzon...* VAGY segítenek abban, hogy meglásd, ki az, akire nem lehet támaszkodni; ki az, akire nem lehet rábízni a lelkedet; ki az, aki jellemgyenge. **Más szavakkal: a megpróbáltatások arra adnak lehetőséget, hogy kikristályosodjon; ki való és ki nem való az életedbe.** Ez a személyes sík. A mélységek és magasságok – ha a kapcsolat alapja a tiszta szeretet – elmélyítik a kapcsolatot. *Minden nehézség magában rejti a sikert, és a legyőzésük elmélyíti a kötődésünket.* Ha ez a láthatatlan hozzávaló (tiszta szeretet) nincs meg, vagy csak a látszata van, akkor az egészségtelen kötődést, függőséget épít fel.

A rózsaszín felhőből előbb-utóbb kőkemény valóság lesz ám – és pontosan ilyenkor dől el, ki marad és ki megy. Olyan, mintha az élet azt kérdezgetné tőlünk: mennyit ér meg neked a célod? Komolyan gondolod a döntésedet? Akkor is a társadat választod újra és újra, minden egyes nap, életed végéig, ha ő bajba kerül? Ha beteg lesz? Ha gyenge? Ha magatehetetlen? Akkor is őt választod, ha megüt téged a saját végességednek a szele és a maradék idődet könnyebb lenne mással tölteni, mert te sem fiatalodsz, és ha a véges idődet egy beteg ápolásával kell töltened, akkor egyben lemondasz a saját álmaidról? Szereted a másikat ennyire, körülményektől függetlenül? És ha a válasz igen; szívesen hozol érte áldozatot, vagy mindennap neheztelsz rá miatta? Mindennap éreztetted vele, hogy erről ő tehet, az ő hibája, hogy megöregedett, gyenge lett, beteg lett? Csapdában érzed magad, vagy szeretettel állsz mellé? Önazonos vagy, vagy szégyen, félelem diktálja a lépéseidet? Az emberek egy dologgal nem számolnak, amikor megházasodnak, különösen, ha nem békéltek meg az emberi mivoltukkal: ahogy az idő telik, egyre közelebb kerülünk a halálhoz. Ha nincs szilárd hitünk, frusztráció gyűlik fel bennünk a saját végességünk miatt. Úgy érezzük: fogy körülöttünk a levegő. Már nem vagyunk olyan szépek. Már ráncosodunk. Már nincs annyi lehetőségünk. Már a társunk sem a régi: öregszik. Gyámoltalanná válik. Ismétel dolgokat. Idegesít. Innen már csak egy ugrás eljutni oda, hogy „elpazaroltam" az életemet, nem vagyok a helyemen, rossz döntéseket hoztam, rossz partnert választottam. **A házasság mint szeretetközösség csak úgy tudja felvenni a harcot a belső elégedetlenségünkkel és frusztrációnkkal, ha a szeretet valódi.** Csak a valódi szeretet tartós, semmi más. Enélkül két ember leszünk egymás mellett, akik egymásra vetítik ki a saját nyomorukat, békétlenségüket, végső soron: nem igazi szeretetüket.

Tehát a nehézségek olyasmik, amikor az élet meg akar bizonyosodni, hogy biztos vagy-e a döntésedben. És ha a helyed valóban ott van, akkor, bár nehéz, *mégsem lennél máshol.* A Mindenhatóval is ez van. Ha hinni akarsz, *pontosan* a nehéz helyzetek teremtenek lehetőséget arra, hogy lásd: valóban hiszel-e. Nem nagy dolog azt mondani, hogy neked van hited, amikor minden rendben van. Higgy akkor, amikor a helyzet kilátástalan! Amikor félsz! Amikor fáj! Amikor nincs tovább! Higgy abban, hogy valahogy lesz – hiszen valahogy mindig van, *különösen akkor,* amikor azt hisszük: nincs tovább.

Az élet megoldja magát. *Pontosan a nehézségeken keresztül jutunk közelebb egymáshoz, a Mindenhatóhoz, és magunkhoz is.* Akkor látjuk az igazi valónkat az illúzió alatt.

Hiszen milyen felülmúlhatatlan érzés ránézni a párunkra és azt mondani: *akkor is* kitartott mellettem, amikor a helyzet reménytelen volt! Ránézni a legjobb barátunkra és azt mondani: *akkor is* meglátta bennem a szerethetőt, amikor már én régen nem láttam semmi szépet magamban! Ránézni a szülőnkre és azt mondani: ő *akkor sem* adott föl engem, amikor mindenki más elsétált! Ránézni a Nálunknagyobbjóra és azt mondani: ő akkor is szeretett, amikor már én régen nem szerettem magamat!

A nehézségek kezelése tölti meg az üres szavakat jelentéssel. *Valóban* adnék az időmből neked, vagy csak a szám jár? *Valóban* neked adnám a fél vesémet, vagy csak a szám jár? *Valóban* a tűzbe tenném érted a kezemet, vagy csak a szám jár? *Az igazság pontosan ilyenkor mutatkozik meg.* Ki az, aki marad, és ki az, aki megy. *Ki a szikla az életedben, és ki a szemét, amit az első szél elfúj.*
A nehézségek tehát maga a folyamat, hogy rájöjjünk: a mennyiség helyett a minőségre kellene koncentrálni, mert a mennyiség átmeneti, a minőség állandó; elég egy maroknyi igazi barát, akit bármikor bármivel felhívhatsz; akik előtt eleshetsz; akiknek megmutathatod a legsötétebb részedet és nem ítélnek el miatta. Nem kell 1000 Facebook-ismerős, aki az utcán sem ismer fel!

Egyszerűen... *minek?* Nincs szükség a felszínre, a látszatra, mert amint forró lesz a talaj – és abban biztos lehetsz, hogy az élet személyre szabott nehézségekkel fog dobálózni –, a látszat, a külcsín, a szép felszín elhalványul és marad az igazság.
Tehát kulcsfontosságú, hogy önuralmat tanuljunk, ne a probléma részei, hanem a megoldás részei legyünk. **Mert a probléma ellen vagyunk, és nem egymás ellen.**
De van jó hírem is! **Amikor másokat bántasz, az NEM te vagy.** Igen, jól olvasod. Akkor sem, ha te vagy a legutálatosabb ember a világon. Azok a félelmeid és traumáid (trauma az, amikor a múltban fájdalmat éltél át és ebből – tévesen – azt tanultad meg, hogy ez a dolog fáj, védekezni kell ellene, és ez kihat az életedre – tudod, mint amikor beütötted a kislábujjadat a vaksötétben) hatása rajtad.
VAN kiút. VAN út vissza önmagadhoz. (Újra: mi mind folyamatban lévő mesterművek vagyunk. Igen, TE is. *Te nem a félelmed vagy. Te nem a traumád vagy. Te nem a múltad vagy).* Ez nem életfogytig tartó büntetés, amit cipelned kell.
És bizony rá kellett jönnöm, hogy minden félelemnek *egy* a gyökere: hogy nem hisszük, hogy van kiút; nem hisszük, hogy jobban is lehet élni... végső soron; nem hiszünk Istenben vagy Isten jóságában. Bizony, *bizalmi problémáink vannak a tiszta szeretettel!* **Elvesztettük benne a bizalmunkat, mert szem elől tévesztettük a tiszta szeretet valódi természetét** – olyan dolgokra mondjuk, hogy ez vagy az a „szeretet", ami fáj. (És ugye, **ami fáj, az nem szeretet**.) *Persze,* hogy nem bízunk benne, félünk tőle, védekezünk ellene!

A félelem a legrosszabb énünket hozza ki belőlünk, a tiszta szeretet viszont a legjobbat. Onnan tudom, hogy tiszta a szeretet, hogy jobbá válsz általa, jobban is érzed magad tőle, és a félelmeket le tudod bontani. *A Mindenható ezt szeretné neked, Isten a legjobbat szánja neked!*
Mindenki annyit ért a világból (és Istenből), ahol ő tart.
De ez egy pillanatnyi állapot, nem élethosszig tartó ítélet, *bármikor tudunk rajta változtatni.*

Például, mivel én évekig éltem bűntudatban, *el sem tudtam képzelni, hogy Isten nem ítél el engem valami olyanért, amiért én elítélem önmagamat.* Az ítélkező istenkép *saját magam tükröződése* (ugye, ki mint él, úgy ítél) volt. („Ne ítélj, hogy ne ítéltess", ugye... Ne ítéld meg mások személyes útját azért, hogy ne ítéld el önmagadat!) **Az eltorzult istenkép/szeretetkoncepció önmagunk eltorzulásának meghosszabbítása** – amikor arra vágysz, hogy büntessenek, például. **A saját sztenderdjeink behatárolják számunkra a világot és minket is.** Mert például azt gondolom, hogy „rossz, aki..." (fejezd be tetszőlegesen a mondatot), a példa kedvéért én most úgy fejezem be, hogy „rossz, aki lop". De tegyük fel, hogy olyan helyzetbe kerülök, mint Jean Valjean, aki a saját családját mentette meg az éhhaláltól egy lopott vekni kenyérrel, akkor gondolod, hogy Isten azt mondaná: „hohohó, inkább halj éhen, *de nehogy lopj!*". Mondana ilyet valaki, aki szeret téged?

Látod, a szavak szintje máris behatárol engem, és a körülményektől függetlenül elítéllek – és ami alapján téged elítéllek, magamat is el fogom ítélni (hiszen ha én lopok, én válok rossz emberré a fejemben). Félreértés ne essék, *nem* azt mondom, hogy lopni oké. Azt mondom ezzel, *hogy a lényeget csupán szavakkal nem lehet megragadni, mert be fogja határolni a világot számodra.* **És a szeretet minden, szavakon alapuló törvényt felülír.** Nem az a fontos, hogy ne lopj, hanem, hogy *miért* ne. Tehát a „ne lopj" azt akarja mondani más szavakkal, hogy törekedj arra, hogy ne kerülj ilyen helyzetbe; törekedj arra, hogy ne használj ki másokat.

Gyakorlatiasan megfogalmazva, a szeretet az élet preambuluma vagy értelmező rendelkezése: minden törvényszerűség és igazság csak vele együtt értelmezhető, különben átfordul önmaga olcsó utánzatába, akárcsak a jogpozitivizmus. Ha csak nézek, nem látok. Ha csak olvasok, nem értelmezek. Ha csak gondolkodom, nem érzek.

A miértek számítanak, és ez mindenre igaz. Igen, a hitre is igaz. Mert jó, oké, hinni kéne... de *hogyan*? Engem próbáltak rávenni fenyegetéssel a hitre. De hiába feszültem meg, csak még több bűntudatot éreztem, amiért csak nem jön az a fránya hit... biztos velem van a gond, én innen is kilógok, nekem ez sem megy.

Az igazság azonban úgy áll, hogy igaz hitbe nem lehet belefélemlíteni senkit. **Igaz hitbe csak beleszeretni lehet valakit, belefélemlíteni nem.** Mert ha félned kell, ha félsz, az *nem* hit. Isten *nem akarja*, hogy vakon kövesd a „parancsait", és közben belül egy életen keresztül rettegj tőle! Az, hogy mit *miért* teszünk, nagyon fontos, sőt, *meghatározó*. **A miértek meghatározzák a saját belső élményünket, azaz a személyre szabott valóságunkat. A miértek számítanak, NEM a tettek!** Elmondok egy példát.

Ha van egy kisgyereked, aki bele akar lépni a tócsába és még túl kicsi ahhoz, hogy az érvelésedet megértse, vagy megérti, de nem fogadja el, két dolgot tehetsz: vagy rászólsz, hogy „nem szabad", vagy engeded, hogy belemenjen és összevizezze magát. *Mindkét esetben a következő alkalommal el fogja kerülni a tócsákat.*

De az első esetben (amit a pszichológia külső motivációnak hív), *az utasításodat tanulja meg követni vakon*, a második esetben (belső motiváció) *a saját bőrén tapasztalja meg, hogy nem jó vizesnek lenni, tehát tapasztalatból tanul.*

Nagyon nem mindegy, hogy tetteink belülről fakadóan jönnek, vagy azért teszünk valamit, mert valaki (társadalom, szülők, párunk, isten stb.) *elvárja* tőlünk. Ugyanis az első esetben pontosan a *lényegtől fosztjuk meg magunkat, a lényeg marad ki: a belső élmény átélése és így a tapasztalat alapú döntések, azaz a meggyőződéseink.* Az, hogy igazán megélem és megértem a miérteket.

Tehát VAN különbség aközött, hogy menekülésből utazom sokat, vagy a belső célom diktálja. Aközött, hogy azért élek, mert nem akarom vagy merem magamat megölni, vagy megtalálom a célomat és be is teljesítem azt. Mert mi mind *létezünk,* de kevesen *élünk*. A belső megélésünk lehet ég és föld. Kallódunk vagy virágzásnak indulunk?

Mondok egy másik példát:

Sok ember tesz jót embertársaival, ha van közönsége, hiszen ilyenkor jó embernek érzik magukat. Azonban olyan eset is akad, hogy egy nárcisztikus ember altruista módon fedi el a saját hiányosságait; egy pillanatnyi érzés, a „jó ember" álarca mögé bújik, így nem kell szembenéznie a saját hibáival, hiszen ő „jó ember". *Látszatra ugyanúgy segít, mint aki belső indíttatásból segít.* A különbség az, hogy aki belülről motivált, *ő akkor is fog segíteni*, ha senki nem látja, mert ő ilyen. Ez ő.

És aki belülről megéli a saját jóságát, annak az *ajándéka ez az megélés, nincs szüksége külső megerősítésre.* **Az elismerés maga az, hogy gyönyörködhetsz a tetted gyümölcsében.** A megerősítés maga az, amikor látod, hogy mennyi örömöt okoztál másnak, hogy nélküled mennyivel szegényebb lenne az élete. Ilyenkor nincs *szükséged* arra, hogy a Facebookon like-okat kapj, vagy megoszd a világgal; nincs *szükséged* az emberek véleményére ahhoz, hogy felemeld magadat. Nem arról van szó, hogy ne esne jól a világ elismerése... ugyanis jólesne, de *nincs szükséged* rá. Nem vagy a rabja. Nem foglalkoztat, hogy mások mit gondolnak rólad, vagy, hogy „jó emberként" emlékeznek meg a temetéseden majd rólad: ha belül átéled a saját jóságodat, a *bizonyosság belülről fog jönni*.

Évtizedekkel ezelőtt az anyukám időt, energiát és pénzt nem kímélve segített egy meddő párnak a szülővé válás kálváriájában. Nem túlzás azt mondani, hogy az ő közbenjárása nélkül a párnak soha nem született volna gyermeke. Ennek a tettnek a gyümölcse, koronája, „jutalma" maga a tudat, hogy van egy ember, aki azért él, mert volt, aki kiharcolja, hogy éljen. És ezt senki nem veheti el tőle. Akkor sem, ha a pár később méltatlanul bánt vele. Akkor sem, ha a gyerek a mai napig nem tudja. A jutalom mégis az övé, mert ő él azzal a tudattal, hogy „miattam valaki megszületett". Hát nem csodálatos érzés ez?

Te nem leszel kevésbé értékes, csak mert nem mindenki hálás vagy nem mindenki ismeri el, amit tettél. A segítség nem lesz kevésbé segítség, ha nem mindenki tapsol meg érte. Elég, ha *te* tudod! Azt pedig ne felejtsd el, hogy mindenki értékrendjének megfelelni lehetetlen küldetés, mert aki még a félelmei labirintusában bolyong, az nem áll készen a szeretet adására, mert fájdalomból funkcionál.

Hajlamosak vagyunk azt gondolni, hogy a mindenkori társadalom, a mindenkori bevétel leképezi az értékünket – ha sokat keresünk, jól csináljuk az életünket, értékesnek gondoljuk magunkat. De ez nem feltétlenül igaz. **Az anyagi világ nem feltétlen követi le az értéket, amit hozzáadunk a társadalomhoz, sőt.** Van, hogy a rengeteg pénzzel járó tevékenység a legalantasabb énünket hozza ki belőlünk. Van, hogy leélünk egy életet lopva, csalva, hazudva, de gazdagon, és egy nap ráeszmélünk, hogy semmi *értékeset* nem tettünk; hogy az életünk *üres*. Hogy elpazaroltuk. Csak az anyagi világra koncentráltunk, és az anyagi világ becsapott, mert az anyagi világ *múlékony*. Ne dőlj be neki! Jim Carrey azt mondta: „szerintem mindenkinek gazdaggá és híressé kellene válnia, hogy megtehessen mindent, amiről valaha álmodott, és hogy lássa a saját szemével: nem ez a megoldás".

Tehát *vagy a körülmény határozza meg a tettemet* (néznek mások), *vagy én határozom meg magamat* (akkor is segítek, ha senki nem néz). Az első csak egy *reakció*, a második maga az *akció*. Az első csak egy hatás, a második az, *ami* kivált hatást.

Vagyis, ha a *körülmény* határoz meg, a tetteim inkonzisztensek lesznek; mint a szélkakas, változni fognak. Ha *én* határozom meg magam, nem számít, hogy mennyire fúj a szél: szikla leszek, mert az értékrendem *belülről* motivált.

Vegyünk egy másik példát!

Sajnos bevett szokás kapcsolatokban játszmázni (ma már abszolút ellene vagyok!), de a példa kedvéért: igen, én is játszmáztam már életemben. Például direkt vártam a válasszal, hogy felkeltsem egy fiú érdeklődését, előjöjjön a vadászösztöne. De tudjátok, mi történt? Az extra figyelem felém *addig tartott*, amíg a kis játékomat játszottam. Amikor rendesen, normál időkereten belül válaszoltam, elvesztette az érdeklődését. Ugyanaz történt: a viselkedése (az, hogy jobban teperjen, jobban figyeljen oda rám) egy reakció volt az én viselkedésemre és NEM a személyemre. **A játszmázás nem vezet tartós eredményhez, ezért időpazarlás.**

Nem akarnál olyan társat választani, aki játszmázás *nélkül is* figyel rád? Mert ez mutatja, hogy *valóban te* érdekled, és nem a játékod. Hogy érett (hiszen csak a gyerekek játszanak). Hogy egészséges. Ez a fajta, belülről jövő érdeklődés nem körülményektől függő, mert *nem reakció*. Ezért lesz fenntartható hosszútávon, hiszen játszmázni nem lehet életünk végéig, mert vagy belerokkanunk, vagy belefáradunk. (*És előbb-utóbb mindenki felfedezi, hogy a lelke arra vágyik, hogy önmagáért és ne a játszmázások miatt szeressék.*)

Aki tényleg él – örömmel él, belülről él. Aki csak tengődik – a depresszió határán táncol céltalanul; a külvilágnak él... amikor az a fontos, hogy mit gondolnak mások, hány lájkot kap Facebookon. *De ez mind kit érdekel, ha belül boldogtalan vagy és nyomorogsz?*

Komolyan kérdezem: KIT érdekel?!

Sokan például azt gondolják, ha két ember hosszú ideje házas, ők boldogok. Összekeverik a hosszútávot a sikerrel. Ha házas vagy 30 éve, de ebből 28 nyomorúságos (és nem azért, mert mások látják, hanem mert a négy fal között meg nem értettség, elhanyagolás, feszültség, békétlenség, egyszóval fájdalom, *nem pedig szeretet van*), akkor sajnálom, de *az nem siker*! Az nem siker, hogy száz ember irigykedik rád, ha amúgy nyomorogsz, de senki sem tud róla!

Az életben minden döntést, minden érzést két alapvető energiára lehet lebontani: a szeretetre és annak az ellentétére (ami meglepő módon NEM a gyűlölet), a félelemre. Így kapunk szeretet-orientált tetteket (acts of love) és félelem-orientált tetteket (acts of fear).

Mondok egy példát.

Ha úgy érezzünk, hogy valaki jobb nálunk valamiben, vagy több jutott neki, mint nekünk, két dolgot tehetünk: *irigykedünk* vagy *inspirációnak* tekintjük. Az irigykedés szavakkal kifejezve olyan, mintha azt mondanánk: „basszus, neki sikerült, bezzeg neki sikerült, egye meg a fene, hogy ő jobb nálam, dögöljön meg". A saját kudarcomat látom az ő sikerében. Ez egy *félelem-orientált* érzés, hiszen a möglöttes energia a félelem: ő jobb nálam, és *félek*, hogy sosem leszek olyan jó, mint ő (tehát a *félelemből eredő fájdalmamban* azt kívánom, hogy neki se legyen). És az ebből az érzésből jövő tettek félelem-orientált tettek. Akkor is, ha próbáljuk elrejteni a valódi érzéseinket. Az inspiráció viszont mögött nem félelem, hanem szeretet húzódik meg. A bennem rejlő lehetőséget látom a másik sikerében. Szavakkal leírva: „neki sikerült, WOW, de jó, ha neki sikerült, nekem is sikerülhet". A szeretet tudja, hogy attól, mert mást öröm ér, nem biztos, hogy nekem kevesebb jut belőle. Sőt, pontosan fordítva működik a dolog: **minél több szeretetet szórok szét a világban, annál többet nyerek általa.**

XII. fejezet

AZ ANYANYELVÜNK: ENERGIA

A valódi anyanyelvünk az energia. Energiául beszélünk. Te is. Én is. Mindenki. Van, aki tud róla, van, aki még nem. Az energiát ösztönösen olvassuk és bocsájtjuk ki magunkból. És az energia sohasem hazudik, mindig leleplez bennünket. Ha a szavaink nem egyeznek az energiánkkal, mások észreveszik. Lehetséges, hogy úgy csinálnak, mintha nem vennék észre, bemagyarázzák maguknak, hogy nem is azt érezték, amit éreztek veled. Lehetséges, hogy lehúzzák magukat a szavak és tettek szintjére, de igenis, hogy mélyen belül pontosan tudják, hogyan érezték magukat valóban körülötted. A sebzett energia lehúz másokat, a gyógyult energia felemel másokat. Hiába járkálsz a világban hangoztatva (a szavak szintjén), hogy te meggyógyultál a múlt sebeiből – ha ontod magadból a negativitást, akkor sajnálom, de még van min dolgoznod.

Az emberek ösztönösen a pozitív energia körül, a pozitív emberek körül szeretnek lenni, azt találják vonzónak. És a pozitivitás mindenki, igen, minden egyes ember *alapenergiája* – de ha valaki sérül, a lelki sebeiből vérzik, akkor a pozitív energiát beszennyezi a negativitás. És negatív emberek körül nem jó lenni, mert nem felemelnek, hanem lehúznak.

Azonban a pozitivitás nem korlátozódik egy tanult kommunikációs stílusra, ugyanis az üres pozitív kommunikációs stílus a valódi, belülről jövő pozitivitás olcsó *utánzata*. Tudjátok, amikor az emberekkel foglalkozó emberek megtanulnak úgy kommunikálni, hogy az emberek nyitottak legyenek, jól érezzék magukat a közelükben. Ez mind jó is lenne addig a pontig, amíg a kívülről felvett, merev pozitív álarc le nem esik abban a pillanatban, amint hazaérnek vagy leteszik a telefont - tehát amint már nincsenek kitéve a kommunikációs kényszernek.

Ismerek olyan embereket, akik a telefonban nagyon kedvesek, de amint leteszik a kagylót, kitör rajtuk a frusztráció, arcokat vágnak, kiabálnak, vagy visszasüppednek a negatív energiába.

Megtanulni emberekkel bánni vagy belülről összhangban lenni magaddal nem ugyanaz. Ugyanis, ha belülről összhangban vagy magaddal, automatikusan emberséges és megértő leszel másokkal, *mert ez jön belülről*. Ezért ez fenntartható, nem fog betelni nálad a pohár. Ha viszont csak a kommunikációs stílust sajátítod el, az nem eredményez belső összhangot, ezért ezt a látszatot (mert gyakorlatilag ez egy látszat) *csak ideig-óráig tudod fenntartani*. **Az igazság ugyanis mindig kiderül.** Mindig.

A gyógyult emberek ontják magukból a derűt, a kedvességet, a jóságot, végső soron: a szeretetet.

Az energiát nem lehet becsapni, a gyógyulást nem lehet fake-elni vagy belülről erőltetni - olyan, mint egy tojás. Ha belülről törik fel, élet lesz belőle. Ha kívülről törik fel, halál. Kívülről, erőltetve, kényszerrel, bűntudattal nem lehet valakit meggyógyítani - *csak bele lehet szeretni a növekedésbe.*

Minden, ami leképeződik az anyagi világban, először létrejön a láthatatlan világban, ott, ahonnan a lényünk egyetlen alkotóeleme, a szeretet származik. *Miért káoszosak a kapcsolataid? Miért* történik veled mindig valami rossz? *Miért* nem találod a helyedet? Bizony-bizony, ez mind a belső békétlenség kivetülése a világba, a testet öltése. Hiszen **ami bent, az kint.** A test követi a lelket, az anyagi világ követi a láthatatlan világot, és nem fordítva. Minden, ami körülöttünk van, a saját tudatra ébredésünk valamilyen szintjének, tehát a jelenlegi mentális állapotunknak a kivetülése.

A helyzet az, hogy *elfelejtettünk bánni az energiánkkal*, elfelejtettük uralmunk alá hajtani - hagyjuk, *hogy az energia diktáljon minket, és nem mi diktáljuk az energiát!* Nem vagyunk energiatudatosak! A mechanizmus a következő: aminek energiát adunk, azt tápláljuk, amit táplálunk, az nő. Enyhén szólva ironikus, hogy a mai világban olyan nagy hangsúlyt fektetünk a tudatosságra: tudatosan étkezünk, tudatosan öltözködünk, tudatosan házasodunk, tudatosan vállalunk gyereket... és mégis, *a legfontosabb dolgot, a létminőségünk alapját, a saját energiánkat nem tudatosan kezeljük?! Pont ezt?!*

Önmagában a világ összes tudatossága nem lesz elég ahhoz, hogy elégedett legyél, *ha hagyod, hogy bárki és bármi kedvére szennyezze az energiádat!* Mindegy, hogy bio, organikus ételeket eszel, hogy környezettudatosan öltözködsz, hogy tudatosan élsz, ez önmagában azonban nem elég. Segít, jó az irány, de *önmagában kevés.*

Például, ha csámcsogunk mások sikertelenségein, ha pletykálkodunk, ha függünk a médiából ömlő, rosszabbnál rosszabb hírektől, ha állandóan panaszkodunk, ha mindig mindenben csak a rosszat látjuk meg – ez mind a negatív energia megnyilvánulása. Negativitásra **hangoljuk magunkat azáltal, hogy mivel tápláljuk a lelkünket, testünket és szellemünket**.

De az is negatív energia, ha bántásra bántással válaszolunk.

Mondok példát: tavaly egy számomra fontos személy elfelejtette a szülinapomat. Egyszerűen elfelejtett felköszönteni. Gondolom, nem kell kifejtenem, hogy nem esett túl jól – a nők amúgy is érzékenyebbek az ilyen jellegű dolgokra. Hetekkel később felhoztam neki – kedvesen és szereteteljesen (nem letámadva) elmondtam, hogy ez nem esett jól. Bocsánatot kért. Megbocsátottam.

Eltelt azóta több hónap, az ő szülinapja következett. Voltak olyan hangok körülöttem, akik azt sugallták, hogy kölcsönkenyér visszajár alapon én se köszöntsem fel őt. Olyanokat mondtak, hogy „érezze a saját bőrén", meg „feladod a pozíciódat, ha te többet teszel érte, mint ő érted", meg „ha te nem voltál olyan fontos neki, hogy felköszöntsön, ő miért legyen neked annyira fontos" stb. Nem azt mondom, hogy nem értem a logikát, vagy hogy ne lenne abban valami, amit ezek a hangok körülöttem mondanak.

De tulajdonképpen mi történne?

Ha így cselekednék, akkor *a negatív energiát táplálnám*: egy bántásból kettő lenne. A kis negativitás nagyobbá nőne. Nem előrevinné a helyzetet, hanem *fixálná* a tavalyi negatívat. Arról nem is beszélve, hogy *milyen "megbocsátás" az, ahol nem engedem el a fájdalmat; ahol újra felhozom, ahol még mindig azt a múltbeli dolgot éltetem, hiszen arra reagálok, amiért már bocsánatot kért?!* Hiszen azt éltetem, aminek energiát adok: ha nem köszöntöm fel viszonzásul, akkor *pontosan annak adok energiát*, ami már egyszer megtörtént, és el kellene engedni. Nem lehet úgy élni, hogy csak a felszínen bocsátunk meg, de azért fel-felhozzuk a bántásokat, vissza-visszaszúrunk a másikba, mert nincs értelme. *Minek?* Azt várjuk, hogy a másik soha nem fog hibázni? Mert azt várhatjuk, ugyanis az a szomorú hírem van, hogy ő is ember. *Az emberek hibáznak. Ő is, én is, te is.*

Tehát fel fogom köszönteni, hiszen a közös, nagyobb célunk nem a frusztrációnk egymáson való levezetése, hanem egymás segítése, támogatása, végső soron: *a pozitív energia erősítése*. Ha ezt nem tudnám megtenni tiszta szívvel, ha nem tudnék tiszta szívvel megbocsátani, mert azt érezném, hogy ez nem egy őszinte hiba volt a részéről, hanem tényleg nem vagyok elég fontos (végső soron: nem szeret eléggé), *akkor sem adnám vissza a bántást*. Minek?! Ha ez így lenne, akkor nem lenne értelme a kapcsolatunknak. Ha ez így lenne, megköszönném az idejét és *elsétálnék*.

Kicsit olyan ez, mint az autóvezetés. Amikor megszereztem a jogsimat, nagyon fiatal voltam. Megtanultam a szabályokat és azt képzeltem, hogy mindenki be is tartja azokat. :) Sokkolt, amikor rádöbbentem, hogy ez nem pont így van. Az emberek kivágnak elém, pedig kellene tudniuk, hogy nekem van elsőbbségem. Őrülten dühöngtem az ilyen dolgokon, mert végtelenül igazságtalannak éreztem: kivág elém, és még én lassítsak, mert ő ekkora tapló?! Sértette az egomat az egész helyzet, és őszintén késztetést éreztem, hogy jól belehajtsak minden egyes emberbe, aki szabálytalanul elém vág, kikanyarodik, nem adja meg az elsőbbséget stb. Úgy éreztem, nekimegyek, igenis, hogy fizessenek meg ők a kárért. Ők a hibásak. Érezzék meg a bőrükön. Nagyon is megérdemelnék, hogy jól összetörjék őket.

Évekig nem értettem, hogy a közlekedésben a részletszabályokat felülírja az, hogy ha tudod, el kell kerülnöd a balesetet, akkor is, ha nem te vagy a hibás. Egyszerűen nem tudtam befogadni, hogy nekem kellene valaki más taplóságát korrigálnom.

De ma már értem, és ilyenek az egészséges emberi kapcsolatok is, beleértve a párkapcsolatokat is: van egy közös nagyobb cél, azaz egy egészséges, kölcsönös, szeretetteljes kapcsolat kialakítása. Az úton pedig az, hogy egymásra vigyázva életben maradjon mindenki. Te nem törheted össze magadat azért, mert a másik nem figyelt, vagy türelmetlen, vagy egyszerűen nincs tekintettel rád! Te nem hajthatsz bele, csak azért, mert kivágott eléd! Az, hogy mindenki életben maradjon, a közös nagyobb cél. Mindenkié.

A szemet szemért elv nem jó megoldás; nem tehetjük önmagunkat kockára, csak mert valaki kivágott elénk. A kapcsolatokban is az a közös nagyobb cél, hogy egymást ne romboljuk és ne bántsuk – ha tudjuk, emeljük fel, ha nem tudjuk felemelni, engedjük el. Azzal ugyanis nem leszünk előrébb, hogy kicsinyes bosszút állunk. A kérdés mindig az: fontosabb a nagyobb cél, vagy fontosabb, hogy levezessem a másikon a frusztrációmat? Ha nem tudom vele őszintén megbeszélni, akkor a kérdés inkább az: *miért vagyok vele egyáltalán?!*

Látod, egyik vagy másik esetben sem a negatív energiát táplálom.
Ideje, hogy felismerjük: **van hatásunk a saját energiánkra**. Amióta detoxikáltam, már csak két típusú emberrel vagyok hajlandó mélyen beszélgetni:

1. akivel egymásban a pozitívat erősítjük – *felemeljük egymást*
2. akit fel tudok húzni pozitív energiára – *fel tudok emelni*

Ugyanis egyszerűen nincs értelme és nem éri meg hagyni, hogy lehúzzanak, hiszen az energia annyira a létminőségünk alapja, hogy butaság tolerálni.

És, érdekes módon, az életem azóta teljesen megváltozott! Az emberek kedvesebbek velem, állandóan megölelnek, megdicsérnek, szeretnek velem beszélgetni, ajándékokat és kedvezményeket kapok. Mintha lenne egy saját személyes napsugaram, ami csak nekem süt, és engedi, hogy fényben járjak akkor is, amikor körülöttem sötét, komor felhők vannak. A pozitivitás az én kis személyes napocskám. (Nem, ez nem azt jelenti, hogy az én életemben ne lennének nehézségek. Megnyugtatlak: vannak. **A pozitivitás nem azt jelenti, hogy minden tökéletes, hanem azt, hogy tudod: jön jobb.**) Tehát a kérdés: *mire hangoljuk magunkat?* Hangolódj a *jóra*. A *szépre*. **A szeretet egy frekvencia, hangolódj rá!** Az élet pedig a szeretet következménye. Csak az tud megtestesülni, ha van valami test nélkül, ami megérett arra, hogy teste legyen. **A léleknek van teste, és nem a testnek van lelke!** És egy szép lélek fénye átragyog a testen – viszont egy csúnya energia a legszebb testet is elrontja.

Azért bukdácsolunk, esünk el, vagyunk sikertelenek az anyagi világban, mert csak a fizikai világra koncentrálunk – pedig *semmilyen problémát nem lehet csak a fizikai világban megoldani, mert semmilyen probléma nem csak fizikai:* először volt a láthatatlan világban, majd erős lett (energiával tápláltuk), és leképeződött, megtestesült az anyagi világban. Gondolj bele!

A testben bármilyen diszharmónia van, az a lelki világból kiinduló következmény! Például egy alkoholistának alkoholt letenni csak akarattal – külső kényszerrel – nem lehet. Ha a lelki hátteret nem oldja meg, ami elől az ivásba menekül, el fog jönni a törési pont, és újra az alkoholhoz fog nyúlni. Ha gyógyszert szed, amint abbahagyja a gyógyszert, a mélyről jövő fájdalom elől az alkoholba fog menekülni. Amit nem oldunk meg igazán, amivel nem nézünk szembe igazán, az velünk marad, mint az árnyékunk, és várja a pillanatot, hogy beadjuk a derekunkat neki. Amíg a quick fixekre (gyorsmegoldásokra) koncentrálunk, amíg a könnyebbik utat választjuk, *addig bár a csatát megnyerhetjük, a háborút el fogjuk veszíteni.*

Úgy vagyunk kondicionálva, hogy a könnyebbik megoldás fele menjünk. Manapság már csak az eredményt akarjuk, nem az utat, ami az eredményhez vezet. Ha pánikrohamokkal küzdök éjszaka, tablettát íratok fel, nem a probléma mélyére nézek. Ha elromlik valami, lecseréljük, nem megjavítjuk. Ha fáj a lelkem, gyors fájdalomcsillapító után nézek, nem szembenézek a fájdalommal. De ha a fájdalomcsillapító nem egészséges, akkor a kis problémából nagy probléma lesz. Ha azt szokom meg, hogy ha rossz napom volt, ha bántottak, egy pohár borral orvoslom, akkor amikor legközelebb bántanak, is a pohár után fogok nyúlni (és abban biztos lehetsz, hogy fájdalom még sok fog érni az életben), majd az egy pohárból két pohár lesz, a két pohárból egy üveg lesz, a fájdalom pedig halmozódni fog, mert a probléma gyökere nem oldódott meg, csak a szőnyeg alá lett söpörve helyi érzéstelenítéssel. Rá kellett jönnöm a saját tapasztalataim alapján, hogy **a könnyebbik út valójában soha nem a könnyebbik út!** Lehetséges, hogy abban az adott pillanatban könnyebbnek tűnik, még az is lehet, hogy ideig-óráig könnyebb – de hosszú távon fenntarthatatlanná válik. A quick fix nem old meg semmit. **A gyors megoldás a halogatás egy fajtája.** A quick fix időpazarlás!

A pszichológia nyelvén ez így hangzik: az agyunk úgy van kitalálva, hogy védjen bennünket a fájdalomtól. Amikor valamilyen fájdalom ér minket, valamivel nehéz szembenéznünk, valaki bánt, akkor az agyunk védekezése bekapcsol és önvédelmi mechanizmusokba kezd, így harcol az ellen, hogy nekünk rossz legyen.

Más szavakkal: a viselkedésünkben megnyilvánuló önvédelmi mechanizmusok a lelki tusáink fizikai síkon való megjelenései. Maradhatnak a viselkedés szintjén, de átfordulhatnak betegségbe, sőt, akár halálhoz is vezethetnek, ugyanis **a test nem marad ott, ahol a lélek nem érzi szeretve magát.**

Nézzünk néhány önvédelmi mechanizmusunk mögé, a pszichológia nyelvét használva!

1. REAKCIÓ-FORMÁCIÓ (REACTION FORMATION)
Néha pontosan az ellenkezőjét valósítjuk meg vagy hangoztatjuk, mint ahogy belül valójában érezzük magunkat. Például amikor egy elvonón lévő alkoholista hangoztatja, hogy „gyűlöli" az alkoholt, pedig belül semmi másra nem vágyik, csak arra, hogy ihasson.

Ugyanez történik, amikor túlzásokba esünk – néha, ha túlhangsúlyozzuk a saját fontosságunkat akár szóban, akár pénzzel (drága autók, ruhák), akár hatalmi pozícióval (kontroll); pontosan azért fektetünk ezekre a dolgokra túlzó hangsúlyt, mert belül szürke kis egérnek, egy láthatatlan senkinek érezzük magunkat.

2. ELNYOMÁS (REPRESSION)
Tudat alatt olyan mélyre nyomjuk a fájdalmat, az agyunk megtesz mindent, hogy minél mélyebbre ássa azt, hogy eljöhet az a pont, amikor már nem is emlékszünk rá. Nem tudjuk elfogadni, hogy fáj, és az agyunk így véd minket.

3. REGRESSZIÓ (REGRESSION)
Van olyan, hogy visszacsúszunk egy korábbi, kevésbé érett állapotunkba, hogy így küzdjünk meg a fájdalommal. Szobatiszta gyerekeknél gyakori, hogy amikor a szülők veszekednek, történik egy kis baleset. Van, hogy így reagálunk a fájdalomra – nekem ez azt üzeni, hogy az agyunk próbál minket egy olyan korábbi állapotunkba, egy olyan korábbi életszakaszba visszarepíteni, amikor a fájdalom még nem volt jelen. Hiszen ha gyerek maradok, talán nem kell megküzdenem a felnőttek kemény világával.

4. RACIONALIZÁCIÓ (RATIONALIZATION)
Ennek az erősebb verziója a hibáztatás. A *miattad*. Miattad iszom. Miattad vagyok agresszív. Miattad kiabálok veled. Itt ürügyeket gyártunk magunknak, hogy ami éppen fáj, az tulajdonképpen nem is az, aminek látszik. Szerintem mi már mind estünk bele az „azért kaptam egyest, mert a tanár pikkel rám, tulajdonképpen az ő hibája az én egyesem" esetébe.

5. SZUBLIMÁCIÓ (SUBLIMATION)
Olyan is van, hogy az agyunk egy egészséges alternatíván próbálja levezetni, ami őt éppen bántja – nem a főnökünkkel üvöltözünk, hanem helyette elmegyünk sportolni.

6. HUMOR
Igen, jól olvasod, a humor is át tud csapni önvédelemi mechanizmusba! Néha, amikor nem tudunk megküzdeni egy helyzettel,

humorral vesszük el az élét, sokszor a saját lejáratásunk árán is. Aki önmagán gúnyolódik, bár viccesnek tűnik, de nem boldog. És néha a legviccesebb emberek a legboldogtalanabbak.

7. ANNUÁLÁS (UNDOING)
Amikor nem a problémával foglalkozva akarjuk a problémát meg nem történtté tenni. Például amikor kiabálunk a gyerekünkkel, majd bűntudatból veszünk neki fagyit. Itt nem tudjuk rávenni magunkat, hogy elmagyarázzuk, miért üvöltöttünk, mi fájt annyira, hogy rajta csapódott le, akár szégyellhetjük is magunkat, mert nem ezt akartuk, de így alakult – a fagyi könnyebb megoldásnak tűnik.

8. ALTRUIZMUS
Azáltal, hogy segítünk másoknak, magunkat is kirángathatjuk a mélységből. Ez egészségesnek hangzik, de ugye emlékszünk:
- bármi méreggé válik, ha túltoljuk
- ha a nem megfelelő céllal akarunk segíteni, akkor nem segíteni akarunk, hanem a segítésbe menekülünk a fájdalmunk elől, pontosan úgy, mint az alkoholista az alkoholba

9. TAGADÁS (DENIAL)
Amikor túl nehéznek ítéli meg az agyunk, hogy elfogadjuk, ami történt velünk, van, hogy tagadásba menekülünk. Például van olyan, hogy az apa szemtanúja a kisfia halálának egy balesetben, mégis azt ismételgeti, hogy az ő fia most éppen fociedzésen van, nem halhatott meg.

10. HASÍTÁS (SPLITTING)
Sokszor az életet feketének és fehérnek akarja az agyunk látni, így védve meg a szürke részektől, amikre veszélyforrásként tekint. A világot lebontjuk csak jóra és csak rosszra, ezeknek a keveredéseit elutasítjuk. Például aki egy párkapcsolatban a párját tökéletesnek látja, de amint a párja hibázik, egyből átvált a másik véglletbe, miszerint a párja rettenetes. Az agyunk néha a két véglet között váltogat, nem akarja elfogadni a szomorú igazságot,

hogy senki sem tökéletes, semmi sem tökéletes, semmi sem csak fekete vagy fehér. A szürkének igazából... végtelen árnyalata van!

11. PROJEKTÁLÁS (PROJECTION)
A saját hibáink, félelmeink, tetteink kivetítése másokra. Például amikor másokra vetítem, amit magam követtem el. Nem ritka kapcsolatokban, hogy pontosan az a fél vádolja a másikat hűtlenséggel, aki maga hűtlen volt.

12. IDEALIZÁCIÓ (IDEALIZATION)
Van, hogy az agyunk jobbnak akar látni valakit, mint amilyen. Előfordul, hogy bántalmazó kapcsolatokban a bántalmazott a bántalmazót úgy jellemzi, hogy „csodálatos ember".

13. ÁTTOLÁS (DISPLACEMENT)
Amikor a fájdalomra a reakciómat nem az adott környezetben élem meg, hanem átváltok egy számomra biztonságosabb környezetre és ott adom ki a dühömet. Például nem a főnökömmel üvöltözöm, hanem hazamegyek, és a párommal vagy a kutyával kiabálok.

14. DISSZOCIÁCIÓ (DISSOCIATION)
Előfordul, hogy az agyunk úgy véd meg minket, hogy a traumatikus élmény alatt egyszerűen kikapcsol. Például egy iskolai lövöldözés alatt a tanuló egyszerűen kikapcsol, majd amikor a veszély elmúlik, nem emlékszik semmire.

15. PASSZÍV AGRESSZIÓ (PASSIVE AGRESSION)
Ilyenkor nem direkt módon próbálok valakin „bosszút" állni. Ez lehet akár szarkasztikus humor, aminek van kegyetlen eleme is, de akár lehet halogatás vagy lassúság. Például, ha a főnököm kiabál velem, akkor úgy próbálok visszaütni rajta, hogy a következő hét minden napján késve megyek dolgozni.

16. KONVERZIÓ (CONVERSION)
Szorongást vagy belső konfliktust konkrét fizikai tünetekbe fordít a testem, így próbál megszabadulni tőlük. Volt olyanra

példa, hogy amikor egy nő szemtanúja volt a férje hűtlenségének, a szorongás vakságba fordult át. A vakság enyhítette a fájdalmát, azt, hogy lássa, mi történik a kapcsolatában. Igen, ez megtörtént.

Jól ki van találva az agyunk, ugye? Az összes önvédelmi és hárító mechanizmusban közös, hogy *menekülünk* a fájdalom elől, tehát nem nézünk szembe a probléma gyökerével. Az ilyen viselkedések addig tudnak megvédeni, amíg csináljuk őket – amint abbahagyjuk a védekezést, a mélyről jövő fájdalom a felszínre fog bugyogni, pontosan úgy, mint az az alkoholista esetében, aki nem néz szembe az ivás gyökerével, csak a felszínen kezeli azt.

Ugye mondtam, hogy a gyors megoldás nem is megoldás, csak halogatás? A fájdalom magunk előtt görgetése, majd csodálkozunk, hogy ez az *élet* nevű project egyre nehezebben megy számunkra, pedig valójában önmagunkat szabotáljuk.

Ahogy látjuk, az ok mindig lelki, a lélek világából indul ki, ami megjelenik az fizikai világban így, úgy vagy amúgy, de semmiképpen nem egészségesen. Tehát amikor valóban elkezdünk gyógyulni, azaz szembenézni a mély fájdalommal, a saját agyunkat is le kell győzni. Amikor védekezünk, félelemből operálunk, félelemből eredő döntéseket hozunk. A valódi gyógyuláshoz a tudatnak felül kell kerekednie az ösztönön. *A hitnek a félelmen.*

Ha ezt nem tesszük meg, az életünk azzal fog telni, hogy végig haldokolni fogunk, vagy ami még rosszabb: saját magunkat öljük meg apránként, negatív energiával. A negatív energia pedig nem éltetni akar, hanem lehúzni.

A valódi energiát nem lehet, vagy nem lehet sokáig elrejteni. Felszínre fog törni. Kezdjük ott, hogy egyáltalán van-e energia. Ezen a szón sokat elmélkedtem, amíg megértettem. Sokáig ilyen mondvacsinált, átláthatatlan izének tűnt, amiről az emberek ugyan beszélnek, de amit ők maguk sem értenek. (Mint Isten: sokan beszélnek róla, akarják, hogy legyen, de valahogy sehogy sincs meg.) Aztán a következő példát hallottam: **nem az számít, mit mondunk, hanem az, ahogyan mondjuk.**

Ugyanazokat a szavakat különböző energiával tudjuk mondani. **Az emberek** – főleg a gyerekek és a nők – **az energiára reagálnak**, nem a szavakra.

A gyerekek sokszor elfelejtik, hogy mit mondtál, miről beszéltetek, de azt, *ahogyan ők érezték magadat, miközben veled beszélgettek, azt nem felejtik el.* Ösztönösen olvassák az energiát. (Ezért nagyon káros, ha a szülők rosszul élnek egymással, mert akkor is, ha a gyerek nem hall veszekedéseket, a feszültséget érzi. Lehet, hogy nem tudja megfogalmazni; lehet, hogy normalizálja, de ettől még ÉRZI, és azt fogja hinni, hogy *ilyen* a szeretet: elfojtott feszültség, nyomorgás, negativitás.)

Voltál már olyan élethelyzetben, amikor a szavak szintjén a másik fél nem mondott semmi rosszat: nem sértegetett, nem káromkodott, nem üvöltözött, sőt, kifejezetten udvarias volt és *mégis* kinyílt a bicska a zsebedben? Vagy olyanban, amikor bár valaki csúnyán beszélt, mégis érezted, hogy semmi rosszat nem értett mögötte, és jó volt vele beszélgetni, körülötte lenni? *Na, ez az energia.*

Az egyik mindig félelemből jön, a másik mindig szeretetből jön.

Megmutatom, hogyan bonthatjuk le a negatív érzéseinket a félelemre és így a negatív energiára, ami áthatja a szavainkat:

Amikor attól félünk, hogy a szeretetet mások nekünk nem adják maguktól, a saját döntésük részeként, amikor attól félünk, hogy nem vagyunk érdemesek arra, hogy önmagunkért szeressenek minket, akkor megpróbáljuk a szeretetet önerőből kieszközölni. (Egyébként erre a hiányra már egész virágzó iparágak épültek, mert minden hely, ahol figyelnek ránk, fontosnak érezzük magunkat, *erre a hiányra épül.* A valódi szeretet helyett áruként vesszük az olcsó utánzatot. Például tudtátok, hogy Amerikában a „professional cuddler" – azaz: hivatásos ölelgető – egy *létező állás*? Vagy hogy vannak olyan emberek, akiket fel tudsz bérelni éjszakára – és nem szexuális célokra – szó szerint azért, hogy például simogassák a hátad, fogják a kezed, legyen kihez szólnod, ha magányos lennél? De a social média sikerének is az az alapja, hogy a felhasználó fontosnak érezheti magát.

Kollektíven szeretethiányban szenvedünk, mert nincsenek egészséges kapcsolataink, így nem jutunk egészséges szeretethez, és ezt az űrt mindenféle furcsa dologgal próbáljuk kitölteni.)

Ilyenkor mások önálló döntését veszélyforrásként észleljük, mert mi van, ha nem szeret eléggé? (Ugye a mi van, ha nem problematika...) Ilyen eszközök a kontroll gyakorlása, a megfélemlítés (pl.: zsarolás), az erőszakosság, az önzés, a manipuláció, a hazugság stb. Ilyenkor nem érzem magam méltónak a szeretetre, nem merem elhinni, hogy maguktól is adnák az emberek a szeretetet nekem, és a pozíciómat ilyen eszközökkel próbálom bebiztosítani, kvázi „kinyerni" belőlük azt, hogy szeressenek. Vegyük sorra őket!

KONTROLL GYAKORLÁSA = önvédelemből felügyelni akarom a döntéseidet, a kontroll azt üzeni:

- *félek*, hogy magadtól bántani fogsz engem (tehát kontrollálni akarom a döntéseidet, védem magam)
- *félek,* hogy nem szeretsz eléggé (tehát ha kontrollálom a viselkedésedet, és papíron helyesen viselkedsz velem, akkor el tudom hinni, hogy szeretsz engem)
- *félek* attól, hogy nem vagyok elég fontos neked (tehát nem hagyom, nem adok rá lehetőséget, hogy megmutasd az igazi valódat, mert mi van, ha az önös érdekeidet választod helyettem, tehát amíg tudod, hogy figyellek, jól fogsz viselkedni és nekem nem fog fájni).

Tehát a kontroll semmi más, mint egy védekezési mechanizmus, ami pontosan attól véd meg, amire a legjobban vágyakozunk... félelmünkben attól, hogy biztosra kell mennünk, hiszen nem bízunk a másikban, nem bízunk a másik szeretetében, kontrolláljuk a másikat. Védekezünk az ellen az eshetőség ellen, hogy a másik esetleg magától nem vigyázna ránk. Aki kontrollál, az fél attól, hogy magunktól nem szeretnénk őt.

MEGFÉLEMLÍTÉS = önvédelemből, erővel kényszerítelek, a megfélemlítés azt üzeni:

- *félek*, hogy magadtól nem tennél meg valamit, amit én szeretnék (tehát kikényszerítem belőled, hogy nekem jót tegyél; tehát, hogy szeress engem és nehogy bánts engem)
- *félek*, hogy nem szeretsz eléggé ahhoz, hogy magadtól add a szeretetet (tehát megszerzem erővel)

Tehát a megfélemlítés semmi más, mint egy védekezési mechanizmus, ami pontosan attól véd meg, amire a legjobban vágyakozunk... mert félelmünkben nem merjük elhinni, hogy támadás NÉLKÜL is szeretnének minket, sarokba szorítás NÉLKÜL is szerethetőnek látnának minket. **Aki megfélemlít, az fél, hogy a pozíciója nélkül őt senki nem szeretné önmagáért.**

ERŐSZAKOSSÁG = önvédelemből vagyok erőszakos, az erőszakosság azt üzeni:

- *félek*, hogy nem szeretsz magadtól (tehát kierőszakolom belőled a szeretetet)
- *félek*, hogy nem szeretsz eléggé (tehát kierőszakolom belőled a szeretetet)

Tehát az erőszakosság semmi más, mint egy védekezési mechanizmus, ami pontosan attól véd meg, amire a legjobban vágyakozunk... mert félelmünkben *nem merjük elhinni,* hogy valaki MAGÁTÓL is döntene úgy, hogy nekünk jót cselekszik, hogy MAGÁTÓL nem dönt úgy, hogy nem bánt minket, vagy hogy MAGÁTÓL úgy dönt, hogy szeret minket. **Az erőszakos ember fél attól, hogy erőszak nélkül nem kapná meg ugyanazokat a szeretetteljes eredményeket, nem meri elhinni, hogy erőszak nélkül is valaki szeretetet adna neki.**

ÖNZÉS = mindenki *önvédelemből* önző, az önzés azt üzeni:

- *félek*, hogy NEKEM nem jut (tehát neked sem adok, mert akkor neked lesz, nekem pedig nem jut, a félelem beigazolódott)
- *félek*, hogy ÉN nem vagyok elég fontos (tehát te se legyél az, mert akkor te fontos leszel, ebből eredően én nem leszek fontos, a félelmem beigazolódott)
- *félek*, hogy ÉN nem vagyok szerethető (tehát neked sem adok szeretetet, mert akkor te szerethető leszel, én pedig nem)

Tehát az önzés semmi más, mint egy védekezési mechanizmus, *ami pontosan attól véd meg, amire a legjobban vágyakozunk...* mert *félelmünkben be akarjuk biztosítani, hogy NEKÜNK legyen, MI fontosak legyünk, VELÜNK foglalkozzanak, MINKET megértsenek.* MAGUNKON keresztül határozzuk meg a világot. Az önző ember fél adni másnak, fél gondolni másra, fél bízni másban.

MANIPULÁCIÓ = mindenki önvédelemből manipulál másokat, a manipuláció azt üzeni:

- *félek*, hogy nem adnád magadtól a szeretetet (ezért olyan körülményeket teremtek a fejedben, hogy akard adni)

Tehát a manipuláció semmi más, mint egy védekezési mechanizmus, ami pontosan attól véd meg, amire a legjobban vágyakozunk... mert félelmünkben NEM HISSZÜK EL, hogy máshogy is lehet szeretetet kapni, ezért a manipulátorok olyan körülményeket teremtenek, addig finomítják a narratívát, hogy már tulajdonképpen ők is elhiszik, hogy ez a szeretet. Csak az manipulál, aki nem mer szembenézni az igazsággal, aki szereti a könnyebbik utat választani.

HAZUGSÁG = önvédelemből hazudunk, a hazugság azt üzeni:

- *félek*, hogy az igazság fájni fog (tehát kitalálok helyette egy könnyebben emészthető verziót)
- *félek*, hogy az igazságért megítélnek engem és szégyellni kell magam, tehát nem leszek szerethető önmagam felvállalva (tehát egy szebb alternatívával rukkolok elő)
- *félek*, hogy a realitás vállalhatatlan, akár önmagam előtt is szégyellem (tehát kitalálok egy szebb világot helyette)
- *félek*, hogy az igazsággal fájdalmat okozok másoknak és ezért nem fognak engem szeretni (tehát előjövök egy kevésbé fájdalmas, de igazságot nem tartalmazó verzióval)

Tehát a hazugság semmi más, mint egy védekezési mechanizmus, ami pontosan attól véd meg, amire a legjobban vágyakozunk... mert félelmünkben, hogy a valóság szerethetetlenné tesz minket, hogy a valóságban szégyellni kell magunkat, hogy a valóságban nem fognak minket önmagunkért szeretni, kitalálunk egy szebb verziót. Csak az hazudik, aki még nem tapasztalta meg, hogy az igazság felszabadít, a hazugság pedig börtönbe zár.

SAJNÁLTATÁS = önvédelemből úgy igyekszem kieszközölni a szeretetet, hogy a lehető legpasszívabb maradok, a másik sajnálatára alapozok, kihangsúlyozom, hogy nekem rossz, nekem ez sem megy, én ennyire sem vagyok képes, áldozattá, eszkalálódott helyzetben mártírrá válok. A sajnáltatás azt üzeni:

- *félek* attól, hogy kicsi, jelentéktelen, erőtlen vagyok, szánj meg
- *félek* megpróbálni, mert nem lennék képes szeretethez jutni másként
- *félek* attól, hogy elrontom, inkább meg sem próbálom

HIBÁZTATÁS = önvédelemből másra hárítom a felelősséget, könnyebb mást hibáztatni, a külső körülményeket okolni, kifogásokat és bűnbakokat keresni... például azt mondja, aki hibáztat: „miattad iszom". De ez nem pontos. Amit pontosan ért mögötte:

„azért iszom, mert nem tudom feldolgozni, hogy bántottál, nem tudok a fájdalommal mit kezdeni, ivásba menekülök. A saját problémával való megküzdési képesség hiánya miatt választom a szembenézés helyett az elkerülést". A hibáztatás azt üzeni:

- *félek*, hogy gyenge vagyok, kevés vagyok elismerni a hibámat
- *félek*, hogy nem tudom kijavítani, nem fogják megbocsátani
- *félek* a saját tökéletlenségemtől, attól, hogy elrontottam
- *félek*, hogy valami bennem olyan mélyen elromlott, hogy nem vagyok képes helyesen élni

FELTŰNÉSI VÁGY = önvédelemből, hiszen félek, hogy máshogy nem jutok szeretethez, figyelmet, odafigyelést, törődést próbálok kieszközölni, akár drámázással, akár túlzásokba eséssel, akár bármilyen más magatartással, ami arra irányul, hogy rám figyeljenek. A feltűnési vágy azt üzeni:

- *félek*, hogy magam miatt nem figyelnél oda rám, kérlek, figyelj rám, adj nekem szeretetet
- *félek*, hogy nem vagyok önmagamért érdekes
- *félek*, hogy e nélkül a viselkedés nélkül nem lennék elég fontos
- *félek*, hogy nem szeretsz eléggé önmagamért

Csak olyan ember viselkedik így, aki nem ismeri a tiszta szeretetet és ezért nem bízik abban. Nem tudja elképzelni, hogy máshogy is lehet élni.

A gonoszság pedig nem más, mint a félelemből eredő viselkedések eluralkodása rajtunk. Végső soron elburjánzott félelem... amikor megadjuk magunkat a félelemnek és feladjuk a reményt, végső soron; önmagunkat. A szenvedő emberekkel sosem könnyű, pedig pontosan **azoknak van a legnagyobb szükségük a szeretetre, akik a legkevésbé viselkednek arra méltó módon.** Mert ezeknél a viselkedéseknél mélyen belül *mi mind jobbak vagyunk*, ezek a viselkedések valójában célt tévesztett segélykiáltások. A félelmei alatt mindenki szerethető.

És mindennek van oka, ahogy mindenkinek van egy tökéletesen logikus (de ami logikus, nem biztos, hogy egészséges logika) magyarázata arra, hogy miért olyan, amilyen. *Valami történt vele, ami ilyenné tette.* **Senki sem születik szörnyetegnek – a szörnyetegség tanult viselkedés, ahogy a félelem is.** Nem más, mint a védekezés elburjánzása.

Tehát ha valaki fájdalmat okoz neked, az nem Isten büntetése. Az az emberek gonoszsága.

A szörnyecskék (a gonosz emberek) körülöttünk olyan emberek, akiket a világ megtört. József Attila szavaival élve, a „szeretet koldusai". De ezt magukban valamilyen egészségtelen, félelemből táplálkozó védekezési mechanizmusra, többre, akár az összesre fordították át, és most szörnyecskeként rohangálnak a világban, bántva másokat.

Senki sem születik eredendően rossznak, eredendően bűnösnek, eredendően... szörnyetegnek. Ismétlem: *senki.*

Gondolj egy megkérdőjelezhetetlenül és közismerten GONOSZ valakire. Egy szörnyetegre. Olyanra, hogyha valakinek el kellene magyaráznod, hogy mi a gonoszság, elég lenne a nevét kimondanod, és mindenki értené. Aki tömegeket irt ki a saját beteg ideológiájának mentén, kegyetlen, embertelen módszerekkel. Akinek ép ésszel nem lehet megbocsátani. Megvan? Én is a XX. század európai Népirtó Diktátorára gondoltam, mint az abszolút gonosz megtestesítőjére.

Még az ilyen szörnyeteg sem szörnyetegként kezdte az életét. Ő is volt kisbaba, volt totyogó, ugyanúgy sírt, ha elesett, ugyanúgy nevetett, ha csikizték. Ugyanúgy tanult beszélni, ugyanúgy tépett le virágot, kergetett lepkét, szaladgált mezítláb, mint bármelyik másik gyerek. *Még az elképzelhető leggonoszabb ember sem úgy született, hogy ő lesz a megtestesült gonosz.* Nem, nem. A népirtó diktátorrá válás a világ félreértelmezésének és a traumáinak volt a terméke, nem annak, hogy eredendően rossznak született. Ettől még a végeredmény nem lesz kevésbé rossz, csak azt mondom, hogy nem volt előre eldöntve a születése pillanatában.

Ugyanis egy kisbaba sem születik rossznak. Egy sem. Azzá válhat, de *nem születik* annak.

Sőt, továbbmegyek: a világ tele van hozzá hasonló, beteg emberekkel, a különbség csak annyi, hogy nekik nincs hozzáférésük ekkora hatalomhoz, ezért csak a közvetlen környezetükön basáskodnak – nem is tudunk róluk. Abraham Lincoln azt mondta: „ahhoz, hogy meglásd egy ember jellemét, adj hatalmat a kezébe!". Teljes meggyőződéssel állítom, hogy olyan sok békétlen, nem önazonos, sebektől vérző, végső soron; nem egészséges állapotú ember mászkál a világban, hogy ha hatalomhoz jutnának, zsarnokká, pusztítókká válnának. Hiszen először meg kell érteni, hogy az életünk nem a saját fájdalmunk kivetítéséről szól. Ugyanez az elv nagyban: a hatalom nem az uralkodásról, hanem pontosan, hogy *a más emberek iránti felelősségről*, azaz a *szolgálatról* szól. De azok, akik a szűk környezetüket sanyargatják, akik leuralják az embereket, akiken eluralkodik egy valamilyen fajta beteg logika... ... ők a látens (népirtó) diktátorok.

A látens (népirtó) diktátorok és a Népirtó Diktátor között pedig egy mozzanat van, ami a pusztítást lehetővé tette: az a tény, hogy *millió és millió ember nem rendelkezett annyira szilárd értékrenddel, hogy felismerje a nyilvánvaló igazságot: ez rossz. Ez árt. Ez nem visz előre. Ez nem emberi.* **A tragédiának az nyitott utat, hogy a jók hallgattak.**

Mi van akkor, ha az emberi beleérzés valójában az Istennel kialakított legintimebb kapcsolat? Ha az egyház felsőbbrendű kenetteljességének megkopott alapja nem a pozíció, hanem eredetileg pontosan az *intimitás*? A *mély belegondolás*? A *legmélyebb beleérzés*?

Ez minden síkon megjelenik, gondolj bele!

Ha nem gondolok bele mélyen, nem érzem át, nem érzek bele: szexelek. Ha mélyen belegondolok, átérzem, beleérzek: szerelmeskedem. Ha nem érzek bele mélyen: szexpartnert keresek, egy testet, ami kielégíti a testi vágyaimat. Ha mélyen beleérzek: társat keresek, akinek a tenyerébe tehetem az életemet. Az egyikből tengernyi van, a másik ritka, mint a fehér holló. Az egyik helyettesíthető, a másik egyedülálló. Az egyiknél a vonzalom alapja a test, a másiknál a lélek.

A mély beleérzés tölti meg az életet emberi tartalommal – enélkül az ösztön vezet bennünket, az állatias ösztön. Az állatias ösztön életben tartja a testet, a beleérzés életben tartja a lelket. Gondolj bele! A létezéshez elég, ha az ösztöneid szintjén vagy: enni fogsz, inni fogsz, aludni fogsz, reprodukálódsz. Ez a túlélés. Ahhoz azonban, hogy a lelki igényeink kielégüljenek, a túlélésen túl kell mutatnia a létezésnek: túl kell látnunk az állatias ösztön által diktált vágyakon és a lélek törekvésére kell figyelni, ez az egyetlen út egy tartalmas élethez. **Az emberi beleérzés az egyetlen, ami minket emberré tesz. Az emberi beleérzés Isten szeretetének rajtunk keresztüli áramlása.** Ugyanis hajlamosak vagyunk elfelejteni, nyálasnak, megkopottnak, unalmasnak tartjuk, de egy kapcsolat akkor a legszebb, akkor van rendeltetés szerint kialakítva, ha *szeretetközösség*. Azaz amikor két ember szabad akaratból összejön azért, hogy közös erőfeszítéssel építsenek egy fantasztikus kapcsolatot együtt. Amikor a deal az, hogy tűzön-vízen keresztül, miközben szeretjük és nem bántjuk egymást, az irányt tartjuk, a szél pedig rendeződni fog, **hiszen nem a körülmény, hanem a cél számít. Az igazi szeretet tartósabb a körülményeknél**, ezt elősegítendő minden, ami egészséges fizikai, mentális és lelki síkon – hiszen ez teremti a környezetet. Hát nem csodálatos?

És ehhez csak belegondolás, beleérzés kell.

Gondolj bele! Minden baj akkor történik, akkor kérdőjelezzük meg Isten létét, amikor nem kapcsolódunk Istenhez a mély emberi beleérzésen keresztül. És így persze, hogy Isten hiányát éljük meg, és döbbenten állunk a történelem felfoghatatlan, embertelen, borzalmas pusztítása felett, holott ezer és ezer ember asszisztált a Népirtó Diktátor lekapcsolódásához a mély emberi beleérzésről, mint Isten belénk táplált iránytűjéről, nem rázta meg, hogy „ébredj, ember, ez nem oké" és csodálkozunk, hogy beteg állatokká váltak a Népirtó Diktátor és követői? Majd dühösek vagyunk Istenre, amiért nem védte meg az embereket az önmagukból való kifordulástól, végső soron; saját maguktól? Komolyan?! A dolog úgy áll, hogy a szörnyecskeség – azaz a gyógyulatlanság – csak *állapot*. Nem kell, hogy élethosszig tartó börtönbüntetés legyen. Ez csak önmagunk szörnyecskés verziója, *nem* a valóság. És minden egyes félelemből jövő döntés és viselkedés ára a szeretetből jövő ellentettje. Elmondom újra. *Annak, hogy a szörnyecskét valósítod meg magadban, az az ára, hogy elveszíted a lehetőséget arra, hogy szeretetből dönts.* Mert az életünk behatárolt. El kell dönteni, hogy a véges időnket, amiről nem tudjuk, hogy mennyi, melyikkel töltjük – ha egy adott pillanatban az egyiket választjuk, akkor abban a pillanatban már a másikat nem tudjuk választani. A másikat adjuk cserébe az egyikért. **Az alacsonyabb minőségű énjeink megvalósításának az az ára, hogy feladjuk azt, akik lehetnénk** (a megvalósítását annak, akik a lelkünk mélyén vagyunk). És a legtöbb ember ettől szenved. Méltatlan önmagához. Ez az ára a megalkuvásnak. Az igazi feladása. Mert könnyebb. Mert mások is csinálják. Mert az önkontroll nehéz és munkás. **Mert egyszerűbbnek tűnik a könnyebb utat választani, de valójában a könnyebb út mindig sokkal nehezebb.**

A csavar persze ott van, hogy mindig *az így viselkedő emberek húzzák a rövidebbet*. Mert az ilyen emberek *éheznek a szeretetre a legjobban, de félelmükben rossz eszközt választanak arra, hogy a szeretetet megkapják,* és bár LEHET, hogy átmenetileg ki tudják a környezetüktől eszközölni a szeretetet, ezzel két probléma van:

1. Amint ezekkel az eszközökkel felhagynak, *az emberek ki fognak kopni mellőlük,* mert **így pontosan azt érik el, amitől a legjobban félnek: hogy önmagukért senki sem szereti őket.** Majd ebből az önbeteljesítő, ördögi körből (pl. minél többet hazudok azért, hogy elnyerjem a szeretetedet, annál jobban a hazugság miatt és nem magam miatt fogsz szeretni engem, tehát, hogy fenntartsam a szereteted áramlását irányomban, nem tudok színt vallani, még többet hazudok, és még jobban azt érzem, hogy nem engem, hanem

a hazugságomat magamról szereted) pontosan azt tanulják meg, amitől a legjobban félnek: hogy ezek nélkül az eszközök nélkül valóban senki nem marad körülöttük, és szeretet nélkül, egyedül maradnak. Ez nem túl jó érzés.

2. Az igazi szeretetnek *része* az, hogy a másik azért érzi, mert érzi, nem pedig azért, mert én „megszerzem", „kieszközölöm", „kierőszakolom". *Az, hogy valaki úgy dönt magától, hogy én magam miatt érdemes vagyok az ő szeretetére, az a legjobb része a dolognak.* Ettől megfosztani magad butaság. (Pl. félsz, hogy a másik nem hoz szeretetteljes döntést veled kapcsolatban; mondjuk félsz, hogy megcsal, ezért elkezdesz féltékenykedni, kémkedni, elkezded kontrollálni a helyzetet: ne menjen olyan helyre, ahol valaki megtetszhet neki, ne merjen beszélni ellenkező neműekkel stb. **De a hűség az igazi szeretet következménye, nem egy ráerőltetett börtön.** *Pontosan az a gyönyörű benne, hogy nem azért nem csal meg, mert nincs rá lehetősége... nem, nem. Az igazi szeretet ott kezdődik, hogy megtehetné, meg tudná tenni, lenne rá lehetősége. És magától TÉGED VÁLASZT. Téged! Érted?* Melyikkel lenne jobb érzés élni: rettegni, hogy amint nem kontrollálom a másikat, lehet, hogy megcsal, vagy tudni, hogy mindegy, mi történik, a párom mellettem dönt mindennap?) Tehát nem hagyni a másikat, hogy magától mutasson szeretetet irántad *csak a szeretet lényegétől fosztja meg mindkettőtöket.*

A félelem nem vezet igazi szeretethez. A félelem legjobb esetben is csak az igazi szeretet olcsó utánzatához, az igazi szeretet olcsó utánzata pedig fájdalomhoz vezet. Mert az olcsó utánzatban nem lehet megbízni. A tiszta szeretet megbízható, egyértelműséghez és nem kétséghez vezet, biztonságot ad, és nem veszi el azt tőled, elkap, ha elesnél, nem vezet káoszhoz, drámázáshoz, fájdalomhoz. Csak az nem bízik benne, *aki még nem értette meg,* mi a tiszta szeretet.

(Az igazi, tiszta szeretet nem az anyagi világ szabályai szerint működik. Tehát nem igaz rá az a szabály, hogyha megosztom, nekem kevesebb jut – például ha van két almám, egyet neked adok, nekem eggyel kevesebb lesz! *A szeretet az egyetlen dolog, ami nem az anyagi világból való, tehát nem annak szabályai szerint működik, sőt, a szeretet az anyagi világ ellentettje*: minél többet adok, annál *több* jut nekem, mert **nem lehet úgy szeretni, hogy te ne gyarapodj általa, téged ne emeljen fel, neked ne legyen jó érzés, ugyanis csak az a tiéd, amit megélsz**, semmi más. Jól ki van ez találva, ugye?)

XIII. fejezet

AZ IDEGRENDSZER

Tudjátok, amikor evett a bűntudat, legjobban nem másokra, hanem magamra haragudtam. Azért, mert nem sikerült magamból azt a legjobb énemet kihoznom, aminek születtem. Nem sikerült olyan jónak lennem, mint amilyen jónak akartam magam érezni belül, olyan szerethetőnek, mint amilyennek vágytam magamat. Az emberek legtöbb megbánása és bűntudata abból fakad, hogy nem sikerül olyan jónak lenniük, mint amilyen jók *lehetnének*. Ahelyett, hogy bünteted magad, *az okokat* keresd meg! *Hiszen mindennek van oka*. Igen, a „gonoszságnak", döntésképtelenségnek, depressziónak is. *Mindennek*.

A traumáink, sebeink, tehát olyan viselkedéseket váltanak ki belőlünk, amik hozzánk nem méltóak. A világ erre reagál, majd mi elhisszük a világnak, tehát erre reagálunk... és benne ragadunk egy öngerjesztő spirálban.

Minden, ami a lelki világban történik, így, úgy vagy amúgy, a fizikai világban is meg fog jelenni. Az érzelmi bántásokra a testünk, az idegrendszerünk is reagál – hiszen a test nem éli a lelkünktől különálló életét, nem, nem. **Ha a lélek szenved, az a sejtjeinkben is meg fog mutatkozni.**

A kérdés tehát nem az, hogy a testünk reagál, a kérdés az: *hogyan* történik ez?

A trauma fáj nekünk. Ami *fáj* nekünk, azt *veszélynek* érzékeljük. Amit veszélynek érzékelünk, az ellen *védekeznünk* kell. Olyan nincs, hogy a testünk tűrje a veszélyt. **Tehát a traumára adott testi reakcióink túlélő üzemmódba tesznek minket fejben is.**

1. ÜSS VAGY FUSS! (FIGHT OR FLIGHT)

Ez a legelső opció, amihez a testünk ösztönösen folyamodik. Amikor egy állat veszélyt érzékel, két lehetősége van: vagy marad, és mint egy sarokba szorított kutya, az utolsó leheletéig szembeszáll a veszéllyel (üss/fight), vagy felismeri, hogy a veszély nagyobb nála, és utolsó erejéig, mindent beleadva menekül (fuss/flight). Tehát vagy marad és harcol, vagy rohan és menekül.

Ebbe könnyen beleragadhatunk; előfordul, hogy ez a motívum egész életünkön végigvonul:

a nagyon harcias, kötözködő, leuraló típusú emberek könnyen lehet, hogy benne ragadtak ebben a mentális állapotban, és évekkel később is túlélő üzemmódban operálnak. Ugyanez történik a meneküléssel is: menekülni lehet fizikailag (pl.: állandóan költözni), de menekülni lehet konfliktuskerülésbe, hazugságba is. Az a gyerek, aki azt tanulja meg, hogy *nekem az a biztonság, ha nem mondok ellent, hiszen ha ellentmondok, velem üvöltöznek, arcon csapnak* (veszély), előbb-utóbb a személyisége részévé fogja tenni a menekülést.

2. FAGYJ LE! (FREEZE)

Amikor viszont a test nem gondolja úgy, hogy hatékonyan képes harcolni vagy menekülni, lefagy és vár. Reméli, hogy a veszély nem veszi őt észre, még a lélegzete is szinte nemlétező lesz.

Az emberek, akik így reagálnak az őket ért fájdalomra, általában benne ragadnak életük valamelyik szakaszában: bár a testük megy előre, fejlődik, öregszik, az elméjük azonban még mindig egy gyereknek vagy kamasznak érzi magát. Olyan is lehetséges, hogy könnyen benne ragadnak egy helyzetben, egy mintázatban, képtelenek a döntésre, a felelősségvállalásra. Nem azért, mert lusták vagy életképtelenek: egyszerűen a gyógyítatlan trauma azt diktálja bennük: *ha nem teszel semmit, nem ér baj.* Inkább ne csinálj semmit – ha csinálsz valamit, akkor fájni fog. Az a biztonságos, ha lefagysz.

3. LEGYÜNK JÓBAN! (FAWN)

Amikor a lefagyás (freeze) sikertelen volt, hajlamosak vagyunk fawn-ba menekülni, azaz megpróbálunk a veszélyforrás oldalára állni. Ez annyit jelent, hogy ledermedés helyett a minket bántó kedvére teszünk: azt mondjuk, amit hallani akar, ami megnyugtatja, ami számára tetszetős: így próbáljuk minimalizálni a bántásokat, minél kevesebb kiprovokálásával. Ilyenkor feladjuk a saját érzéseinket, eltávolodunk a valós önmagunktól azért, hogy – a túlélésért – a másik kedvére tegyünk.

Az ilyen emberek válnak „people pleaser"-ré, ami azt jelenti, hogy nem mernek nemet mondani, mindig azt lesik, hogy a másiknak hol tegyenek kedvére, végső soron; nem húzzák meg a saját határaikat, kerülik a konfliktust, meg akarnak felelni a veszélyforrásnak minden reakciójukkal és önfeláldozó áldozatokká válnak. Sokszor ebben a passzív, áldozati szerepben is maradnak egy egész életen át.

Akárhogyan is próbálunk védekezni, a gyökerek felkutatása és feloldása nélkül csak a védekezési mechanizmus normalizálása történhet meg. Azaz megtanulunk együtt élni a túlélő üzemmóddal, mint egy mostohatesóval, és elfogadjuk ezt normálisnak. De ez nem igaz, **az élet pontosan, hogy a túlélő üzemmód után kezdődik.**

Amit nem dolgozol fel, eszkalálódik. Ami úgy kezdődik gyerekkorban, hogy azt mondja, amit a szülő hallani akar (konfliktust kerülök a biztonságért), az felnőttkorban komoly önfeladáshoz vezet. Az ilyen emberek nem hülyék, nem idióták, nem lusták – hanem *traumatizáltak*. Azaz a mai napig az egyszer átélt fájdalom félelme mozgatja őket.

Márpedig **félelemből nem lehet jól élni. Jól élni csak szeretetből lehet.**

A gyógyulás pedig nem más, mint nem engedni, hogy a traumák és az ebből eredő tudat alatti védekező mechanizmusok uralják az életedet. **Minden, amitől félsz, ural téged**.

Ha nem gyógyulsz meg, a legnagyobb vesztes *te* leszel: hiszen, ha nem vigyázol, könnyen lemaradsz a saját, autentikus, igazi énedről.

A szeretet pedig nem más, mint egy másik ember sebei alá nézni és meglátni, hogy a másik *valójában* ki.

Amikor meggyógyulunk, rájövünk: a vérző sebek helyén maradó hegeknek *örülni is lehet*! Én örülök a hegeimnek. A hegeim ugyanis azt jelentik: nem adták a velük járó erőt ingyen: megküzdöttem velük, megküzdöttem önmagammal – és én nyertem. A jóhiszeműségem és a hitem tehát nem a tapasztalatlanság naivitásából fakad; tehát nem abból, hogy az élet még nem tett próbára, nem, nem. A hitem abból fakad, hogy próbára tettem magam, megharcoltam a magam harcát és nyertem. És ezért tudom, hogy minden rossz, ami van a világon, azoknak az embereknek a megnyilvánulása, akik még nem nyertek önnön félelmeik felett.

Legyél tehát büszke a sebeidre! Legyél büszke a bátorságodra, hogy mertél mélyre ásni! Legyél büszke arra, hogy nem temettek maguk alá!

Az érzelmi érettség *nem arányos az éveid számával*, hiszen valaki akkor lesz lélekben felnőtt, akkor lesz ténylegesen önmaga ura, amikor megszabadul a sebeitől.

XIV. fejezet

BIZALMI PROBLÉMÁINK A MINDENHATÓVAL

Minden jónak pedig alapja a szeretet. Ismétlem: minden jónak alapja a szeretet. De akkor *miért olyan nehéz hinni a szeretetben?* Miért nem bízunk benne? Miért kérdőjelezzük meg a szeretet szándékát, erejét, irányát, és legfőképpen: *miért félünk, hogy a szeretet fájni fog nekünk?*

Ahhoz, hogy megtaláljuk Istent, először meg kell érteni, *miért nem hiszünk benne.* Mi taszít benne? Mi az elfogadhatatlan? Milyen *fogalmam* van a Szeretetről, ami nem tetszik nekem?

Nem arról van szó, hogy a szeretet bizonyos embereket a tenyerén hordoz, bizonyos embereket pedig bánt. Arról sincs szó, hogy azok az emberek, akik bíznak a szeretetben, kevesebb nehézségen mentek át (sőt, azt mondanám, hogy pontosan azok mernek igazán bízni a szeretet erejében, akik voltak már mélyponton, kerültek padlóra, és akikkel már szembejött a valóság).

A helyzet sokkal egyszerűbb: van, aki *tudja,* hogy mi a szeretet. Van, aki *nem tudja,* hogy tudja, de *ösztönösen* szeretetben él. És van, aki azt *hiszi,* hogy *tudja,* de közben állandóan csalódik benne, sérül és fáj neki. Ez kiábránduláshoz, csalódottsághoz vezet, végső soron; védekezni kényszerül.

De honnan tudjam, hogy valami *tényleg* szeretet?

A szeretet nem attól lesz szeretet, hogy valaki azt mondja, „ez a szeretet". Már láttuk, a szavaknak önmagukban nincs jelentésük, mi töltjük meg őket jelentéssel. Tehát ha a szeretet nevében nem szeretetet cselekszünk, a szó nem írja fölül a szeretetet, *nem fog szeretetté válni a nem szeretet, csak mert mi azt mondjuk rá, hogy ez a szeretet!*

És szemfülesnek kell lennünk, mert a világban rengeteg ember validálja a tettét a szeretet nevével (igen, akár lelkészek is). (Ugye emlékszünk a kamasz lányra, aki kihallgatta az apja beszélgetését a szeretővel? Hát igen... ez nem igazi szeretet.) Hajlamosak vagyunk a legkülönfélébb dolgokat felcímkézni a szeretet címkéjével. Először vegyük át, hogy mi NEM szeretet. Mondok példákat:

Visszatérve Tamáshoz: Tamás a saját elmondása szerint „szerette" a feleségét, sőt, egyszer azt mondta nekem, hogy azért vannak barátnői a felesége mellett, mert így tud „hűséges" maradni hozzá (azaz együtt maradni vele), „szeretetből". Ez tulajdonképpen az ő hűségének a megnyilvánulása. *És ő ezt el is hitte.*

Na most, ez a gondolatmenet odáig fajult, hogy a felesége egyszer azzal fenyegetőzött, hogy megöli magát szégyenében és fájdalmában.

Ilyen lenne a szeretet? Komolyan kérdezem... EZ a szeretet?

Egyik ismerősöm végtelenül „jó ember". Az a típus, aki bárkinek, bármikor erőn felül segít, akkor is, ha nem érdemlik meg. Viszont, ezzel egy időben, hajlamos mindenki másban a tökéletlenséget (és megnyugtatlak, mindenkiben VAN tökéletlenség) észrevenni, ennek hangot adni, és erőnek erejével kijavítani azt. Ez is egyébként félelemre vezethető vissza, mert a mögöttes energia nem a szelíd szeretet, szeretettel jobbá tenni a másikat, hanem pontosan, hogy lenyomja a másikat, felemelve önmagát. Azt üzeni: *én* jobb vagyok nálad, mert *én* észrevettem a tökéletlenségedet, *nekem* erősebb a pozícióm, mert *én* vagyok, aki tökéletes és te vagy, aki tökéletesítésre szorul, végső soron: ÉN jobb vagyok nálad. *Én vagyok, aki kijavít, te vagy, akit ki kell javítani.* Ennek az eredője persze egy belső félelem attól, hogy nem vagyok elég jó, tehát megint csak eszközt keresek arra, hogy ezt a félelmet elnyomjam). Ez nála odáig fajult, hogy erőszakkal lenyomja a segítséget a torkodon, közben megbánt másokat, az is előfordul, hogy átgázol mások lelkén.

A két történetben egy közös: Tamás is és az ismerősöm is őszintén jót akart cselekedni, őszintén nem akartak senkit megbántani!

Tamás azért kezelte helyileg (időszakos barátnőkkel) a mélyebb problémát, azért rejtegette az igényeit a felesége elől, hogy ne bántsa őt meg! Hogy ne kelljen szembenézni a sok fájdalommal, és ne kelljen megkeresni, hogy mi ment tönkre a kapcsolatukban (vagy mi nem is volt soha jelen)! Azért viselkedett így, hogy *ne bántsa meg* a feleségét az igazsággal!

Az ismerősöm pedig valóban azért akar segíteni másoknak, hogy *örömet okozzon*! Hogy megmutassa, hogyan lehet jobban csinálni, hogy jobbá tegye az életedet!

Mindketten őszintén jót akartak cselekedni!

De van még egy közös vonás a történetekben: embereknek sikerült *fájdalmat* okozniuk, megbántani másokat, emberek sérültek általuk.

Valóban EZ lenne a szeretet? Istennek nem sikerült valami... jobbal előrukkolnia? Ez az a szeretet lenne, amiről dalok, versek, ódák szólnak? Mert ha igen (muszáj lelőnöm a poént: nem!), akkor *valóban* nagy bajban vagyunk! De vannak, akiknek ez a valóság, akik *elhiszik, hogy EZ a szeretet*. Na ők bajban vannak az élettel ÉS önmagukkal.

Hozok egy másik példát. Az egyik családtagom sokat bántott engem. Olyan módon, hogy elvette tőlem a számomra legértékesebb dolgaimat és bántotta a számomra kedves embereket. Ahol ért, bántott. Pedig többször is kértem, hogy ne tegye. Amikor gyerekként a szüleimhez fordultam segítségért, azt a választ kaptam, hogy „ő ilyen, így kell elfogadni, ő így szeret téged".

És ezt évekig elhittem, és hagytam, hogy bántson, akkor is, ha fájt, tűrtem, mert ő „szeret" engem, ő csak ilyen, nem tehet róla, ő így tud szeretni. Pedig legbelül rosszul éreztem magam tőle, sírtam tehetetlenségemben, féltem tőle, hogy legközelebb mit vesz el tőlem. Állandó önvédelemben voltam vele szemben.

Ez lenne a szeretet? Valami, ami ellen *védekeznünk* kell?

Nem, nem, a szeretettől nem kell megvédenünk magunkat.

Ma már rengeteg viselkedésmódot elfogadottnak tekintünk, olyan szinten, hogy észre sem vesszük, amikor az egészségtelen (tehát nem szeretetből induló viselkedést) validáljuk és normálisnak tekintjük.

Van egy ismerősöm, akinek a házassága nem boldog, a férjével két kisgyereket nevelnek. A következő történetet mesélte el *nevetve*: „a férjemmel annyira egymásnak feszültünk, hogy széttörtem egy tálcát a fején, ő pedig leöntötte a fejemet gyümölcslével. A gyerekek arra sétáltak be, hogy apa kivilevet önt anya fejére, vicces, ugye?". Ez évekkel ezelőtt történt, és akkor én is, ahogy a környezetem is, vele együtt nevettem. Hiszen milyen abszurd, hogy a szülők egymást nyakon öntik, náluk aztán zajlik az élet!

Meg kellett gyógyulnom ahhoz, hogy visszanézve lássam: *nem, ez nem vicces*. Nemcsak azért nem vicces, mert – ahogy azt már megbeszéltük – a gyerekeink a mi viselkedésünkön (és nemcsak a szavainkon) keresztül tanulják meg, hogy mi a szeretet, hanem azért sem vicces, mert szemrebbenés nélkül a környezet (akik mi voltunk abban az időben) normálisnak fogadta el. *Senki nem ismerte fel, nem merte kimondani, vagy nem tudta, hogyan mondja ki a nyilvánvaló igazságot, hogy ez nem szeretetközösség*. Ez a kapcsolat nem arról szól, hogy hogyan tegyék egymást jobbá, hogyan építsék és tiszteljék egymást – ha már a saját életüket tették le egymás kezébe –, nem, nem. Itt két felnőtt-testbe bújt kisgyerek, aki papás-mamást játszik, nyílt és őszinte kommunikáció helyett mindenféle nevetséges eszközökkel éli ki egymáson a frusztrációját.

Komolyan kérdezem: ha leöntöd a párod nyakát mérgedben gyümölcslével, *mennyire tiszteled őt? Mennyire nézel fel rá? Mennyire tekinted őt értéknek? Mennyire szereted őt?* Jobban szereted őt annál, minthogy egy pillanatnyi (vagy évek alatt fel nem oldott) feszültség felülírja az iránta érzett szeretetedet?

<u>Minden jónak alapja a szeretet.</u> És ez minden mélység és magasság ellen felvértez minket. Csak mert valami megvalósul a fizikai világban, egyáltalán nem jelenti, hogy az jó. Egy kapcsolat is attól lesz jó, ha a szeretet (és az ebből fakadó érzések és viselkedések) működteti, nem attól, hogy hosszútávú.

Nézzük, pontosan *hogyan* a szeretet az alapja minden jónak:

TISZTELET
A tisztelet a szeretet győzelme az aktuális érzéseink, indulataink vagy előítéleteink felett. Hiszen a tisztelet azt mondja: *szeretlek annyira*, hogy bizonyos dolgokat nem tennék meg veled azért, mert az anyám vagy; azért, mert idős vagy; azért, mert ember vagy. Az összetartozás érzése, ami a szereteten alapszik, legyőzi az állatias ösztönt. Más szavakkal: *nem tehetek veled meg mindent azért, mert éppen így érzem, hiszen te is pontosan ugyanolyan ember vagy, mint én* – kicsit ilyenebb, olyanabb, de ember. Ugyanabból vagyunk gyúrva.

Nekem azt tanították, hogy a szüleimmel szépen kell beszélni, övön aluli ütéseket nem szabad megengedni magamnak, ahogy bizonyos stílusokat sem – nem engedhetem meg, hogy a mindenkori érzéseim elvakítsanak. Ez egy nagyon kívülről motivált tudásátadás, mert a hierarchiára épül, engem egy alárendelt pozícióba téve, ami egyébként önfeladáshoz vezethet. Hiszen ha azt tanulod meg, hogy te „csak" egy gyerek vagy, akkor nem érzed majd magad fontosnak, az önértékelésed sérül, ráadásul ha a szüleid olyan stílust is megengednek maguknak veled szemben, amit te velük soha, ez rengeteg ellenkezést, frusztrációt vált ki. Nem lenne könnyebb azt tanítani a gyereknek: „szépen beszélünk egymással, *mert* szeretjük egymást", vagy „nem bántjuk egymást, *mert* szeretjük egymást"? De ugye ebből azt is látjuk: a tisztelet egy oda-vissza működő dolog – olyan nincs, hogy te tisztelj engem, de én átgázolok rajtad.

A tisztelet nemcsak azt előzi meg, hogy a másik önérzetébe taposunk, vagy hogy a másikat bokszzsáknak használjuk – a tisztelet a szeretet *következménye*. Pontosan a tiszteletteljes egyet nem értést kellene a gyerekeknek megtanítani példamutatással, nem gyümölcslével.

ŐSZINTESÉG
Az őszinteség is a szeretet *következménye*. Más szóval: az igazit adom magamból neked, és te is az igazit adod magadból nekem. Nem ámítjuk egymást maszkokkal, pontosan azért, *mert szeretjük egymást*.

Hiszen ha hazudsz nekem, én hiszek neked – valójában meglopsz a hitemben: nevetségessé teszel engem is és a hitemet is. Nemcsak engem alázol meg, de a hitemet is megingatod magamban, az emberismeretemben, a helyzetfelismerésemben, a döntési képességemben, végső soron; mindenben, amire támaszkodhatok, ami előre visz – hiszen én egy olyan embernek szavaztam bizalmat, aki az arcomba hazudott. Vajon mit árul ez el rólam?

Ha szeretek valakit, vigyázok rá: nem veszem el a hitét. Nem veszem el a biztonságát. Nem játszom az érzéseivel. Ha szeretem, akkor akár 5 éves, akár 50, az igazat mondom neki – a saját szintjén. Nem valamit, ami akár igaz is lehetne. Nem egy szebb verziót. Nem egy kitérő választ. Nem, nem: az igazat, mindig az igazat – így nem csalódik később. **Mert akinek hazudnak, az így, úgy vagy amúgy, de csalódni fog. A szép illúzió ára a biztos csalódás.** De ha szeretem, ettől őt *óvni* fogom igazmondáson keresztül.

Az őszinteség, transzparencia és letisztázás hiánya egyébként félreértésekhez, feltételezésekhez, káoszhoz vezetnek, végső soron a biztonságunk elvesztéséhez. Bizonytalanságban élni pedig nem jó. Kétségek között vergődni nem jó.

Tényleg ezt szánjuk a szeretet nevében annak, akit szeretünk? Valóban nem sikerült előállnunk valami jobbal?

ELFOGADÁS

Az elfogadás nem az egészségtelen viselkedések tolerálása vagy önfeladás. Nem, nem. Az *empátia nem validálja* a mérgező viselkedést.

Elfogadni annyit jelent, hogy a másikat a benne élő lélek törekvéseihez segítem hozzá, amennyiben van rá lehetőségem: gyógyítgatom és meghallgatom. **Az elfogadás kéz a kézben jár a fejlődéssel** – hiszen ha a másik nem érzi elfogadva, azaz szeretve magát, amikor hibázott, olyan elfojtó magatartásokhoz fog nyúlni, mint a hazugság. Ennek is az alapja a szeretet, azaz elfogadlak, *mert* szeretlek.

BIZALOM
Bizalom nélkül nincsenek mély kapcsolatok. És minden kapcsolat, amiből hiányzik a mélység, szét fog esni. Az őszinteség a szeretet folyománya, a bizalom pedig az őszinteség folyománya. Hiszen az őszinteség *értünk* van, mert csak akkor érezzük magunkat érzelmileg biztonságban, ha *nem kell félnünk* a másik árulásától felénk. Önvédelemben élve ugyanis nem lehet szeretni, mert a szeretethez sebezhetőség szükséges; az kell, hogy megnyisd a szíved, azaz a legsebezhetőbb részedet, és reméld, hogy a másik nem vágja a földhöz. Ez csak az őszinteségre épülő, bizalmas kapcsolatokban lehetséges.

És végül felmerül a kérdés, hogy a tisztelet, őszinteség, elfogadás *milyen célt szolgál?* Miért pont ezek az alapok fakadnak az igazi szeretetből? *Mire jók ezek?*

A helyzet az, hogy minden tartalmas emberi kapcsolat alapja ez a három pillér: *tisztelet, őszinteség és elfogadás.* Ha valamelyik hiányos vagy egyáltalán nincs, az a kapcsolat sérülésekhez vezet. Megint csak oda lyukadunk ki, hogy ezek az alapok *minket szolgálnak,* és nem mi szolgáljuk őket. *Értünk vannak, és nem mi vagyunk értük.*

És a három egymás nélkül nem működik, mert:
- *hogyan* legyek őszinte, ha félek attól, hogy nem fogadsz el (azaz már nem fogsz szeretni)?
- *mit* tiszteljek benned, ha nem vagy őszinte és egy maszkot mutatsz nekem?
- *hogyan* fogadjalak el, ha nem vagy őszinte?

A kör bezárult.

Első ránézésre bonyolultnak tűnik ez a szeretet-problematika, mert sokszor úgy érezzük, hogy szeretünk valakit és mégis csak bántjuk őt... van, hogy azt mondják, „szeretlek", majd bántanak minket... Adja magát a kérdés: HONNAN ismerjük fel a szeretetet?

A szeretet *módon* és *célon* keresztül is megnyilvánul és akkor teljes, ha a *kettő egyszerre* tud megtörténni. Hiába akarok jót,

ha *rosszul* akarom: ártok. Hiába akarom jól, de *rosszat* akarok: ártok. **A módnak és a célnak is szeretetből kell születnie a szeretet teljes megnyilvánulásához.**
Néhány évvel ezelőtt irigykedve néztem a „már megtért" lelkész volt ismerősömet. A jelenlétében belül sosem éreztem békét, mindig nyugtalan voltam. De olyan meggyőzően tudott Jézusról beszélni, hogy minden erőmmel én is hozzá akartam ehhez a csodához férni. Én nem szeretek logikátlannak tűnő dolgokat vakon elhinni, nekem értenem kell ahhoz valamit, hogy a magamévá tegyem. Ez a lelkész arról beszélt, hogy ha „nem térsz meg Jézushoz, a pokolra fogsz kerülni, a Sátánhoz". Belőlem – mint a tudásra szomjazó diákból – kibuggyant az őszinte kérdés: „de mi történik azokkal az emberekkel, akikkel egész életükben nem jön szembe a Biblia, például mi történik akkor, ha egy icipici kis faluba születsz, egy afrikai törzs részeként?" Olyan... elfogadhatatlannak tűnt nekem, hogy Isten csak azokkal foglalkozik, akik olvasták a Bibliát (szinte diszkrimináció). Tudjátok, mi volt a lelkész reakciója? Agresszívan elém vágott egy könyvet az asztalra, és kiabált velem, amiért ilyen dolgokat beszélek, mindezt persze a „szeretet" nevében, „szeretetből" tette és „szeretetből" akarta megmenteni a lelkem a Sátán karmai közül. Tulajdonképpen levezette, hogy ő a saját érdekemben kiabált velem agresszívan.

Ismeritek azt a jelenséget, amikor az apa veri a kislányát, majd elmagyarázza neki, hogy ez az ő érdeke? Azért bántja, mert szereti?

A két viselkedés ugyanaz. És sajnálom: csak azért, mert lelkész, csak azért, mert a sátánról és szeretetről beszél – ez NEM szeretet.

Ez nem *igazi* szeretet. Ahol nem tehetsz fel őszinte kérdéseket, az *nem* szeretet. Ahol meg akarnak félemlíteni, az *nem* szeretet. Ahol bántanak, az *nem* szeretet. **A szeretet nem bánt. A szeretet nem fáj.**

XV. fejezet

DE BIZTOS NEM FOG FÁJNI???

Újra: a szeretet NEM fáj. Az *irigység* fáj, a *kishitűség* fáj, a *bántás* fáj, tehát minden, ami traumából jövő és félelemre vezethető vissza: NA, AZ FÁJ. A szeretet az *egyetlen,* ami nem fáj. Nekem ez a felismerés 28 évembe került! 28 évembe került felismerni azt, ami az orrom előtt volt!

A Biblia így szól arról, hogy milyen is a szeretet:

„*A szeretet türelmes, a szeretet jóságos. A szeretet nem féltékeny, nem kérkedik, nem gőgösködik, nem tapintatlan, nem keresi a magáét. Haragra nem gerjed, a rosszat föl nem rója, nem örül a gonoszságnak, de együtt örül az igazsággal. Mindent eltűr, mindent elhisz, mindent remél, mindent elvisel. A szeretet soha el nem múlik.*"

Tehát a szeretet olyan, hogy nem fél. A szeretet, a szeretve levőség a *félelem hiánya.* **És a szeretet nem fáj.** Ha fáj, az nem szeretet, az valami más érzés, ami *mögött a félelem* húzódik meg. És ha szeretsz valakit, akkor nem bántod – akkor óvod. Vigyázol rá. *Mert* szereted.

És a szeretetet nem kell kisebbíteni, szégyellni, rejteni. Nem, nem. Örülni kell, hogy van, hogy képesek vagyunk rá. Hiszen **a szeretet a legjobb dolog, amire képesek vagyunk.** Ugyan miért gondolnánk, hogy ha létezik Isten, akkor ő *nem azonos a legjobb dologgal az életünkben? Nem Istennek kéne a csúcsnak lennie? A legek legének?!*

De, de. Az alfa és ómega mindent visz. Mutatom:

Mindenkiben az *istenit* szeretjük – a jót, a megbocsátást, a türelmet, a meleget, a felemelőt. Az emberit csak elviseljük. És

Isten nemcsak a hívőket szereti. A hit NEKÜNK van. A hit más szóval: Isten viszont-szeretete általunk. **De az igazi szeretet, a tiszta SZERETET (=mindenható) akkor is szeret minket, ha mi nem szeretjük őt viszont** (ugye emlékszünk, nem lehetsz túl koszos, túl bűnös, túl tökéletlen ahhoz, hogy a tiszta szeretethez, a forráshoz fordulj és az ellökjön magától). Persze ez nem igaz, *mert mindenki szereti a tiszta szeretetet, aki pedig nem, az nem tudja, mi a tiszta szeretet, és azt hiszi, hogy a szeretet fáj*. Tehát mindenki hisz vagy fog hinni Istenben, *csak van, aki már tud róla, és van, aki még isten olyan definíciójával viaskodik, amit nem tud befogadni, tehát nem hisz abban a konkrét verziójában Istennek*. De a tiszta szeretet *pontosan azért tiszta szeretet*, mert nem azért szeret, mert mi őt viszontszeretjük, vagy mert úgy viselkedünk, hogy őt kiérdemeljük. Nem, nem. A tiszta szeretet azért szeret minket, mert VAGYUNK. Semmire *nincs szüksége* tőlünk ahhoz, hogy szeressen minket.

A lelkész példájára visszatérve: ő félt a kérdésemtől, amire őszintén nem tudta a választ. Féltette a pozícióját mások előtt, és félt, hogy valaki leleplezi: a király meztelen. Ezért kiabált. Ezért vágta elém a könyvet. Az agresszió, a kiabálás nem az erő, hanem a gyengeség, végső soron a *félelem jele*.

Tamás *félt* felvállalni magát, félt a visszautasítástól, a sebezhetőségtől – ezért olyan feleséget választott, akivel más összekötő erők is összetartják őket: a vagyon és a közös háttér. *Félt*, hogy pusztán szeretetből senki nem maradna mellette. Majd *félt* azt az egészet beismerni magának, félt bevallani, hogy 1. valójában nem boldog, 2. pont olyanná vált, mint mindenki más „disznó" férfi – ezért elmagyarázta magának, hogy tulajdonképpen ő cselekszik helyesen, akkor is, ha a felesége a könnyeit nyelte. *Félt* élete döntését a szeretetre alapozni, úgyhogy most anélkül él.

Az említett ismerősöm fél, hogy ő nem elég jó, ezért a saját emberi mivoltát azzal kompenzálja, hogy kiemeli: más (is) tökéletlen.

De az őszinteség a szeretet RÉSZE, és a szeretet KÖVETKEZMÉNYE. A két fogalom *elválaszthatatlan* egymástól. (Más szóval: az igazit adom magamból neked, és te is az igazit adod magadból nekem. Nem ámítjuk egymást maszkokkal, pontosan azért, *mert szeretjük egymást*.)

A hitegetés, maszkok, látszat nem vezet tartós eredményhez. Ugyanis **az élet sohasem a látszatra, hanem mindig a mélyben zajló, valós dolgokra reagál.** Az igazi énünket pedig nem lehetséges úgy elrejteni, hogy soha ne jöjjön elő. Mert az élet próbára tesz, és az igazi énünk *ki fog jönni*.

Az, hogy én megpróbálom magam szebbnek, jobbnak feltüntetni valaki előtt, mint amilyen valójában vagyok, nemcsak elveszi a másiktól az esélyt, hogy a hibáimmal együtt szeressen, de óhatatlanul is egy csapdát állít fel: megágyaz annak, hogy elveszítsd bennem a bizalmadat. Hiszen **a hazugság ára az igazság kiderülése**, és végső soron pontosan azt az énképet veszítem el, amikor a hazugságom kiderül, amit mindenképpen el akartam rejteni. Ez egy arculcsapás a szerettemnek.

Röviden, a probléma gyökere mindenkinél egy: a félelem.

A világ azért olyan, amilyen, az emberek azért „rosszak" (nem önazonosak), mert FÉLNEK. Rettegnek. *És félelemből még nem született szeretetteljes döntés.*

Bár nem tudom olyan ékesszólóan megfogalmazni, mint a Biblia, de saját tapasztalataim alapján a szeretet így nyilvánul meg:

A szeretet *ad*. A szeretet *fölemel, jobbá tesz*. A szeretet *meleg*. A *szeretet megoszt, segít, felsegít,* ha elesel, *elkap,* ha zuhansz, és gyengéden *visszavezet önmagadhoz*, ha eltévednél és tévúton járnál. Meggyőződésem, hogy a szeretetnél *nem létezik intelligensebb* dolog a világon.

A szeretet jó. És **azt, ami igazán jó, nem lehet relativizálni**. Az igazi, valódi jót mindenki megérti. Az éhező nem fog moralizálni a kéz szándékán, ami megszánja őt egy darab kenyérrel. **A szeretet ontja magából a megkérdőjelezhetetlen, kétségbevonhatatlan, univerzális jót.**

A szeretet *nem rúg beléd* még egyet, ha már amúgy is a padlón vagy, *nem félemlít meg*. Például nem mondja azt: „Ó, igen? Félsz, és ezért hazudsz? Akkor rettegj csak még jobban, hiszen megszegted a Tízparancsolatot, a pokolra juttatlak!". Nem, nem. Gondoljunk csak egy rosszalkodó gyerekre!

Gondoljunk egy alsós, 7-8 éves gyerekre, aki az órán rendetlenkedik, nem figyel, kiabál, káromkodik. A tanítónéni persze fegyelmezi – a *többiek* érdekében (a felnőttek világában ez a büntetőjog) –, de amire valójában gondol, az az aggódás: mi történhetett ezzel a gyerekkel, amiért így viselkedik? Mi *fáj* neki ennyire?

Érdekes, hogy a gyereknél még pontosan látjuk, hogy ha roszszul viselkedik, tehát ha bánt másokat, az egy mélyebb traumáról árulkodik. Nem mondunk olyat, hogy „szültél egy eredendően bűnös gyereket!". A gyerek akkor rossz, ha nem tanulja meg, hogyan legyen jó, ha nem foglalkoznak vele, ha szeretetlen, elkallódott, ha bántották, tehát ha fáj a lelke. *A gyereknél világos, hogyha így vagy úgy viselkedik, az nem a gyerek hibája, mert a gyerek a környezete tükörképe, végső soron a neki adott szeretet mértékét tükrözi vissza.* Ha agresszív, azt *tanulta* valahonnan. Ha káromkodik, azt *tanulta* valahonnan. Ha bánt másokat, azt *tanulta* valahonnan.

Életem felismerése, hogy a legtöbb felnőtt felnőtt-testbe zárt gyermek, akinek fáj valami, aki fél valamitől, és aki ebből a fájdalomból és félelemből eredően viselkedik. De az a gyerek, aki érzi, hogy szeretik, hogy biztonságban van, hogy ő szerethető, hogy ő is fontos, hogy meghallgatják, hogy ő is számít... az ilyen gyerek nem kezd el szeretethiányos tüneteket produkálni.

De a szeretet, a gondoskodó, felemelő szeretet, a tanítónéni ebben az esetben, mit csinál? A fegyelmezés csak kommunikáció a gyerek felé, hogy megértse, mit nem szabad tennie a többiek és a saját maga érdekében, de a valódi reakció az aggódás és a segítés.

Hát ilyen a szeretet! És mindenki úgy szeret, amilyen ő maga, tehát ahol ő tart – vagyis amennyit *már megértett* az isteni, tiszta szeretetből *(vagyis amennyire a szívében a félelmet szeretetre cserélte már)*.

Tehát az ítélkező istenképből csak a *lényeg* hiányzik: a TISZTA SZERETET. Magunkból kiindulva megalkottunk egy félelemből eredő istenképet – PERSZE, hogy félünk tőle! Ha isten olyan lenne,

mint mi – emberi, gyarló és *félne* –, *nekünk is lenne mitől félnünk!*
De Isten a tiszta szeretet. Nem a szeretet emberi verziója, amit átitat a félelem. És a tiszta szeretetben (istenben) LEHET bízni. Sőt, minél jobban bízol benne, annál jobbá válik az életed. És az igazság úgy áll, hogy a szeretet nem nyomja le a jót erőszakkal a torkodon. Nem az a szeretet, ami csak jó döntéseket enged, ahol csak jó döntést hozhatsz, nem hibázhatsz. A szeretet *pontosan* az, hogy hibázhatsz, és *ennek ellenére* szeret. Nem lenne nagy kunszt szeretni, ha hibátlanok lennénk – hiszen mit ne lehetne szeretni rajtunk akkor? Az isteni szeretet a tiszta szeretet, a tiszta szeretet pedig ott kezdődik, ahol az ego véget ér, mert Istennek *nincs egója*, sőt, nem is fél semmitől, mert *nincsen más*, csak ő. Arra sincs szüksége, hogy higgyünk benne, hovatovább, szeressük őt! Gondoljunk bele!

Az emberi, egóból eredő szeretet feltételeket szab: „ha nem teszed ezt vagy azt, nem szeretlek". Ez egy logikai bukfenc. Például, azt mondja a lány a fiúnak, hogy „szeretlek, de ha megcsalsz, nem szeretlek többet". Más szavakkal: ha nem viselkedsz helyesen, ha bántasz engem, nem teszem magam ki neked.

Ez nem pontos megfogalmazás. Engem a volt barátaim sokszor és mélyen bántottak. *Én mégis mindegyiket szeretem a mai napig.* Szerelmes vagyok beléjük? Nem. Szeretném őket az életembe vissza? Nem. Nem tudok velük lenni, mert nem voltunk egymásnak valók, és amikor két ember nem egymáshoz való, egymásra nézve toxikussá válnak. Az, hogy nem teszem ki magam mérgező kapcsolatoknak, *nem jelenti azt, hogy nem szeretem őket.*
Hiszen mindenkiben van szerethető; mindenkiben van, amit szeressünk – csak van, aki előbányássza a benne élő szeretetet a félelem alól, és van, aki eltemeti magában.
De akkor is, ha eltemeti, a szeretet él benne, csak éppen el van nyomva. Az, hogy nem mutatja, hogy eljátssza, mintha nem is lenne, hogy elfelejti, *nem jelenti azt, hogy nincs.* Én komolyan elhittem, hogy bennem már semmi szerethető nincs, így éltem évekig. De voltak, akik megláttak bennem, akkor is, amikor én már nem láttam saját magamban. **Azoknak van a legnagyobb szüksége a szeretetre, akik nem érdemlik meg azt.**

Na de mit jelent az, hogy szeretem őket, ha nem akarok velük lenni?

Azt jelenti, hogy szívemből azt kívánom nekik, hogy találjanak önmagukra, ismerjék meg az önazonosságból eredő boldogságot, és minden nekik szánt áldást az életben tudjanak befogadni!
Szeretni, szívedből a legjobbat kívánni másnak akkor is lehet, ha nem vagy velük.

Van itt egy logikai bukfenc. A szeretet nem azt mondja, hogy tűrj el mindent, hagyd, hogy beléd rúgjanak, beléd töröljék a lábukat. **A szeretet NEM önfeladást akar.**
Nem jelenti, hogy viseld el, ha valaki folyamatosan megaláz, beléd rúg, hazudik, megcsal, egyszóval bánt! Nem, nem. (A szeretet nem akarja, hogy neked fájjon!)

Gyerekkorom nagy tanulsága, hogy nem kell mindenkinek mindent erőn felül elviselni, mert eljön a törési pont és bele fogsz roppanni. **Szeretni és kapcsolatot ápolni valakivel két külön dolog.** Szeretni akkor is lehet, ha soha nem találkozom vele – szeretem, mint embert. Szeretem, mert mélyen elásva benne is ott él a jóság, a kedvesség, a szeretet. *Ez minden egyes emberre igaz.*

De kapcsolatot fenntartani bárkivel csak akkor lehet, ha *közösen törekedtek rá* – ha csak te törekszel, a másik pedig kihasznál, és te vele maradsz, mert a Biblia azt mondja, hogy a szeretet türelmes, akkor egy nap arra fogsz ébredni, hogy kilátástalan, szomorú, megelégedetlen az életed, és nem fogod érteni, hogy de miért, hiszen te követted a Bibliát... Igen, követted a Biblia *szavait*, de nem követted a *mondanivalóját.*

Ahhoz, hogy valakivel lelki egységet alkoss, mindkettőtöknek próbálkoznia kell a szeretetet felszínre hozni magából. És ha valaki *próbálkozik, DE* elesik, de hibázik, van egy gyenge pillanata a próbálkozás közben, *akkor kell* a szeretet nevében felsegítened, vigasztalnod, biztatnod. **Csak az nem hibázik, aki nem tesz semmit. Aki tesz, cselekszik, fejlődik, él, az óhatatlanul is néha elrontja.** A legjobbnak szánt próbálkozás is néha mellémegy. Évekig blokkolt engem egy morális probléma, ami látszólag megoldhatatlannak tűnt. Mesélek egy kicsit egy családtagomról, nevezzük Kittinek. A szüleim erősen szorgalmazták, hogy jó legyen a kapcsolatom Kittivel. De Kitti bántott engem, nem egyszer és nem kétszer. Volt, hogy egyértelmű módon, és volt, hogy sunyin. Persze, voltak jó pillanatai is. Volt, hogy drága ajándékokat vett nekem és szépen becsomagolta őket. Amikor már nagyon nehéz volt a fájdalmat viselni és egyre jobban nem akartam a közelében lenni, a szüleim azt mondták nekem: „gondolj az ajándékokra, hogy mennyit költ rád, milyen szépen becsomagolja őket... gondolod, ha nem szeretne, törődne veled ennyire?".

Az igazság úgy áll, hogy ha nem tudjátok a titok nyitját, akkor bizony nagyon nehéz megkülönböztetni az őszinte hibát (amit felsegít a bennünk lakozó szeretet) a szándékos hibától (amit nem kell eltűrni senkitől, a szeretet nem azt jelenti, hogy valaki érzelmi bokszzsákja legyél).

A titok az, hogy mindig a következő kérdést kell feltenni: *ez az ember általánosságban szeretetet ad nekem (tehát türelmet, jóságot, kedvességet, együttérzést tanúsít felém, meleget áraszt magából rám, szépen beszél velem, az igazat mondja, nem okoz fájdalmat) és NÉHA vannak rossz pillanatai, amikor a félelmei kihozzák belőle a legrosszabbat? Vagy inkább általánosságban bánt engem, és itt-ott vannak jó pillanatai?*

Az őszinte hiba a bátorság jele. Azt jelenti: meg mertem próbálni. Eléggé bátor voltam ahhoz, hogy tudjam, talán elesem, és *mégis* megpróbáltam. Valaki azt mondta nekem, hogy a magabiztosság nem azt jelenti, hogy tudom, hogy nem rontom el. Nem, nem. Amíg emberből vagy, el fogod rontani. Fogsz csalódni magadban. Meg fogsz lepődni a saját esetlenségeden, ha máskor nem, időskorodban. **Az önbizalom pontosan az, hogy vállalom, eleshetek, és ha elesek, tudom, hogy fel fogok állni, és meg fogom próbálni újra.** Tanulva belőle. Elszántabban. Jobban.

Ahogy már megbeszéltük, a „rossz embereknek" is vannak jó pillanataik. *Mindenkinek vannak jó pillanatai.*

A kérdés ez: *a szabály inkább a bántás, és a kivétel a szeretet, VAGY a szabály a szeretet, a bántás pedig kivétel? Mi az arány?* Ez a titok.

Illetve, van még egy árulkodó jel. Ha valaki szeret, ha *valóban* szeret – de nem tudja, hogyan kezelje, traumatizált, küzd a félelmeivel stb. –, *és kedvesen, szeretetteljesen, nyugodtan elmondod neki az igazat*: „figyelj, amikor ezt meg ezt csinálod, az nekem ezért meg ezért fáj, így és így érzem magam tőle", akkor fontos lesz neki, amit mondasz és *törekedni fog* a változásra. Ilyenkor van értelme a kapcsolatot fenntartani.

Ha nem törekszik a változásra, akkor sajnos nem áll készen még semmilyen egészséges kapcsolatra. *Akkor ezt nem kell erőltetni, menj tovább, hogy ne mérgezzen téged.* **Mérgező emberek között nem lehet egészségesnek maradni.**

Ezek egyébként *állapotok*. Fejlődni, gyógyulni *bármikor lehet, soha nem késő szembenézni magammal, a tetteimmel, a múltammal – soha nem késő önmagam jobb verziójává válnom.* Sosem késő szeretni magam annyira, hogy meg akarjak gyógyulni a sok sebből, amitől vérzek. **Sosem késő a tiszta szeretet mellett dönteni. Ismétlem: soha.** Mindegy, milyen sokat meneteltél a rossz irányba – egy apró lépés a jó irányba az egész életedet megváltoztathatja!

Így minden kapcsolat kettőn áll. Egyébként egy házasságnak, sőt, minden kapcsolatnak, akkor van vége, amikor már nem próbálkozol, *mert elvesztetted a hitet, hogy lehet ez jobb.* Az életednek nem a halállal van vége; az életednek pontosan akkor van vége, amikor már nem akarod vagy mered elhinni, hogy lehet ez jobb, és abbahagyod a próbálkozást. **Az életednek akkor van vége, amikor feladod a hitet a tiszta szeretetben.** Mert onnantól csak létezni fogsz, nem élni.

Na most, Isten nem így gondolkodik. Ez emberi gondolatmenet, mert mint embereknek, ügyelnünk kell a mentális egészségünkre, hiszen ha az sérül, *az élet minden területére ki fog hatni.* Elsődleges eszközünk a szeretet kifejezésére az énünk, amit rendben kell tartani ahhoz, hogy rajta keresztül a szeretetünk meg tudjon nyilvánulni – ha az „én" nincs jól, akkor egészségesen nem tud sem szeretetet adni, sem fogadni. Egy finom fogást is csak minőségi, romlatlan alapanyagokból lehet összedobni, hiszen ha az alapanyag nem jó, romlott, nem jó a minősége, akkor a legnagyobb erőfeszítésed és legjobb szándékod ellenére sem lesz az eredmény jó. Ezért különösen fontos számunkra, emberek számára, hogy minimalizáljuk a mérgező kapcsolatainkat, és a negatív energiát kiűzzük az életünkből, és az is, hogy töltődjünk: *ha nem töltődsz, nem lesz majd miből adnod.* De ez emberi megközelítés.

Mindent, ami körülöttünk van; *mindent*, amit megtapasztalhatunk; a szépet, a csúnyát, a magasat, a mélyet, az örömöt, a fájdalmat – *Isten talált fel.* Ő akkor is szeret és velünk van, ha nem követjük a legfőbb kívánságát. Rá nézve nem válik toxikussá a kapcsolatunk, ha nem vagyunk egészségesek mentálisan. (Szép is lenne, ha a félelmem meg tudná fertőzni őt, és Isten – azaz a tiszta szeretet – toxikussá válna ránk nézve!) Mert ő a forrás. *A forrás nem fél attól, hogy a patak megmérgezi őt.* Ő akkor is szeret és biztat, akkor is reméli a legjobbat, akkor is jót akar nekünk, *ha nem követjük a legfőbb óhaját.* (Nevezetesen, hogy valóban boldogok legyünk, és ne félelemben operáljunk... durva, hogy ezt kívánja nekünk, nem?)

Valójában nem lehetsz túl tökéletlen, túl bűnös, túl koszos ahhoz, hogy Istenhez fordulj.

Legjobban az anyák szeretetéhez tudnám ezt hasonlítani. Egy egészséges édesanya *feltétel nélkül* szereti a gyermekét. A gyermek nem tud olyat tenni, hogy az édesanya meg ne bocsátana neki, ne adna neki még egy esélyt vagy megvonná magát tőle, mert akármilyen is, *az ő gyermeke.* (Tehát az édesanya türelmes, jóságos, nem keresi a maga javát, mindent eltűr, mindent elhisz, mindent remél, mindent elvisel – ugye, ugye, a Biblia).

Az édesanya *tudja*, hogy a gyermek csak *el van távolodva önmagától*, mert belelátja a legjobbat – azt, aki a gyermekből lehet, sőt, aki a lelke mélyén már ő. Az anya már azelőtt szerette a gyereket, hogy ismerte volna – csak azért, mert létezik. A létünk miatt vagyunk méltóak a szeretetre. Persze, szeretné, hogy a gyermek „jó" (azaz: örömhöz, egészséghez, élethez vezető) döntéseket hozzon, hiszen a gyermeket ez vezeti el egy „jó" élethez, és a gyermek öröme az anya öröme. **A mi igazi örömünk Isten öröme.** De az anya a legsötétebb időkben sem szűnik meg szeretni a gyermeket. *Nem hogy magunkra.* Akkor sem, ha úgy érezzük, hogy nem érdemeljük őt meg.

Ezt a gyerekeknek így szoktam tanítani:

„Amikor a kisbaba megszületik, az ő szíve tiszta. Onnan ismerjük fel a tiszta szívet, hogy jósággal, kedvességgel és szeretettel van teli. Tudod, a szeretet nem bánt másokat. Nem kiabál. Nem húz le. Nem türelmetlenkedik. És a legfontosabb: nem okoz fájdalmat. De sajnos az élet néha nehéz, és időnként a legtisztább szív is be tud koszolódni. Nekünk az a feladatunk, hogy ettől a kosztól tartsuk a saját szívünket tisztán, és így szeretetet árasszunk magunkból: azaz kedvességet, jóságot és türelmet. Nem belerúgva másokba, hanem felsegítve őket. Abban kell hinnünk minden erőnkkel, hogy egy koszos világban is van erőnk és képességünk a szívünket tisztán tartani, mások életébe örömöt, kedvességet és szeretetet vinni. Akkor is, ha nehézségek érnek. Mert ha ebben nem hiszünk, elvesztünk. Hiszen az a nyom, amit másokban magunkról hagyunk, tovább fog élni nálunk. Az én elhunyt szeretteim az életembe ezeket hozták. Így élnek ők bennem tovább. Itt vannak velünk most is, figyelnek minket és gyönyörködnek a tiszta szíveinkben."

Gyereknyelven mondtam el *ugyanazt.* **A Biblia legfontosabb üzenete: *ne félj!***

Tudjátok, mit mondott Jézus a kereszten? Csak egy pillanatra képzeld magadat a helyébe, ő is ember volt, ahogy mi mind. Hatalmas fizikai fájdalmat élsz át, a tested lóg egy darab deszkára szögelve, alig kapsz levegőt, tudod, hogy ennyi volt, meg fogsz halni, kész, vége – *mégsem a halálfélelmedre reagálsz*. Nem, nem. Azt mondod: „bocsáss meg nekik, mert *nem tudják, hogy mit cselekszenek".* **Ez a gondolatmenet maga a tiszta szeretet működési mechanizmusa.** Valójában a világ kétfajta emberből áll: 1. akik tiszta szeretetben járnak, 2. akik még nem. Tehát vagy megtalálták már az utat, vagy még elveszettek. De a tiszta szeretet nem veti meg azokat sem, akik még nem fedezték fel őt és még a félelmeik labirintusában bolyonganak. Nem, nem.

A tiszta szeretet türelmesen vár arra, hogy az emberek rátaláljanak és vele harmóniában éljenek.

Hát, valami ilyesmi az a tiszta szeretet, ahogy isten szeret bennünket.

A szeretet MINDEN. Az, hogy hibázhatunk. Az, hogy elronthatjuk. Persze, a Mindenható jobban örülne, ha a legmagasztosabb énünket valósítanánk meg, *de nem fog kevésbé szeretni,* ha eltévedünk. Te sem szereted kevésbé a gyermekedet, ha hibázik. Ki mint él, úgy ítél. Magunkból indultunk ki, pedig Isten NEM ember.

Szeretetre nagyobb szükségünk van, mint levegőre!

XVI. fejezet

AMIT NEM LÁTUNK, AZ NINCS?

Hogy mennyire lételemünk a szeretet, mondok néhány példát. Évekkel ezelőtt a YouTube-on felkeltette az érdeklődésemet egy kísérlet, melyet Masaru Emoto mutatott be főtt rizsen. Tudom, hogy ez olvasva őrültségnek hangzik, de a kísérlet a következő volt: főtt rizst tettek két külön befőttesüvegbe, majd lezárták őket. Az egyikre ráírták, hogy „szeretet", a másikra pedig azt, hogy „gyűlölet". Egy héten keresztül a „szeretet" feliratút naponta szerették, azaz szeretetteljesen beszéltek hozzá. A „gyűlölet" feliratút pedig mindennap leszidták.

Egy helyen tárolták őket. Amelyiket naponta megszeretgették, szinte nem is romlott meg, míg a másik nagy hévvel romlásnak indult.

Először azt hittem, hogy ez egy marhaság, klikkvadászat, szemfényvesztés. De nem hagyott a kíváncsiságom nyugodni, egyébként is olyan természetem van, hogy addig járok valami után, amíg meg nem győződöm annak valódiságáról, tehát adtam neki egy esélyt. (Képzelhetitek a szüleim fejét, amikor előadtam nekik, hogy akkor most ezt az üveg rizst szidni fogjuk, a másikat pedig szeretgetni fogjuk – azt hitték elmentek otthonról nálam.) Ezt úgy kell elképzelni, hogy a szeretett rizsnek naponta elmondtuk, hogy milyen szép, milyen finom, milyen fontos, milyen jó, hogy van, mennyire szeretjük. A szeretetlen rizsnek pedig elmondtuk, hogy csúnya, nem érdemel szeretetet, buta, semmire sem jó, nem szeretjük. Igen, mindennap pár percen keresztül beszéltünk két üveg rizshez.

ÉS SIKERÜLT. Majd megcsináltuk újra. MEGINT SIKERÜLT. Megcsináltam egy közeli barátommal. SIKERÜLT. Háromból háromszor SIKERÜLT!

Itt tudjátok megnézni a saját szemetekkel az eredményt:

A honlapomon is megtalálod (hannaszive.hu), „A RIZS" fül alatt. :)

Bátor szívvel merem ajánlani: ha nem hiszel nekem, próbáld ki magad is! Ne törődj vele, hogy mások hülyének néznek, nem kell róla tudniuk. Magad miatt próbáld ki, hogy *lásd a saját szemeddel!* Nekem ez a kísérlet azt mutatta meg, hogy sejtszinten igényeljük a szeretetet, a szeretet a *lételemünk, az alkotórészünk.*

A szeretetlenség negatív hatását Popper Péter, neves pszichológus is megfigyelte. A következőt nyilatkozta a professzor: „a klinikán, ahol dolgoztam, az egyik doktornő egyszer körbevezetett, és azt mondta, hogy az ott fekvő gyerekek többségének csak az a baja, hogy cirókahiánya van, azért vannak ott, mert nem kapnak elég odafigyelést és törődést".

Azaz szeretetet.

A Royal Horticultural Society tanulmányában leírja, hogy ha szépen beszélünk a növényeinkhez, akkor gyorsabban nőnek.

Akár ismerted ezeket a tényeket, akár nem ismerted, láthatjuk, hogy *a szeretetre nagyobb szükségünk van, mint a levegővételre.* De vajon miért?

Azért, mert szeretetből vagyunk. Igen, Isten, a tiszta szeretet a mi *alkotóelemünk.*

Fantasztikus! De ha mi szeretetből állunk, az az alkotóelemünk, a lételemünk, akkor mégis MIÉRT OLYAN A VILÁG, AMILYEN? Teljesen átérzem a frusztrációdat.

A világ a mi – emberek – közös alkotásunk, ez a mi co-kreációnk.

És az igazság úgy áll, hogy ha körülnézek, nyomort látok. Nem feltétlenül testi nyomorról beszélek. Az emberek belül nyomorognak. Igen, még a gazdagok is. Sőt, azt merném állítani, hogy *azok az emberek nyomorognak igazán, akiknek anyagilag mindenük megvan.* Mert a munka figyelemelterelés. Elmondom újra. Ha dolgoznom kell a létfenntartásomért, ha minden forintnak megvan a helye, ha nem tehetem meg, hogy abbahagyom a munkát, akkor ez a folyamat eltereli a figyelmem a saját elveszettségemről, céltalanságomról, sőt, még fontosnak is érzem magamat, hiszen számít a munkám.

Mert ha lebeg a szemed előtt a cél, hogy ételt kell tenned a családod asztalára, hogy anyukádról gondoskodnod kell, *addig sem azzal a félelmeddel törődsz, hogy mi vár a halál után.*

És mi történik azokkal az emberekkel, akik kőgazdagok? Mi jön azután, hogy már megszerezted a pénzt, amiért a társadalom nagy része az egész életét és az élet értelmét feláldozza? *Mi vár a pénzen túl?*

Elmondom neked. A nagy, üres *semmi*. Egy ponton túl nem tesz boldoggá, hogy 3 vagy 15 nyaralód van. Hogy 10 Teslád van, vagy 50. Egy ponton túl az anyagi gyarapodás már nem boldogít, nem tölti meg az életedet, nem teszi az életed biztonságossá. *Aki csak az anyagi világra fókuszál, lelki nyomorban él.* És mondhatod, hogy az irigység beszél belőlem, de tévedsz. Láttam, hogy élnek az átlagember számára elképzelhetetlen és elképesztő szinten emberek. A saját szememmel láttam a luxust. *És sajnáltam őket.*

Nem csoda, hogy ezek az emberek lesznek függők, menekülnek a pótcselekvésekbe, halnak meg túladagolásban, válnak depresszióssá, agresszívvá stb.

Mert nem találtak mást, amiért élhettek volna, csak a pénzt, a sikert, a karriert, a hírnevet. És amikor elérték, CSALÓDTAK.

Mert ők nem ilyennek képzelték a gazdagságot! Azt hitték, ha mindent elérnek, ami szem-szájnak ingere, *boldogok* lesznek. És ők húzták a rövidebbet!

A boldogság nem egyenlő azzal, amid van.
A pénz csak egy a sok más *eszköz* mellett a boldogság megteremtésére, *nem* maga a boldogság. Ha az eszközt nem megfelelően kezelik, nem fog valódi boldogsághoz vezetni.

Na, de kanyarodjunk vissza az eredeti kérdésünkhöz: szeretetből vagyunk, akkor mégis MIÉRT nyomorgunk? Hogy van ez? Olyan... olyan logikátlannak tűnik, nem? Akkor most képzeld el, a Mindenható hogy csóválhatja a fejét, látván, hogy ő belénk táplálta a szeretetet, és mi mégis nyomorgunk. Csúfondáros, nemde?

Kezdjük néhány fogalom meghatározásával!
Mi az élet?
Ha szeretetből vagyunk, *miért születtünk meg* egyáltalán? Az élet nem más, mint energiacsere. Adok-kapok. A szeretet kifejeződése, megtapasztalása.

De az, hogy szeretetből vagyunk nem jelenti, hogy automatikusan szeretetet árasztunk magunkból! (Láttuk: minden gondolat, szó és tett vagy szeretet-, vagy félelem-orientált).

Az, hogy mit árasztunk magunkból, a *mentális egészségünket* tükrözi, ahogy a döntéseink is a mentális egészségünket, végső soron a bennünk dolgozó félelem (ahogy már megbeszéltük, mindent, ami nem szeretet, vissza lehet vezetni a félelemre) szintjét, ami dolgozik bennünk, és ha hagyjuk, irányít bennünket. Akár észrevétlenül is.

Nem azért volt abortuszom, mert nem szeretetből vagyok. Azért volt abortuszom, mert féltem, rettegtem – nem a minőségemet, hanem az állapotomat tükrözte az egész helyzet. A döntésem nem az én „eredendő bűnömet", a szerethetetlenségemet, az emberi gyarlóságomat mutatja. Nem, nem. *Azt a mentális állapotot, amibe kerültem, és amiből funkcionáltam.* Azokat a vérző sebeket, amik ehhez a helyzethez és döntéshez vezettek, hiszen az oda vezető út egymáshoz vezető, toxikusnál toxikusabb érzések, kapcsolatok, kapcsolódások és értelmezések láncolata volt. Röviden lebontva, hogy megmutassam, hogyan kapcsolódnak egymáshoz az élet történései, és hogy lásd, egy kis egészségtelen félreértés még több egészségtelen viselkedésekhez fog vezetni, amik fájdalmat adnak, így nézett ki a történet nagyon leegyszerűsítve:

1. lépés: gyerekként azt tanultam meg, hogy a szeretet fáj.
2. lépés: olyan kapcsolatokat kerestem, ahol bántottak, hiszen ez volt ismerős.
3. lépés: ezek a férfiak megcsaltak.
4. lépés: feladtam a reményt, hogy valaki szeretni fog önmagamért, hűségesen: lettem Tamás másodikja.
5. lépés: Tamás „döntésképtelen" volt, én igyekeztem minden lehetséges módon elérni, hogy engem válasszon.
6. lépés: Tamás azt mondta, ha összejönne egy gyerek, teljes mellszélességgel mellém állna.
7. lépés: kétségbeesésemben reméltem, hogy így lesz.
8. lépés: nem lett így – azt hittem, velem van a baj.
9. lépés: szakítottunk, figyelemelterelésként egyszer találkoztam a legelső szerelmemmel (igen, aki 15 évesen összejött a legjobb barátnőmmel).

Logikusnak tűnik, ugye? Ahogy már megbeszéltük, a gyógyulatlan emberek is követnek valamilyen logikát. A Népirtó Diktátor is követett valamilyen sajátos logikát. Ettől még a logika *nem volt egészséges.* **Ha a szeretet értelmezésében hiba van, könnyen félrecsúszik egy egész élet.**

De amit ezzel szemléltetni akartam: mindent valamilyen szinten szeretnénk, ami velünk történik. Semmi sem derült égből villámcsapásként történik velünk, nem, nem. Amilyen magokat elültetünk a fejünkben, az meg fog jelenni az anyagi világban. Én valamilyen szinten akartam egy gyereket (nem a megfelelő embertől és nem a megfelelő célból), és az Univerzum *megadta.*

Vigyázz, mit kívánsz, mert még a végén Isten tényleg megadja.

Válaszként a kérdésre: a világ azért olyan, amilyen, mert az emberek olyanok, amilyenek. Leegyszerűsítve: a világ azért olyan, amilyen, mert TE olyan vagy, amilyen. És mindenkire, igen, még a terroristákra, gyilkosokra is van egy logikus magyarázat, miért olyanok, amilyenek. *Mert hagyjuk, hogy a félelem (azaz a szeretet hiánya) vezessen bennünket.* **A világ állapota pedig az emberek mentális állapotát tükrözi, nem a valódi énjüket.** Nem azt, amilyen a világ lehetne, és főleg nem azt, amilyennek a világot Isten amúgy szánta.

Úgy is mondhatnám, hogy az élet, mint olyan, abszolút terminusokban meghatározva, nem létezik. Mert számodra az élet egészen más arcát mutatja, mint nekem. Például az amerikai elnök számára az élet egészen más tapasztalatokból áll, mint a nyomorba születő, beteg gyerek számára. Mégis, mindkettőt életnek hívjuk!

Mondhatunk tehát olyat, hogy az élet jó? Hogy *minden* élet jó? Láttuk a példát: az élet rengeteg ember számára nem jó, csak egy „kötelesség", amitől nem merünk megszabadulni.

A válasz így hangzik: az élet mindenki számára jónak van szánva (a Mindenható ezt szeretné), de sok ember megy a saját feje után, és csodálkozik, hogy nem úgy sül el, ahogy ő a fejében azt elképzelte. Mert mindenkinek megvan a helye a világon, ahova tartozik. *És ott fogja magát a legjobban érezni.*

Más szavakkal: az élet olyan, mint egy láda: üres. Se nem jó, se nem rossz: ha drágakővel töltjük meg, kincsesláda lesz. Ha szeméttel, szemetes lesz. És ez a döntés rajtunk áll. (Persze, a Mindenható örülne, ha nem szeméttel és mocsokkal töltenénk meg, DE nem fog megakadályozni minket a szabad akaratunkban. Ha szemetet gyűjtögettünk szorgosan, majd sírunk, hogy a ládánkban szemét van, akkor az Univerzum nem elveszi a szabad választás lehetőségét, hanem jeleket ad (pl. fájdalom), hogy útbaigazítson. A fájdalom nem más, mint egy *„hello, rossz felé mész, nem akarnál változtatni valamin?".* A tévutak, csalódások, elesések csak azért vannak, hogy lásd: *nem jó az irány.* Tehát ha boldogtalan vagy, nem jó az irány, amerre menetelsz. Nem Isten szúr ki éppen veled, hanem te szúrsz ki saját magaddal.

Tehát **az élet szép, ha széppé tesszük.** Ez pedig Isten és a mi közös alkotásunk. És ő azt szeretné, hogy a legjobb életünk legyen! Igen, a *legjobbat* szánja nekünk – csak néha nagyon tudunk ragaszkodni a kevésbé jó, olcsó utánzatokhoz! Bizalmi problémáink vannak a Mindenható szándékait illetően. Pedig kinek a terve lehetne jobb a Mindenhatóénál?!

MI adjuk az értéket a saját életünknek a *saját szempontrendszerünk* szerint. Hiszen minden ember minden döntésében a legjobb választást – tehát a céljának (amit a szempontrendszer határoz meg) legmegfelelőbb választást hozza. Igen, akkor is, ha hibázik; akkor is, ha gonosz stb. (Nem azt mondtam, hogy gonosznak lenni jó!)

Jó volt, hogy Tamás csalta a feleségét? Már láttuk, hogy a helyzet *gyümölcse* a fájdalom volt, tehát ez nem szeretetteljes döntés, nem szeretetből született döntés volt (mert az igazi szeretet nem fáj, és nem vezet fájdalomhoz). De ha a saját szempontrendszerében az első helyen az van, tehát ha a legfontosabb szempontja az, hogy „ne menjek szét a feleségemmel, DE legyenek boldog pillanataim", akkor igen, *ennek a célnak a legmegfelelőbb döntést hozta, mert elérte vele, amit akart.*

Vegyünk egy extrémebb példát – példát – beszéljünk a Népirtó Diktátorról! Abban talán mind egyetérthetünk, hogy az ő tettei felfoghatatlan mennyiségű fájdalmat hoztak a világra. De ez nem azt jelenti, hogy a Népirtó Diktátor nem a legmegfelelőbb döntéseket hozta a *saját* (beteg) szempontrendszere alapján! Hiszen mi volt számára a legfontosabb szempont? Egy nemzet „megtisztítása". Az ő saját (beteg) logikája szerint – amit NEM osztok, csak elmagyarázom – a (beteg) céljának legmegfelelőbb választásokat hozta.

Tehát minden tettünknek, választásunknak a *kulcsa a saját szempontrendszerünk*. Ha ez félelemből táplálkozik (hiszen az önzés is a félelem egy formája, sőt, minden, ami fájdalommal jár, félelemből ered), akkor fájdalmat fog hozni a világra. **Ha a szempontrendszerünk szeretetből táplálkozik, szeretetteljes gyümölcse lesz.**

Onnan tudjuk, hogy valami „jó", hogy nem fáj. **A fájdalom olyan, mint a szalagkorlát: megmutatja, hogy merre ne menj.** *Minket* szolgál, *értünk* van. Pontosan úgy, mint az undor érzése is. Az undornak a rendeltetése az, hogy *védjen* minket – a testünk kapjon egy jelzést, hogy mit ne egyen meg, mi fog neki ártani.

De mondok egy másik példát.

Az elmúlt 2 évben a környezetem nagyon nehezen ért engem, mert olyan párt választottam, akivel nagyon ritkán tudunk találkozni és beszélni. Én mégis úgy érzem, hogy ő az igazi, ezért várok rá hűségesen. Egy közeli barátnőm – viccesnek szánva – megjegyezte, hogy ő az exével többet beszél, mint én a szerelmemmel. Objektíven nézve a tényeket, igaza van. Hiszen pontosan tudom, hogy ő mostanában találkozgat az exével, aki egyébként évekkel korábban őt megcsalta. És újra, hol a trükk? A szempontrendszer! Ha az áll a csúcsán, hogy beszélgessek és találkozgassak valakivel, akkor valóban, ő választotta az ennek legmegfelelőbb utat. *Bárkivel* én is tudnék beszélgetni, kereshetnék *bárkit* arra, hogy az űrt betöltse. Mégsem teszem. Az én szempontrendszerem csúcsán a lelki kapcsolódás van. Attól jobb nem lesz, hogy az igazit helyettesítem valamilyen olcsó utánzattal, mert most éppen nehéz! Úgyhogy az én szempontrendszeremhez az én „eszközöm" a legmegfelelőbb – **kiállni valamiért, amiben hiszel, sosem felesleges**. És megint csak a *gyümölcsöt* kell nézni. Az én választottam eddig csak szeretetet hozott az életembe és **csak a szeretetért éri meg a nehézségeken átvergődni. Ha a szereteten kívül bármi mást választasz, csalódni fogsz. Lehet a szíveden kívül bármire is hallgatni, csak éppen nem éri meg. Semmi más nem éri meg az idődet, mint a belső iránytűd. És a szeretet másokról szól, nem önmagunkról.**

Mindenkit meglepetésként szokott érni, amikor azt mondom: a boldogság nem automatikusan jár nekünk. (A legkönnyebb dolog elvárni az élettől, hogy boldoggá tegyen minket, majd durcázni, ha nem teszi. De az életet nem a vegetálóknak, a passzív embereknek találták ki.) Nem, nem. A boldogság *lehetősége* jár. De a boldogságot (a drágaköveket) nekünk kell felkutatnunk, bepakolnunk a ládába és gyönyörködni bennük. A saját személyes boldogságunkat *meg kell teremtenünk!*

Kicsit olyan ez, mint a gyémánt: ha szépen megcsiszolják, szinte ragyog. Ha nem foglalkoznak vele, ha elkallódik, kődarab marad. **Ha mi nem tesszük magunkat boldoggá, senki és semmi nem fog!** Ez a MI feladatunk.

És itt jön a csoda: ha megcsiszolják és ragyog, bár árasztja magából a fényt, mégsem ő a fény forrása: csupán visszatükrözi a körülötte lévő fényt.

Mi mind ilyen gyémántok vagyunk – és minden szép, jó, szeretetteljes, amit teszünk, Isten, azaz a Nagyobb Jó szépségének visszatükröződése általunk (nem fizikai értelemben).

Mert a szeretet nem tett. Erről már beszéltünk: a szeretet a dolgok önazonos miértje. **És csak akkor vagyok valóban önazonos, ha nem a félelem valamelyik formájával azonosulok.** A szavak, gondolatok és tettek vagy a szeretet, vagy a félelem MEGNYILVÁNULÁSAI.

Például ha azért segítek egy kis pénzzel a rászorulónak, mert a legbelülről fakadó óhajom ez, az a szeretet megnyilvánulása! De ha azért teszem, mert mások látják – bár a cselekedet *ugyanaz* –, a félelem nyilvánul meg (félelem attól, hogy nem vagyok jó ember, mit fognak mások szólni, ha nem adok, kompenzálok valamit stb.). Nagyon nem mindegy tehát, hogy mit *miért* teszek. Ha egy döntés nem a **megfelelő helyről jön** (szeretetből), és a **megfelelő célért** (purpose), nyűggé válik, tarthatatlan lesz, és mérgezni fog előbb-utóbb. Nem mindegy, hogy azért kötöm össze az életemet valakivel, mert félek (félek a társadalom véleményétől, elvárják a szüleim, így tudok felvenni hitelt, félek a magánytól és az egyedül maradástól stb.), vagy azért, mert a lelkemben tudom, hogy megtaláltam az igazit. Csak az életed múlik rajta, semmi több.

És a szeretet a hátad mögött is szeretetből cselekszik. A félelem kiszámíthatatlan, megbízhatatlan, riadt. A félelem a szeretet látszata.

Sok ember nem tud mit kezdeni sem önmagával, sem az életével, és ezt a tanácstalanságot a félelem bénítja is. Sokan az önzőséget rossz tulajdonságnak tartják (a gyökerét már kifejtettem, de most megközelítem máshonnan), nagy divat manapság mindenféle jelzővel illetni az önző embereket. Léptennyomon hallom, hogy ez „nárcisztikus", az „manipulatív". Én minden narcisztikus (önimádó) emberben egy szenvedő lelket látok. Tudod, egy fuldoklót, aki az életéért kapálódzik. Amikor csináltam a mentőbúvár-tanfolyamot, két dolgot tanultam meg nagyon: 1.) a fuldoklón nem mindig látszik, hogy fuldoklik, 2.) amikor megközelíted, résen kell lenned, mert a túlélési ösztön erősebb, a fuldokló nincs tekintettel a környezetére, az ösztön mindent felülír, és akár TÉGED IS LENYOM a víz alá azért, hogy ő fenn maradjon. Hát ilyenek a végtelenül önző, szenvedő lelkek, akiket a pszichológia nárcisztikusnak nevez: annyira szomjazzák a lételemünket (a szeretetet és ebből eredően a figyelmet), hogy bármit megtennének érte. *Arra használnak másokat, hogy általuk szeretve érezzék magukat.*

Például a figyelem – az, hogy én rád figyelek, ezáltal te megértettnek, fontosnak érzed magad; érzed általa, hogy számítasz, szeretetből (és így önzetlenségből – nemcsak én vagyok a fontos, TE is lehetsz fontos) – jön. **És minden ember szeretve, értve akar lenni, minden ember vágyik arra, hogy tudja: ő is számít.**

De ha a vérző sebeinket (traumáinkat) nem oldjuk fel, nagy valószínűséggel nem megfelelő eszközt fogunk választani (akár tudat alatt) a szeretet fogadására, és itt csúsznak félre a dolgok. Például vannak olyan emberek, akik állandóan sajnáltatják magukat. Kívülről úgy tűnik, ők az élet vesztesei, őket még az ág is húzza, velük szinte csak rossz történik és bele is ülnek az áldozatszerepbe, mint egy kényelmes fotelbe. Ha azonban mélyebbre ásol, látni fogod, hogy aktív részesei a nehéz helyzet teremtésének (akár tudat alatt, traumákból táplálkozva), és áldozatszerepből próbálnak szeretethez, és így figyelemhez jutni. Ők azok, akik állandóan panaszkodnak, hogy empátiát kapjanak cserébe. És megint csak nem azért, mert „rossz" emberek. Azért, mert ha nem gyógyulunk meg a szerzett sebeinkből, téves úton fog megvalósulni a szeretet igénye és ADÁSA is, miközben mi *akár el is hihetjük* látszatra, hogy ez a valóság.

Pedig az igazság úgy áll, hogy *mélyen belül mindenki pontosan tisztában van a kendőzetlen valósággal* – csak vannak, akik félnek szembenézni vele.

És félreértés ne essék: mindegyikünknek vannak vagy voltak már önző pillanataink. A legtöbben fel sem ismerjük, amikor önzőek vagyunk. Mondok példákat: amikor beszélgetsz valakivel, azért beszélgettek, hogy te elmondhasd, amit gondolsz, vagy érdekel a másik álláspontja is? Mindig a másik szavába vágsz? Ez nemcsak udvariatlan, ez érzelmi önzőség, ahogy a türelmetlenség is az. Azt üzeni: az *én* mondanivalóm fontosabb a tiédnél, *én* fontosabb vagyok nálad, szer*e*ss *engem*, éreztesd, hogy *én* fontos vagyok (hallgass meg). Bizony, sokan vagyunk vagy voltunk már úgy önzőek, hogy talán észre sem vettük.

Az ilyen emberek mások által szeretik magukat, és igazából nem a másikat szeretik, *mert nem látnak tovább saját maguknál.*

És a trükk ott van, hogy **amíg a céljainkat a saját önös érdekünk (más általi szeretettség) határozza meg, egyedül maradunk egy üres élettel.** Amíg az életem csak *magamról* szól, addig az életem *csak magamról szól!* Addig nem lesz más fontos nekem, és *én sem leszek fontos másnak.* Amíg azért teszek valamit, mert így érem el, hogy mások szeressenek, elveszett vagyok. Egy újabb maszk, amit magunkra erőltetünk.

És ezek a maszkok mindig fel nem oldott traumákról, vérző sebekről árulkodnak.

Végső soron másokhoz viszonyítva határozzuk meg önmagunkat, mások szemében látjuk önmagunkat. Így az életünk magasabb célja *nem lehet önös.* (Ezt később kifejtem.)

Sok ember azért érzi magát megrekedve, mert a félelem sok esetben nemcsak eltávolít önmagadtól, hanem blokkol és bénít is. Például sokszor azért nem merünk mit kezdeni az életünkkel, választani egy karriert, egy célt, egy jövőképet, egy társat, amikre feltesszük a szívünket és a legjobbat adjuk nekik magunkból, mert a félelem bénít: hiszen ha választok egyet, az azt jelenti, hogy minden mást nem választok. Tehát kimaradok. Félek, hogy esetleg jobból maradok ki, mint amit választok, tehát amíg nem választok, amíg nem köteleztem el magam egy döntés mellett, addig élvezem a lehetőségeim tárházát. De ez a látszólagos bőség zavara valójában *pontosan attól foszt meg*, hogy eggyel teljes szívvel azonosuljak és egyben békére leljek.

És vannak olyan emberek is, akik bár látszólagosan választanak egyet, titokban elégedetlenek, csalódottak és TÖBB opcióra vágynak. *Így zárják ki magukat a lelki egység privilégiumából.* Mert szeretni valakit jón és rosszon keresztül: *privilégium.* Meglátni az emberi arcát, csatáit, félelmeit, a támasza lenni, amikor kilátástalannak érzi a jövőt, emlékeztetni a valódi, csodaszép énjére, amikor ő már semmi szeretnivalót nem lát magában, valaki más csodájává és két lábon járó szeretetévé válni PRIVILÉGIUM, bizalom és megtiszteltetés. De van egy trükk. Ugyanis csak akkor működik valami hosszútávon, az életkori sajátosságokon és az élet viharain keresztül, hogyha magadat nem a másik változó részeibe horgonyzod bele, hanem abba az egybe, ami nem változik: a belső, autentikus énjébe. Minden, ami nem a láthatatlan világ kapcsolódásait követi, azaz minden, ami felszínes – *széthullik.*

Mondok példát. Ha te a párod szépségébe, fiatalságába horgonyzod be magadat, idővel ezek a dolgok el fognak múlni. El fog tűnni az alap, amire alapoztad a kapcsolatot, és ott fogsz maradni a másik valódi lényével – és ha nem ebbe szerettél bele, akkor nagy meglepetés *és csalódás* fog érni. Akkor majd nem lesz erőd elviselni a rigolyáit, a személyiségét, az élet nehézségeire adott reakcióit. Vagy talán rá tudod magad erővel venni, hogy valahogy elviseld, de szerelmes, szeretetteljes nem leszel vele. *Ha a lényét szereted ugyanis, könnyebbé válik a másik emberi tökéletlenségeinek viselése.* Hiszen szereted.

És az is igaz, hogy csak a mély, láthatatlan kapcsolódás az, amitől nem válhatsz lecserélhetővé, eldobhatóvá. Hiszen a mély kapcsolódást nem lehet fake-elni, nem lehet lerombolni, sem kreálni – az ott van. És lehet valaki fiatalabb, ránctalanabb, vékonyabb, ilyenebb, olyanabb nálad – ha a kapcsolódás igazi, *helyettesíthetetlenné váltok egymás számára.* Ne a legszebb, legtökéletesebb partnert keresd. Találd meg azt az embert, *aki lángra gyújtja a lelkedet.*

Térjünk vissza a Bibliára és Jézusra. Jézus azon tanítók egyike volt, *akik az élet minden pillanatában a szeretetet tették az első helyre a szempontrendszerükben*. Jézus így példája lett a megtestesült tiszta szeretetnek.

Azt mondják, „az életét adta értünk". (Ez egy nagyon furcsa, ellentmondásos dolognak tűnt számomra. Mert... miért *nem* mentette őt meg Isten? Mi az, hogy ő az Isten fia és csak *egy* élete van, és az is tudjuk, milyen tragikusan végződött? És főleg mit jelent, hogy ezt *miattunk* csinálta?)

De képzeljétek, végre megértettem!

Ez a mondat azt jelenti, hogy *annyira szeretlek*, hogy az életemmel demonstrálom, szemléltetem a szeretetemet. *Annyira szeretlek, hogy a saját bőrömön mutatom meg: a halál nem a vég!*

Volt egy 9 éves, kínai, Magyarországon született tanítványom, akit gyerekemként szeretek, nevezzük Mulánnak. Mulánnak hosszú, gyönyörű, fekete haja van, de amióta ismerem, mindig is olyan szőke hajat szeretett volna, mint az enyém. Ez a haj-kérdés a lányoknál amúgy is nagyon fontos: én a saját hajamat nagyon szeretem, ápolom, fordítok rá időt, energiát és pénzt. Mulánnak azonban egy foltban hullani kezdett a haja, lett egy kopasz folt a feje oldalán, egy jól látszó helyen. Persze Mulán sírt miatta, úgy érezte, hogy ő csúnya, ő nem szerethető, csúfolták, félt, hogy nem nő vissza és akkor mi lesz? Megszakadt érte a szívem. Próbáltam elmagyarázni neki, hogy a haj nem minden. De olyan képmutatónak éreztem magam, osztani az észt, amikor én is kényes vagyok a hosszú, szőke hajamra, papolni arról, hogy nem baj, ha neked nincs, amikor nekem van. Nem volt hiteles. Könnyű azt mondani, hogy „ne törődj vele, nem baj, hogy kopaszodsz" úgy, hogy az én hajam gyönyörű! *Hogy* érteted meg egy kislánnyal, hogy valami nem is olyan fontos, amikor ő nap mint nap fájdalmat érez miatta?

A szavak kevesek voltak.

Úgy döntöttem tehát, hogy a gyönyörű hajamból kiborotválok egy foltot, hogy nekem is legyen kopasz foltom. Én nemcsak beszélni akartam Mulánnak arról, hogy nem a haj tesz valakit gyönyörűvé – *meg akartam mutatni neki. Azt akartam, hogy megértse*, hogy *lássa* a saját szemével, hogy tényleg *elhiggye*, hogy nem a világ vége egy kopasz folt! (És én *nem vagyok* szent. *Nem vagyok* jobb ember nálad. *Nem szorult belém több jó, mint bárki másba*. A szeretet, amit Mulán iránt érzek mutatta az utat Mulán fájdalmának enyhítésére – én egyszerűen csak mertem hallgatni rá, nem törődve az anyagi világ véleményével.)

Jézus ugyanezt tette! Jézus az életével *megmutatta*, hogy a halál nem az élet vége. Jézus szeretetből halt meg és szeretetből szenvedett – ő annyira szeretett minket (akik a sebeink alatt mi mind vagyunk), hogy a saját bőrén demonstrálta az üzenetet! Ennél ékesszólóbban nem tudta volna a szót – „szeretlek" – megtölteni tartalommal.

Társat választani azt jelenti: annyira szeretlek, hogy a legértékesebb kincsemet, az életemet, önmagamat, az időmet, a szívemet lerakom a tenyeredbe, vigyázz rá! Társat választani annyit jelent, hogy rábízzuk az életünket – az „egyetlen vad és drága" életedet (Mary Oliver). Milyen szebb jelentéssel tudom megtölteni a szót, „szeretlek", mint azzal, hogy mindhalálig melletted vagyok? Hogy minden nehézségben a támaszod leszek? Hogy neked adom azt, aki vagyok, és mindenemet, amim van?

A társunkat az *életünkkel* szeretjük, nemcsak a szavainkkal, a testünkkel, a szívünkkel, hanem az életünkkel. Ahogy Jézus is az *életével* szeretett minket.

És ez **a szeretet soha sincs hiába!** Lehet, hogy *úgy tűnik*, ha nem azt az eredményt kapjuk, amire számítunk, akkor felesleges volt, hiábavaló volt szeretni – elbátortalanodni, amikor a körülmények nem pontosan minket igazolnak vagy nem úgy igazolnak, ahogy arra mi számítunk, a *legkönnyebb* dolog a világon. Ezt én is pár napig így gondoltam Mulánnal.

Mert ez a történet sem folytatódott olyan kereken, ahogy azt az ember elvárná, amikor valakibe beleteszi a szívét.

Mulán kb. 6 éves kora óta az életem része volt. Amikor azt mondom, hogy az életem része, azt értem alatta, hogy hetente kétszer éveken keresztül nemcsak együtt tanultunk, de együtt sírtunk és együtt nevettünk. Ott voltam, amikor a szülei elváltak; amikor a nagyszülei nevelték; amikor az iskolában csúfolták; amikor olyan durva dolgokat mondtak neki, hogy „gondolj úgy anyukádra, mintha meghalt volna". Volt olyan, hogy azt kérdezte tőlem: „ha anyára úgy gondolok, mint aki meghalt, akkor tényleg meg fog halni? Félek, hogy tényleg meg fog halni, és az én hibám lesz". Igen, ez szó szerint így hangzott el.

Annyit mondhatok mindenkit tiszteletben tartva, hogy a sok lelki nehézségen és változáson keresztül, amin ez a kislány ilyen korán végigment, *én* voltam a biztos pont. Neki biztonságra és figyelemre volt szüksége, és nem túlzás azt mondani, hogy a szülei helyett ezt én adtam meg neki. Csináltam vele programokat, tortát sütöttem a szülinapjára, fényképalbumot készítettem karácsonyra minden évben neki, sok helyen voltunk együtt, múzeumoktól kezdve csúszdaparkon át, rengeteg mindenről beszélgettünk a korának megfelelő szinten – életről, halálról, asztronautákról, dínókról, szeretetről, haragról, mindenről. A gyerekek kíváncsiak, és minden igazságot képesek kezelni, ha kedvesen, az ő szintjükön fogalmazod meg. Így telt ez a kb. 3 év. Mély, intellektuális és lelki kapcsolatnak jellemezném, ami nagyon fontos volt nekem, nem a pénzért csináltam. 2023 decemberében tervezgettük az éves mézeskalácssütést nálunk karácsony alkalmából, az apukával már le volt fixálva az időpont. Egyszer csak kaptam egy üzenetet, melyben az apuka azt írta, hogy nagyon sajnálja, de Mulán anyukája visszavitte Mulánt Kínába az ünnepekre, fog jelentkezni, amikor a kislány visszajön Magyarországra. A kislány itt született, itt járt óvodába, iskolába, itt voltak barátai, itt volt az otthona – biztos voltam benne, hogy csak az ünnepekről van szó. Ez rendben is lett volna, türelmesen vártam, hogy az életünk folytatódjon a megszokott mederben. Így telt el a december. A január. A február. Semmi hír nem érkezett felőlük. Eltűntek. Március elején felvettem az apukával a kapcsolatot, hiszen taneszközöket és könyveket tartottam az ő lakásukban, amiket vissza szerettem volna kapni, ha már látszólag úgy döntöttek, hogy más tanárhoz fordulnak. A válasza hidegzuhanyként ért – a kislány visszaköltözött Kínába.

Igen, elköszönés nélkül, egyetlen szó nélkül, vagy esély nélkül, hogy én elbúcsúzhassak Mulántól, visszaköltöztek Kínába! Ha én nem írtam volna nekik, szerintem meg sem tudtam volna, mi lett a kislány sorsa.

Úgy éreztem, hogy megloptak a szeretetemben! Úgy éreztem, hogy én csak adtam, adtam és adtam magamból, és annyira sem méltattak, hogy megmondják, hogy felkészülhessek, hogy elköszönhessek. Úgy éreztem, *hogy feleslegesen szerettem.* Hiszen mi értelme szeretni, ha egyik napról a másikra elveszik tőled? Ha elveszítheted? Nem tudod, mikor; nem tudod, hogyan; nem számítasz rá, és egyszer csak egy igen fontos személy az életedben felszívódik? Ennyi volt, kész, vége? Egyik pillanatban még gyönyörködsz abban, hogy láthatod, ahogy nyílik Mulánka értelme, a másik pillanatban pedig már nincs Mulánka? A düh, a csalódottság, a szomorúság, a hiányérzet, az igazságtalanból eredő méltatlan bánásmód egyszerre szakadt rám. A veszteségben lehetetlennek tűnik értelmet találni. Ennél már csak a biztos tudat, amikor tudod, hogy hiába volt minden, az elviselhetetlenebb.

Szükségem volt arra, hogy tudjam: *nem volt hiába!* Nem adtam valakinek a legjobbat magamból hiába! *Nem szerettem hiába! Végső soron: nem éltem hiába!*

A helyzet feloldása egyszer csak rám talált – és mint derült égből villámcsapás kiderült: a vigasz, az értelem, a cél mindig is ott volt előttem, csak *nem vettem észre,* mert el voltam foglalva az engem ért sérelemmel: **az ajándék a szeretetből jövő cselekedet maga.** Ha nem téveszted szem elől, hogy *miért* csinálod, amit csinálsz, az ajándék a tiéd lesz.

Mulán egész életében emlékezni fog az együtt töltött időnkre. Emlékezni fog arra, hogy volt valaki, aki megölelte, amikor sírt. Volt valaki, aki megmutatta neki, hogy haj nélkül is szép. Volt valaki, aki ott volt vele, amikor magányos volt. Elfelejtheti az arcomat, elfelejthet engem, elfelejtheti, amit mondtam neki – *de azt, ahogy érezte magát velem, egy életre magában fogja hordozni, még akkor is, ha esetleg a tudatalattijába süllyed.* A legjobb részem beépült a személyiségébe. Az én ajándékom pedig, hogy élhetek azzal a tudattal, hogy valakinek az élete jobb lett, csak azért, mert létezem. Hogy tompítottam, vagy akár el is térítettem az életpályáját, onnan, amerre az élete tartott, ahová mások lehúzták, ahol mások belerúgtak – és nem hagytam lecsúszni, hanem felemeltem, a tudtára adtam, hogy *szeretve van.* Úgy, ahogy van. Azért, aki. Nekem *van* ilyen ajándékom, amire gondolhatok, és gazdagnak érzem magam tőle. **Ezért sose bánd meg, ha szerettél – akkor sem, ha beléd rúgtak; akkor sem, ha megaláztak.** Ha a szereteted őszinte volt, *nincs mit megbánnod* – hiszen te megmutattad magad azáltal, hogy szeretetet adtál. Lehetséges, hogy nem a megfelelő embernek, de te magadhoz méltó voltál. Az ő veszteségük, nem a tiéd. Te csak akkor veszítesz, ha bántasz másokat, mert így nem engeded a saját legszebb részeidet felszínre jönni. Nem tudsz úgy bántani valakit, hogy belül az önazonos éned ne szenvedne.

Szeretni sohasem késő, sohasem felesleges, sohasem hiábavaló. Akkor sem, ha a külvilág nem hálás érte – elég, *ha te érzed, és az érzi, akinek adtad. Több nem kell a boldogsághoz.*

(Szerzői megjegyzés: a könyv kéziratának véglegesítése előtt pár héttel, nagyjából 6 hónap *teljes eltűnés* után, Mulán anyukája felvette velem a kapcsolatot Kínából. Meglátogattam őket, így megadatott az, hogy megtapasztaljam, amit addig is tudtam: a *szeretet tényleg soha sincs hiába.* Minden egyes szeretetmag Mulánban él tovább és az életem ajándéka, hogy ezt láthattam. Mulán egyébként olvastatott fel velem ebből a kéziratból és anynyira megérintette a lelkét, hogy *elsírta magát...* azóta győzköd, hogy fordítsuk le kínaira. :) A haja pedig teljesen visszanőtt, jól érzi magát Kínában, már nem bántják.)

Az öregedés és a szerepek a szeretet különböző aspektusainak engednek teret. Minden egyes formánk és élethelyzet lehetőség a szeretet új arcának megnyilvánulására és lehetőség számunkra, hogy a szeretet (lényünk esszenciája) megnyilvánuljon. Megmutatjuk a világnak, hogy milyen fiatalnak lenni. Öregnek lenni. Nőnek lenni. Milyen annak az egyedülálló teremtménynek lenni, akik mi vagyunk. Megteremtjük és kihirdetjük magunkat, hozzátesszük a saját értékünket a társadalomhoz. Mert mi az élet legszebb része? Mondhatod, hogy a szép élmények, emlékek, de ez csak részben igaz. Amikor a halálos ágyadon fekszel, tudod, hogy meg fogsz halni, minden megszépül! Rájössz, hogy *minden csodaszép volt!* Az apróságok is: milyen szép, hogy vagyunk; milyen szép reggel felkelni; milyen szép az ég; milyen szépek a virágok – a halál árnyékában rájövünk: **az élet legszebb része maga az élet.** Az, hogy elfelejtünk örülni neki, az a *mi* hibánk. Az, hogy nem érzünk hálát az életünkért, a *saját* arroganciánk. Hogyan akarod érezni, hogy Isten szeret minket, ha úgy állsz hozzá, hogy az élet *jár* nekünk? **Minél hálásabb vagy, annál jobban érzed, hogy szeretve vagy. Ahogy okot találni a félelemre is mindig lehet, úgy mindig, minden körülményben van ok a hálára.** A döntés rajtunk áll.

Kezdjük egy egyszerű példával. Azért vagyunk különbözőek, hogy ne legyünk egyformák. Ez magától értetődően egyszerűnek hangzik, de gondoljunk a mélyére! Mennyi igazság szorult ebbe a pár szóba! Én egészen pici gyerekkoromtól rajongtam a kék színért. Ez azóta sem múlt el. Mindig mindenből kék kellett. A lakás, ahol most lakom, szinte csak kék elemet tartalmaz: kék bútorok, falak, függöny, szőnyeg – tényleg olyan lakást képzelj el, ahol a padlón kívül minden kék. Aki hozzám először jön, megrökönyödik: túl sok a kék! De valójában, ha eltöltesz nálam 30-40 percet, érdekes felfedezést tehetsz: tulajdonképpen nem is annyira kék. Sőt, igazából semmi sem kék, hiszen mivel nincs más, csak kék, ezért semmi sem kék. Nincs más szín, amihez viszonyítva a kék kék lehetne, és kijönne a kéksége!

Nemrég kaptam egy számomra fontos személytől egy díszdobozos teát, aminek a csomagolása piros. Szokásom az ajándékaimat nézegetni, ki is tettem az egyik polcra, a kék köveim és gyertyáim közé.

Érdekes jelenséget vettem észre ezután. Aki hozzám jött ezután, tudjátok, mi volt az első mondatuk? MILYEN JÓL NÉZ KI AZ A PIROS TEA! Értitek?

Mivel minden kék, és most lett egy elem, ami nem kék, a piros pirosabb, és mindenki erre figyel.

Ha *minden* kék, ha csak kék van, *semmi sem kék*. Ha *mindenki* híres, *senki sem* híres. Ha *mindenki* fiatal, *senki sem* fiatal. Ha *mindenki* egészséges, *senki sem* egészséges. Ha *csak* élet van, *NINCS* élet. Kell a piros, kell az öreg, kell a betegség, kell a halál, hogy perspektívába tegye a jót! Ha nem tudnánk megtapasztalni a szeretet hiányát (félelem), akkor a szeretet sem létezne! Tudjátok, a festők mit csinálnak, ha a fehéret ki akarják emelni, hogy még fehérebb legyen? *Sötétet festenek köré!* A változásokon keresztül a tiszta szeretet különböző formái tudnak megjelenni. Forma és forma között, a tiszta szeretet megnyilvánulása és a tiszta szeretet megnyilvánulása között pedig nincs hierarchia. Például nincs hierarchia az önzetlen segítés és az önzetlen segítés között, mert ugyanabból a dologból vannak, ugyanannak a dolognak (tiszta szeretet) a megnyilvánulásai. Tehát nem mondhatom, hogy az orvos által megnyilvánuló tiszta szeretet, ami megmenti egy beteg életét (a tudás és elhivatottság, amit sok-sok tanuláson keresztül, kitartó munkával ért el) előrébb való, mint egy falat kenyeret adni az éhezőnek. Ez is, és az is tiszta szeretet. **És a tiszta szeretet pontosan tovább lát az állandóan mozgásban lévő körülményeken!** Így bármilyen, ismétlem, *bármilyen* körülmények között tud magának utat találni!

Például a test öregedése is alkalmat teremt a tiszta szeretet megnyilvánulására (ugye emlékszünk: a valódi szeretet nemcsak akkor szeret, amikor minden kerek). Volt olyan alkalom, hogy egy hozzám közel álló személy 10 percen belül háromszor megkérdezte ugyanazt, mert elfelejtette, hogy már megkérdezte. Én felhúzhattam volna magam, az arcába vághattam volna, hogy de már válaszoltam rá, kinevethettem volna, megszégyeníthettem volna stb. De nem tettem – nem azért, mert szent lennék, hanem azért, mert *szeretem*. Lehet, hogy az ő idősebb verziójához több türelemre van szükség, mint ami az önmaga fiatalabb verziójához kellett évekkel ezelőtt (ahogy egyébként tőle is több türelmet igényelt a kisbaba verzióm, mint a mostani) –, de én nem az ő korát szeretem, én őt, a benne lakó *lelket* szeretem a kora ellenére (és emlékszünk: a szeretet nem fáj). Szeretem annyira, hogy bizonyossággal érzem: ő nem a kora és nem is az életkori sajátosságainak az összessége – bár ki van szolgáltatva ezeknek a tényezőknek, ezek a tényezők mégsem ő. Én őrzöm magamban a körülmények alatt lapuló igazi énjét. Tehát háromszor megválaszoltam ugyanazt a kérdést ugyanolyan kedvességgel. *Ez a tiszta szeretet, ami a nehézségek ellenére szeret téged, csak azért, mert vagy.* A tiszta szeretet nem a korodat, nem a testedet, nem a bűneidet látja, hanem téged mindezek alatt ezért szeret, FELTÉTEL NÉLKÜL. A nehézségek, kihívások az életben lehetőségek arra, hogy megmutassam: ez *ellenére* is szeretlek.

Minden egyes különbség, amit az élet produkál, *értünk* van. Azért van fiú, mert van lány. Azért van szépség, mert van csúnyaság. Azért van élet, mert van halál!

A fizikai behatároltság is értünk van – nélküle egy egybefolyó massza lennénk. **Ha csak élet lenne, nem lenne élet.**

És bár a világ behatárol, de nem határoz meg. **Ugyanis megint csak: az energiát te diktálod, nem az energia diktál téged.** Más szavakkal: a valóságunk, belső megélésünk rajtunk múlik, hiszen ahogyan érezzük magunkat valamivel kapcsolatban, az az érzés lesz a valóság – ha félünk a haláltól, az lesz számunkra a minden döntésünk mögött meghúzódó valóság. Ha szembenézünk a félelmünkkel, a szeretet lesz a minden döntésünk mögött meghúzódó valóság. Az élet, azaz a halálhoz vezető út nem az ösztöneink gondolkodás nélküli követése, hanem pontosan fordítva: a félelem legyőzéséhez le kell győzni a haláltól való félelem ösztönét. Hiszen az ember nem tud nagyot alkotni, amíg az ösztöne diktálja őt – addig ugyanis ösztönlényként, az ösztönei szintjén él – *az élet értelme viszont az ösztöneinken túlmutató cél*, ez adja a szépségét. Olyan létforma, ami megmutatja: **a lényegünk igenis több, mint az ösztönünk.**

Mi a legnagyobb félelmed?

Írd le. Mondd ki. Nézz szembe vele! Vajon mitől félsz jobban: egy élettől, ami *halállal* végződik, vagy egy élettől, ami *hiányérzetet* hagy benned maga után?

De azt is kell látni (ahogy a szeretet definíciójánál is láttuk), hogy Isten nem kitalált valami rosszat nekünk – minden, ami rossz, *a jónak a hiánya*. Tehát vagy szeretet van, vagy annak a *hiánya*. Vagy egészség van, vagy annak a *hiánya*. Nem tudjuk máshogy meghatározni, mert *nincs más*. Vagy van Isten, vagy Isten *hiánya* van. **Az Istennel (tiszta szeretettel) összhangban létezés békéhez, megnyugváshoz, igazsághoz vezet. Ennek a hiánya káoszhoz, elveszettséghez, félelemhez.** És bizony az egyik mindig ezerszer jobb a másiknál.

XVII. fejezet

NINCS HARAG, DE AZÉRT TOLERÁLNI SEM KELL MINDENT

Azonban, ahogy már említettem, kettéválik a *megbocsátás* és a *tolerálás*. *Minden megbocsátható*. A mindenható mindent megbocsát (sőt, nem is haragszik, hiszen ő nem teremtett minket tökéletesnek, tudja, hogy hibázni fogunk, elesünk, vannak és lesznek gyenge pillanataink), de ezt csak akkor érzed, ha te is megbocsátasz magadnak. (Ugye emlékszünk: a szeretet a hibák ellenére is szeret.)

De nem minden viselkedés tolerálható – **azaz nem minden viselkedésnek kell kitenned magadat a szeretet nevében.** Nem minden viselkedés elfogadható vagy eltűrhető. Említettem már Kittit, aki sokat bántott engem. Én minden fájdalmat, amit okozott, megbocsátottam neki (higgyétek el, nem volt könnyű gyerekkori, mély sebeket megbocsátani). De **a megbocsátás NEKÜNK kell, hogy elengedjük végre a negatív érzéseket, a fájdalmat, amit belül dédelgetünk.** A harag is tud börtönbe zárni. Van, aki egy életet tölt azzal, hogy ismételgeti magának, mennyire haragszik valakire. Az ilyen emberek megkeserednek. Besavanyodnak. Megbetegszenek. Senki mást nem büntetünk azzal, ha nem bocsátunk meg, *csak magunkat*. Nem haragszom már rá. Ahogy senkire sem. Visszaengedem az életembe? Nem.

Ugyanis mérgező emberek között nem lehet egészségesnek maradni, mert lassan, de biztosan téged is mérgezni fognak, fájdalmat okoznak, védekezni kezdesz, önvédelemből kezdesz funkcionálni, és az egész megindul a negatív lejtőn.

Ráadásul ha kitesszük magunkat mérgező embereknek és hagyjuk magunkat mérgezni (tehát toleráljuk, hogy bántsanak minket), akkor a legnagyobb dolgot áldozzuk fel, amit csak feláldozhatunk: az egészséges énünket. Mert elkezdünk önvédelemből, fájdalomból, félelemből funkcionálni, és ha te nem vagy jól, akkor elveszíted az eszközt arra, hogy másokat megfelelően szeress. **Ha te elveszíted önmagadat, akkor másokat is csak bántani fogsz**, akkor is, ha nem ez a szándékod. **Nincs nagyobb ajándék számunkra, mint az autentikus, gyógyult, trauma- és félelemmentes énünk.**

Toxikus viselkedés nem vezet egészséges eredményhez. Egészséges eredményt csak egészséges eszközökkel lehet elérni. Például a hazugság csak még több hazugsághoz, áruláshoz, bűntudathoz, fájdalomhoz vezet. És Sigmund Freud szerint minden, amit elnyomunk, visszajön kísérteni rosszabb formában. Úgy is mondhatnám, hogy a fájdalom olyan, mint egy idegentest a szervezetünkben – vagy a magamévá teszem, a részemmé válik, vagy felismerjük, hogy nincs bennünk helye, és kidolgozzuk, kilökjük magunkból.

Ezt is megtapasztaltam. A Tamással való kapcsolatom alatt háromszor kerültem kórházba vesegondokkal. Egy toxikus helyzethez ragaszkodtam, próbáltam elnyomni a fájdalmat. De előbb-utóbb a test jelez. Ha tudni akarjuk, hogy egy helyzet valóban jó-e nekünk, nézzük meg az eredményét. A Biblia így szól: „minden fát gyümölcséről lehet felismerni".

Tehát ha egy helyzet „gyümölcse" rothadt, fáj, lehúz, kizsigerel, elvesz, belénk rúg stb., akkor hiába győzzük meg magunkat arról, hogy ez tulajdonképpen jó. Nem, nem. Ez *tulajdonképpen nem jó*.

XVIII. fejezet

MI AZ ÉLETVESZÉLY?

Ha a túlélésre játszol, veszítesz. SENKI nem éli túl az életet. **Az élet maga egy folyamatos életveszély,** és NAGYON RÖVID IDŐN BELÜL MIND MEGHALUNK. Nézz körül magad körül! Igen, te, most emeld fel a tekintetedet és nézz körül! MINDEN, amit látsz, 100 év múlva nem fog létezni ebben a formájában! A saját tested, a szeretteid teste, a saját gyereked teste így, úgy vagy amúgy a föld részévé fog válni addigra. Egy statisztikaórán az oktató a következőt tanította nekünk: „hosszútávon mind halottak vagyunk". És mennyire igaza volt! Próbálunk elmerülni az élet hullámzásában, hogy ne kelljen szembenéznünk ezzel az igazsággal. De nem az a dráma, ha meghalsz. Megsúgom, *meg fogsz halni*. **A dráma az, ha nem élsz és nem növekedsz.**

Akik azt hiszik, hogy a test létezik és a lélek nem, fordítva ülnek a lovon. Valójában *a lélek létezik, a lélek örök, és a test nem létezik*. Gondolj bele!

A testem, mint olyan, nincs is, hiszen a test folyamatosan, pillanatról pillanatra változik. A test az anyagi világhoz tartozik, ami folyamatos mozgásban van. Az idő egy konkrét pillanatában meg tudom határozni, hogy az idő ezen keresztmetszetében éppen milyen a testem, de a következő pillanatban ez meg is változik. Az ötéveskori testem is az én testem, és hol van az már? Nem létezik. Megszűnt. Nincs. És 20 év múlva hol lesz a mostani testünk? Nem fog létezni, ebben az állapotában meg fog szűnni, csak a tudatunkban lesz (ha lesz) egy kép magunkról, de ez az anyagi világban ebben a formájában *nem fog létezni*. Ebben a formájában meg fog szűnni, pontosabban: át fog alakulni.

Hajlamosak vagyunk azt hinni, hogy a test létezik és a lélek nem, pedig ez pontosan fordítva működik. A te tested nem létezik, az én testem nem létezik, mert lassan, de biztosan a természet részévé fognak válni, a formájuk meg fog változni, más anyagban fognak az atomjai továbbmenni.

Viszont minden, ami engem Hannává tesz, már születésemtől kezdve belém volt táplálva.

Tehát az élet látszólagos különbségei megteremtik a díszletet, a helyzetet, a színpadot számunkra. Lehetőséget adnak a szeretet ezerféle megnyilvánulására szeretetteljes tetteken keresztül. Mert **szeretetet cselekedni mindig lehet.** Gondolj bele!

Ha nincs éhező, nincs lehetősége a kéznek, hogy egy falat kenyeret adjon neki. Ha nincs „baj", segíteni sem lehet. Ha nincs katasztrófa, nincsenek hősök. Az élet nehézségei maga az IGÉNY a szeretetre, a szeretet adásának folyamata pedig az igény kielégítése (láttuk: a boldogság mindig egy igény kielégítése). *És ennek annyi módja van, ahány ember van a bolygón.*

Azért vagyunk itt, hogy újra meg újra minden egyes helyzetben megteremtsük, kifejezzük, akik már vagyunk, azáltal, ahogyan megérintjük mások életét.

Müller Péter úgy fogalmaz: „az ember végül rádöbben, hogy egész életében csak az volt igazán értékes, örömteli és jó, amikor szeretett. És szerették."

Mindegy, mit csinálsz. Ha nincs mögötte szeretet, üres marad a tetted. Hiányérzeted lesz. Úgy érzed: *ez az élet?* Tényleg *ennyi* lenne? Ha nem megfelelő célnak élsz, óhatatlanul is csalódni fogsz. Miért? *Mert legbelül tudod, hogy benned ennél több van, ami kikívánkozik.* Ha nem segíted a felszínre, az életed végéhez közeledvén úgy fogod érezni: *tehettem volna többet! Tehettem volna mást! Bárcsak lett volna merszem, kitartásom, bárcsak jobban akartam volna! Bárcsak mertem volna jobban szeretni!* Ez a beteljesületlenség vezet a csalódottsághoz.

Tehát megelégedett (boldog) életed csak akkor lesz, ha nem nyomod el magadban az életcélodat.

Kezdjük ott, hogy *van-e* életcélod, van-e *mindenkinek* életcélja? Persze, hogy van. A Mindenható nemcsak a kiválasztottakba plántálta bele az életcélt. (Sőt, a Mindenható nem csak a kiválasztottakkal törődik, nem csak nekik akar jót, nem csak hozzájuk beszél.) És még egy: *senki sem születik meg fölöslegesen!*

Nincsen felesleges élet a földön. Érezheted magad elveszve, magányosan, cél nélkül – de ez *nem a valóság*.

Elfelejtetted a célodat, ideje, hogy megkeresd. De ehhez az kell, hogy előbb elhidd: *van mit keresni*. Hogy találhatnál meg valamit, amiről eldöntötted, hogy nincs is? Ha úgy gondolod, hogy nincs életcélod, tedd fel magadnak a kérdést: *valóban teljes szíveddel, odaadásoddal kereshed?* Mert ha közben az van a kisagyadban, hogy ez mekkora ökörség, ez időpazarlás, nekem úgysincs életcélom… akkor nagyon valószínű, hogy nem fogod megtalálni.

Tehát minden egyes ember céllal születik erre a Földre. Akkor is, ha ez a kívülálló számára nem egyértelmű, vagy ha elnyomjuk magunkban a belső hangunkat. A Mindenható olyan életet szán számunkra, amit *megéri élni*. Durva, ugye? Ez a könyv például számomra az életcélomhoz vezető következő lépés, és megéri. Még sosem voltam jobban a helyemen.

Ha nem tudod, hogy hova tartasz, *hogy akarsz oda eljutni?*

Azt már említettem, hogy az életcélunk megérinti mások életét. De, *hogyan?*

Csak úgy érünk el valakihez, ha az igazi énjéhez beszélünk. Ha a traumáira reagálsz, a traumáihoz beszélsz. Megmutatom, hogy a traumáinkból eredő toxikus viselkedéseink, tudat alatti védekezéseink milyen szépen el tudnak beszélgetni egymással a tudtunk nélkül.

Ha a felnőtté válásunk végén nem jön el egy öntudatra ébredési pont, amikor már a kifejlett homloklebenyünkkel leltárba vesszük az addigi életünket és a tanult viselkedési mintáinkat, a környezetet, aminek ki voltunk téve és amit magunkba befogadtunk belőle, akkor arra kárhoztatjuk magunkat, hogy ugyanazokat a tapasztalatokat és helyzeteket éljük át egész életünkben, más emberekkel, fejlődés nélkül. A színészek változni fognak, a színdarab ugyanaz lesz.

Ismerek egy álompárt, fantasztikus emberek. A férfi anyukája egy rendkívül erős akaratú, erőszakos, hangoskodó asszony volt. A férfi gyerekként megtanulta, hogy ez elől a viselkedés elől a konfliktuskerülés ad számára biztonságot, a megküzdési mechanizmusa, ami feloldotta a benne lévő feszültséget, pedig a humor lett.

Az álompár női tagja gyerekkorában nem volt szeretve, nem tervezett gyerek volt, és akként is viselkedtek vele. Ezért ő azt tanulta meg, hogy mások a szeretetet maguktól nem adják neki – kontrollal kell azt kieszközölni belőlük. Az ő fejében tehát ha az emberek körülötte egy kicsit is eltérnek az ő akaratától, akkor azt ő magában úgy fordítja le, hogy *őt nem szeretik*. Kiszolgáltatva érzi magát mások akaratának, fél, hogy bántani fogják. Kétségbeesésében erőnek erejével akarja véghez vinni az akaratát minden helyzetben.

A két trauma tökéletesen kiegészíti egymást. Az álompár egyik tagja sem oldotta fel magában a gyerekkori fájdalmakat, traumákat – tehát az ismerős (de egészségtelen) minták ismétlik magukat, és ők ezt biztonságosnak (ismerősnek) érzik a fejükben.

A dolog úgy áll, hogy a traumák gyönyörűen elbeszélgetnek egymással: a nő *minél jobban* kiabál, hogy az akaratát erőszakosan érvényesítse, a férfi *annál jobban* kerüli a konfliktust, amit erőltetett humorral fed el. A férfi *minél jobban* kerüli a konfliktust, a nő *annál jobban* úgy érzi, hogy az ő „háta mögött", az ő kontrollja nélkül történnek az események, és annál jobban kiabál a férfival. *Az egyik trauma a másik traumához beszél, ami válaszol neki.*

Egyébként az álompár tagjai ebből csak azt érzékelik, hogy „a másikkal nem lehet beszélni", a másik „nem ért meg engem". *Fogalmuk sincs, hogy mi zajlik a háttérben.* És a történethez még hozzátenném, hogy nem fiatalok. Ez nem jelenti azt, hogy ne szeretnék egymást, vagy hogy rosszul választottak volna társat. Ez csak annyit jelent, hogy amíg nem gyógyítjuk be a sebeinket, magunkkal szúrunk ki, mert a kapcsolataink nem lesznek olyan jók, mint lehetnének, és nem fogjuk érteni, hogy miért. Ugye te nem szeretnéd, hogy ami korábban történt veled, meghatározza az egész életedet időskorodban is?

Egy ismerősöm bántalmazó kapcsolatban éli az életét majdnem tíz éve. Kívülállóként szinte lehetetlen megérteni, hogy miért marad valaki egy ilyen megalázó, mérgező helyzetben – miért viseli el a fizikai, lelki és mentális bántalmazást? Miért? Nem tudja, hogy ez nem jó? Élvezi? Neki nem fáj? Természetesen a trükk nem a felszínen keresendő. Ez az ember ugyanis egy olyan anya mellett nőtt fel, aki benne kisebbségérzést keltett – ő sosem érezte magát elfogadva, elég jónak, hozzászokott ahhoz az érzéshez, hogy kiabálnak vele, felpofozzák, végső soron: azt a valóságot éli meg természetesnek, hogy a szeretet fáj. És eszerint választott magának társat. Nem azért, mert ő egy zsarnokot akart maga mellé tudatosan, nem, nem. Egyszerűen az a helyzet, ahol ő kicsinek, jelentéktelennek, semminek érezte magát gyerekkorában, visszaköszön a jelenlegi párja mellett, *ismerősséggel* tölti el, az ismerősség pedig a biztonság illúzióját adja neki. Úgy érzi, „nem jó itt, de ezt legalább ismerem". Az agyunk ugyanis az alapján párosítja össze a tapasztalásainkat és emlékeinket, hogy mi hogyan érezzük magunkat az átélésük közben.

Bagdy Emőke, ismert pszichológus professzor asszony azt írja: „A holografikus vagy testmemória azt jelenti, hogy a sejtjeimben rögzül minden, ami engem ér, minden, aminek íze, illata van, olyan tulajdonsága, ami áthat, legyen az öröm vagy bánat. Hasonló a hasonlóval – ez a kapcsolódási elve, így rögzül az élmény, és ebből keletkezik a szimbólumsűrítmény: azonos érzelmi jelentésű dolgokból épített olyan egység, amely azáltal kapcsolódik össze, hogy ugyanaz az érzelmi üzenete. Tehát a testem emlékszik egy picikori bánatra azokból az időkből is, amikor még szavam sem volt a világra, de az élmény már berétegződött. És erre a kis bánatra később újabb bánatok rakódnak (...)".

„De az érzelmi agy szempontjából ennek van értelme, mert ő is így gondolkodik, az érzelmeket ő is az »olyan, mint« hasonlításban ragadja meg. Innen jön az, hogy a trauma esetében is képeket keresünk, és megnézzük a hasonlókat. (...) Mert nem az időrend fontos, hanem a történet, az előzmények, és sokszor az egész korai időszakhoz is eljutunk egy friss trauma képei mentén. Így tudjuk ezt a sűrítményrendszert felbontani, mert ami ma különleges módon fáj nekem, és nem tudok egyedül megbirkózni vele, az azért fáj annyira, mert a lelkem olyan rétegzett traumákat tartalmaz, ami már sok nekem – ez volt az utolsó csepp, hangzik el sokszor. Az aktuális traumatikus esemény, amin úgy kiborulok, csak az utolsó csepp, mert a saját történetem rétegeiből ered ez a megrekedt állapot, és ezek a rétegek levisznek a gyökerekig, az elementáris, nukleáris konfliktust mutatják meg, az őstraumát."

Tehát a „*mire emlékeztet engem ez az érzés*", „*hol éltem már át hasonlót*" kérdésekben keresendő a „*miért találok biztonságot egy mérgező helyzetben*" kérdésére a válasz. Érdekes, nem?

Az ismerős érzés nem mindig biztonságos, sőt, amíg nem gyógyultál ki a traumáidból, a saját ismerős érzésed foglya vagy, ugyanis nagyon is lehetséges, *hogy pontosan az a helyzet ad valódi biztonságot, ami a komfortzónádon kívül esik – ehhez ugyanis meg kell törnöd a saját berögződött mintáidat.*

XIX. fejezet

KIHEZ VAGY MIHEZ BESZÉLÜNK?

Amióta meggyógyítottam magamat, egészen más színben látom a világot – már felismerem, hogy *mi miről szól*. Pár nappal ezelőtt egy állami szervnél végeztem gyakorlatot. Behívott engem és a szintén gyakornok barátnőmet a hivatal vezetője, és erőteljesen ránk szólt, hogy aznap miért nem mentünk az irodára segíteni. Ez egy roppant igazságtalan számonkérés volt, mert a megállapodás úgy szólt, hogy akkor menjünk az irodára, ha más, a szakterületünkhöz jobban kötődő dolog nincs. Aznap azért nem mentünk az irodába dolgozni, mert a közvetlen felettesünk azt mondta, hogy mást csináljunk, de egyébként a héten mindennap órákat voltunk az irodán. Az igazsághoz az is hozzátartozik, hogy pár héttel korábban a hivatal vezetője még azt is letisztázta, hogy a közvetlen felettesünk mondja meg, mit csináljunk, tehát eszünkbe sem jutott az ő háta mögött duplán megerősítést kérni arra, amit ő már egyszer leokézott. Nem is az esett rosszul, amit a hivatal vezetője mondott, hanem *ahogy* mondta – ugye, az energia, amit árasztunk magunkból, *mindig* ott van. *Dőlt belőle a negativitás, rossz volt a közelében lenni.*

Az első reakcióm az egész számonkérésre az volt, hogy udvariasan megjegyeztem, hogy az iroda nem tesz sokat hozzá a szakmai tudásunkhoz, és egyébként is, úgy szólt a megállapodás, hogy akkor kell oda menni, ha nincs más. Ő az a fajta ember, aki nem tűr ellentmondást. A beszélgetésnek az energiája átcsapott negatívból még negatívabba. A hivatal vezetője nagyon keményen, az ő pozícióját és felelősségét hangsúlyozva elővette az „az van, amit én mondok, mert én vagyok itt a legfontosabb" típusú énjét. Persze dőlt az agyamba a vér, mert senki sem szereti, ha igazságtalanul bánnak vele, vagy lekezelik, ilyen stílusban. Sok minden megfordult a fejemben tehetetlen dühömben, de aztán amikor a hivatal vezetője megértette, hogy nem lógni akartunk, félig-meddig állított magán és elmormogta az orra alatt, hogy végül is az egész egy félreértés volt.

10 perccel később, az autómban még mindig velem volt a bántó energiája. **Amit adunk az embereknek magunkból, velük marad.** Ugyanezt el lehetett volna rendezni kedvesen is. Percekig még dúltam-fúltam, de aztán átgondoltam a hivatal vezetőjének a helyzetét: tudom, hogy ketten mondtak fel az irodán; tudom, hogy nincs munkaerő, és tudom, hogy a vezetőn kérik számon a munkát. Tehát tudom, hogy az egész helyzet egy kilátástalan probléma, amitől a vezető frusztrált, ideges, mérges. Semmi más nem történt, mint hogy ezt a benne cirkáló negatív energiát kivetítette ránk – hiszen amikor tisztult a kép, ő is rájött, hogy ez egy egymás mellett való elbeszélés volt, nem akartuk őt átvágni. És tudjátok mi? *Megsajnáltam.* A sértettségem, a haragom elmúlt, és mély sajnálatot éreztem: ennek az embernek ezzel telik az élete, és még csak észre sem veszi, hogy lehetne máshogy. *A negatív energiája a saját nyomora.* Rossz lehet így élni. Amikor megértettem, hogy csak azért, mert kiabál; csak azért, mert magasabb pozícióban van; csak azért, mert lekezelően beszél, *még nincs igaza,* és ez semmi másnak nem a jele, csak a jelenlegi mentális állapotának, a békétlenségnek, a tehetetlenségnek, a dühnek, már nem volt miért dühösnek lennem. **Hiszen az, hogy hogyan viselkedünk másokkal, rólunk szól és NEM róluk.** Megtanultam nem magamra venni, nem beépíteni magamba az ő fájdalmát. **Nem szabad magunkévá tenni azt, ami nem a miénk. Minek?**

Másnap egyébként vittem neki egy kis sütit és elmondtam neki, hogy *értem* a fájdalmát. Tudjátok mi történt? *Kiöntötte* nekem a lelkét, majd *bocsánatot kért* az előző napi viselkedéséért, *megölelt* és még *puszit* is kaptam. Voltak, akik úgy kezeltek engem ezután, mint egy oroszlánszelídítő varázslót. Pedig csak egy kis kedvességre és megértésre vágyott a lelke, semmi többre.

Tehát első lépésként meg kell nézni, hogy van-e igazságtartalom abban, amit valaki neked vagy rólad fröcsög. Ha nincs, nem kell vele foglalkoznod, *mert nem a tiéd*. Lépj tovább és engedd el, az igazság *veled* van.

Sokan úgy gondolják, hogy ez az akció-reakció problémaköre, azaz amilyen az adjonisten, olyan a fogadjisten. De ez téves, és azért téves, mert az egymásnak feszülés nem visz előre, csak még több negativitást kreál.

Ha az ő stílusában és az ő energiájával válaszoltam volna, akkor a fájdalmához, traumájához beszélnék. Akkor ezekre reagálnék, ennek adnék energiát. De ez azért nem jó irány, mert ha a negativitást élteted azáltal, hogy figyelmet, energiát szentelsz neki, akkor a negativitás fog élni és lesz belőle még több – egy kiabáló emberből lesz két egymással kiabáló ember, mindketten övön aluli ütéseket visznek be elvakult dühükben egymásnak, majd évek múlva is emlékeznek ezekre a bántásokra. Eggyel több seb, ami gyógyításra szorul. Minek?

Amikor teljesen elengedjük a fájdalmat, az igazságtalanságot, amikor begyógyítjuk a sebeinket, másként fogunk tekinteni a világra. És sokkal tisztábban fogjuk látni, hogy ki honnan (traumából vagy gyógyultságból) beszél hozzánk, és azt is, hogy melyik részünket próbálja megszólítani. **Az indulatos konfliktusok nem arról szólnak, amiről tűnik, hogy szólnak.**

És energiát mindig csak felfele szabad matchingelni (szintre hozni), soha nem lefele. Sokan úgy gondolják, hogy úgy kell viselkedni másokkal, ahogy ők viselkednek velünk, hogy vegyék észre magukat és változtassanak. Ez azért nem helyes, mert saját magad alacsonyabb minőségű verzióját megvalósítani azért, hogy „igazad legyen", nem éri meg. Ha valakinek fontos vagy, elég egy finom jelzés: „beszélj velem szépen, kérlek", vagy „ez nekem rosszul esik, ne bánts". Ugyanis ha a másik erre nem reagál és nem változtat, akkor az azt jelenti, hogy vagy nem vagy neki elég fontos, vagy annyira vérzik a sebeitől, hogy a saját belső békétlenségét vetíti a világra – bármelyik is legyen, ha nekifeszülsz, nem tudsz rajta változtatni. Sőt, a saját békédet áldozod fel érte. *Fölösleges.* **Nem a másik sérüléseire kell reagálni az ő stílusában, hanem a te gyógyultságodat kellene árasztanod a világra.** Más szavakkal: ne úgy kezelj másokat, amilyen „rosszak" ők – kezeld őket úgy, amilyen „jó" vagy te. A fejlődés felfele tart, sohasem lefele – neked attól nem lesz jobb, ha mások lehúznak a saját negativitásukba.

Ezért érint meg minket, ha valaki annak ellenére kedves velünk, hogy mi azt nem érdemeltük meg. Ha valaki felismeri a szenvedésünket a bántó viselkedésünk mögött, és ARRA reagál, nem a bántásunkra. Nem megsértődik, hanem megmutatja a kiutat. Nem rúg belénk még egyet, hanem felsegít. **A te fájdalmad mások fájdalmához beszél. A te szereteted a bennük lapuló szeretetet (lényük esszenciáját) szólítja meg.** A kérdés az: *a beteg vagy az egészséges részeink kapcsolódnak egymáshoz és erősítik egymást?* Mert ahogy a gyógyulatlan részeink képesek egymást erősítve rezonálni egymással, úgy képes a bennünk lakó jó is erre. Mi mind képesek vagyunk erre. És **egy kis meg nem érdemelt szeretet nagy utat járhat be.**

Neale Donald Walsch egyszer arról beszélt, hogy egy étteremben ellopták a pénztárcáját. Ő mégsem húzta fel magát. Őszintén úgy érezte, hogy ha valakinek akkora szüksége van a pénzre, akkor vigye csak – neki van elég. Az étteremben is meglepődve szemlélték a nem emberi reakcióját. Amikor ezt elmesélte, megrökönyödéssel hallgattam. Elvégre jó-jó, Isten jó, meg minden, na de én nem vagyok Teréz anya, hogy a tolvajnak azt mondjam, „tessék, vigyed a tárcámat". Csodáltam, de nem értettem. Ma már értem.

Lehetséges, hogy a tolvaj szívéhez nem beszélt, hogy valaki nem rohan utána. Lehetséges, hogy *őt* nem érintette meg. De a nézőkből ha csak egyet is elgondolkodtatott, *már megérte*. Ahogy ez a történet Seattle-ben történt, és engem itt Magyarországon gondolkodásra késztetett a meg nem érdemelt szeretet kontinenseken átívelő útja, ami hozzájárult a saját utamhoz, végső soron ehhez a könyvhöz, már értem. Ugye emlékszünk: azzá válunk, amit cselekszünk, és a fát a gyümölcséről ismerjük meg. Neale nem még több negatív energiát teremtett, hanem visszanyúlt az alapvető emberi szeretethez, beleérzett a másik helyzetébe, és fényt vitt egy sötét helyzetbe.

Ezt a belső célt elősegítendő speciális felszereltsége van minden embernek: speciális, csak rá jellemző képességek, készségek és tehetségek kombinációja. Más szóval lehetőség, eszköz a célunk kibontakoztatására. *Mert a mi életcélunkat csak mi tudjuk beteljesíteni, más nem* – amit te hozzá tudsz ehhez a világhoz tenni, más nem tudja. És azért jöttél erre a Földre, hogy ezt megtedd – az elveszettséged pedig abból fakad, hogy *nem ásol elég mélyre önmagad megtalálásához. Gondolj bele!*

Például én sosem lennék jó orvos – bennem az semmit nem mozgat meg, nem érint meg. Elismerem az orvosokat, felnézek rájuk, gyönyörű hivatás, de *nem nekem találták ki.* Az én helyem nem ott van. Ahogy valószínűleg egy zseniális orvos sem érezné magát otthon az én életcélomban. Egyszerűen azért, mert máshogy vagyunk huzalozva.

Egyszer tudtam, hogy egy zseniális, világszerte elismert professzor fog nekünk vendégelőadást tartani az egyetemen – olyan ember, aki a szakterületén maradandót alkotott, hatalmas névnek számított a szakmában. Megtiszteltetés volt beülni az órájára, nagyon vártam. Legnagyobb meglepetésemre és megdöbbenésemre nem az történt, amire számítottam. A pulpitusra egy zavarban lévő, szürke kis egér sétált ki, aki összevissza dadogott, kártyákról olvasta a legegyszerűbb mondatokat is. A hallgatóság megdöbbenve ült – ő lenne a szakterület tótumfaktuma??? A válasz nagyon egyszerű: tanítani és kutatni *két külön dolog.* Aki a kutatásban érzi magát otthon és alkot világraszólót, lehetséges, hogy a tanításban teljesen elveszettnek, esetlennek érzi magát, mintha kihúzták volna alóla a talajt.

Ezért **nem működik mások boldogságának üldözése**. Sok ember, ha belelát valaki más örömteli életébe, azt gondolja, ha megszerzi azt, ami a másikat boldoggá teszi, *ő is ugyanolyan boldog lesz.* De az élet nem így működik. (És megint csak: a miértek számítanak.)

Nem vagyunk alkalmasak arra, hogy mások életcélját beteljesítsük, viszont a sajátunkban mindenkit le fogunk körözni. Ebből következik, hogy a saját életcélodban nincs más versenytársad, csak önmagad. A TE életcélodat RÁD szabták, NEKED van

szánva, hogy TE töltsd be! **Az egyetlen igazi versenytársad te magad vagy.** *Önmagad verziói versenyeznek egymással. Te vs. te.*
Az első diplomám minősítése nem lett a legjobb. Le voltam törve. Valaki, akit akkor családtagnak gondoltam, odajött hozzám, hogy vigasztaljon. Azt mondta nekem, hogy első diplomásként a testvéreim közül örülnöm kéne, és büszkének lenni magamra, mert többet értem el náluk. Segíteni szeretett volna a maga módján. Azt válaszoltam, hogy egyáltalán nem hasonlítom magamat senkihez, csak *önmagamhoz*. Azért vagyok csalódott, mert többet vártam *magamtól*. Engem az nem dob fel, hogy másokhoz hasonlít, ettől én még tudom, hogy tudtam jobban, több volt bennem, lehettem volna jobb. Annyira nem tudott mit kezdeni a válaszommal, hogy arrébb sétált csendben.

Már 23 évesen éreztem, hogy valahogy nem igazságos másokhoz hasonlítani magam, valahogy nem okoz örömet. Albert Einstein szavaival élve: „mindenki egy zseni. De ha egy halat az alapján ítélsz meg, hogy miért nem tud fára mászni, akkor az egész életét úgy fogja leélni, hogy hülye". Ma már TUDOM, amit akkor csak éreztem: *mindenki* különleges, *mindenki* egyedi, egyedi céllal jön ide – semmi értelme mások életcélját hajszolni. *Ami nem neked van szánva, soha nem lesz a sajátod.*

Láttál már olyan embert, akire ha ránéztél, tudtad, hogy ő erre vagy arra született? Ő egy született anyuka? Ő egy született színész? Ő egy született tűzoltó? Mert életcél nemcsak foglalkozás lehet. **És a siker nem egyenlő az életcéllal.** Az életcélunk mindig másokról szól, ahogy a saját életünk is arról szól, hogy mások életét hogyan érintjük meg. És *az életcélok között nincs hierarchia.*

Onnan ismerjük fel, hogy úgy érezzük tőle: a *helyünkön* vagyunk, ezt *nekünk* találták ki. *Beszél* hozzánk. *Megérint* minket. Egyszerűen kapcsolódunk hozzá. Alkalmasak vagyunk rá, jobban, mint bárki más, és a csontjainkban érezzük, hogy ezért *érdemes élni*. Mert kielégíti a mélyről fakadó igényünket. És majd a halálos ágyunkon nyugodtan fekhetünk, mert tudjuk: véghezvittük, amiért ide jöttünk. Indulhatunk.

Ennél nagyobb megnyugvás nem kell.

Tehát, röviden az életcél fogalmi elemei:

- **örömöt hoz az életedbe** (pozitív energiát, a fontosság érzését, úgy érzed tőle, hogy „én is számítok")
- **nem bánt másokat** (nem hoz fájdalmat, káoszt, félelmet mások életébe)
- **önzetlen szolgálat** (szeretetből fakad, másokról és nem rólad szól)
- **úgy érzed, a helyedre kerültél** (ez a leginkább hozzád illő, amit el tudsz képzelni, rád van szabva)
- **sikeres vagy benne** (megbecsülnek, akár anyagilag, akár máshogy, valószínűleg tehetséges vagy benne, vagy ha nem, megvan rá a felszereltséged, hogy ha a legjobbat beleteszed magadból, gyönyörű eredménye lesz)
- **teljesen önazonosak leszünk** (olyan más, pozitív dolgok történnek körülöttünk, amiket a legvadabb álmainkban sem gondoltunk)
- **úgy érezzük tőle, hogy nem éltünk hiába** (ezért érdemes élni, akár pénz nélkül is csinálnánk)
- **közelebb visz a hithez** (Istenhez, azaz a tiszta szeretethez)

A dolog úgy áll, hogy sok ember a túlélésre játszik, vagy nyerni akar az életében. De az élet nem verseny, amit meg lehetne nyerni. Hiszen **a nyertesek is meghalnak**. Az életet senki nem éli túl. Így ezek az emberek a nem megfelelő dologra koncentrálják az energiájukat, majd becsapva érzik magukat. A materializmus nem más, mint figyelemelterelés, zavaró tényező (distraction). **Minden zavaró tényező, ami a nem megfelelő dologra való fókuszálás.** Félelmünkben, ami bénít minket, úgy érezhetjük, hogy könnyebb figyelemelterelésekbe menekülni – könnyebbnek tűnik pillanatnyi élvezeteket, pillanatnyi örömöt hajszolni, mint összeszedni a bátorságunkat és valódi időt, energiát fordítani az élet nagy kérdéseire. Ezzel csak az a baj, hogy az idő így is, meg úgy is telik. Akkor is telik, ha Facebookozásba menekülsz, és akkor is telik, ha befele figyelsz. Nehogy egy nap arra ébredj, hogy 90 éves vagy, és figyelemelterelésekkel telt az életed. *Az egyik mindig űrt hagy maga után, a másik mindig lelki megelégedettséget hoz.*

Az életet nem túlélésre tervezték, nem arra való. Arra való, hogy kibontakoztasd, amit magaddal hoztál, és áraszd a fényedet másokra. Hogy növekedj. Hogy szeress. Hogy szeressenek. Ez az élet értelme. Felszínre hozni, ami már bennünk létezik, a legbelső énünket, az esszenciánkat.

Mert mi mind projektorok vagyunk, akik akkor érzik magukat elemükben, ha a szeretet saját értelmezését projektálják a világba, kivetítik másokra, azaz: ha *ragyognak*.

XX. fejezet

ŐK HOGYAN CSINÁLJÁK?

Fel lehet ismerni az életcéljukban járó embereket. Ők azok, akik *sugározzák a békét*. *Akik elszántak*. Akiket egy belső erő szinte vezet a helyes úton. Akik nem bolyonganak az élet útvesztőiben, nem sírnak titokban, nem kapnak éjszaka pánikrohamot. Akiket a világi dolgok nem vakítanak, nem uralnak, nem vezetnek. Nem, nem. Nyugodtak. Tudják, hogy ők kik. Tudják, miért jöttek ide. Tudják, merre haladnak. És tudják, kik tartoznak melléjük az úton. Őket nem vakítja el az anyagi világ, a pénz, a csillogás, nem hajszolnak múló örömöket.

De... *Ők hogyan csinálják?* Nekik nem nehéz az élet? Ők hogy nem fáradnak? Ők hogy nem adják fel? Hogy csinálják a sebészek a 48 órás szolgálatot, hogy lesznek úrrá a kialvatlanságon, honnan szedik a tűrőképességet? Nekik nem fáj a hátuk, vagy ők nem lesznek mogorvák, ha nem alszanak? Mi tesz egy embert *emberfelettivé*? *Mikor tudjuk meghaladni önmagunkat*? Az igazi anyukák honnan szedik a türelmet, amikor a kétévesnek újra és újra és újra el kell ismételni ugyanazt, amikor naponta 30-szor kell pakolni utána? Mindennap? És *hogyan* csinálják ezt mosolyogva, szelíd türelemmel?

A válasz nagyon egyszerű: *a döntésük a megfelelő helyről és megfelelő célért jön létre, és az ebből fakadó önazonos szeretet átsegíti őket a nehézségeken, és erre emlékeztetik magukat a nehézségek közben.* **Hiszen a szív minden súlyt elbír – feltéve, hogy a döntésünk igazi és szívből jön. A szeretet erőt ad – ha szeretettel teszünk valamit, képesek vagyunk meghazudtolni saját korlátainkat. A szeretet nevében „átlagos" emberek átlagon felüli teljesítményre képesek.**

Vegyünk egy gyakorlati példát: beszéljünk a házasságkötésről.

Ha a házasság, mint döntés, nem a megfelelő helyről jön, akkor nem lesz tartós, vagy tartós lesz, de nem lesz örömteli. Vállalni, hogy egy életen keresztül a társa leszek valakinek, sosem sétagalopp, mert az élet nem sétagalopp. Nincs tökéletes „és boldogan éltek amíg meg nem haltak", *nehézségek mindig lesznek*. Ha ez a döntés tehát nem a legnagyobb szereteted következménye a párod iránt, rossz vége lesz. Két dolgot kell figyelembe venni:

1. *A hely, ahonnan a döntésem jön.* Más szavakkal: a traumáim diktálják, hogy őt válasszam, vagy gyógyult vagyok és őt választom? Bár egyszerűnek tűnik, nem biztos, hogy a válasz mindig egyértelmű. Az emberek szeretnek az ismerős helyzetekhez vonzódni, mert megnyugvást találnak az ismerősségben. Ha a szüleid elnyomtak és kiabáltak veled, és nem gyógyulsz meg, nagy eséllyel olyan társat fogsz választani, aki hasonlóképpen viselkedik veled. Ha a traumáid diktálnak téged, nagy eséllyel nem a megfelelő társat fogod választani. De még ha esetleg sikerül is jól választanod, egy gyógyulatlan személy mellett küzdelmes egy életet leélni, mert a *gyógyulatlanság egészségtelen viselkedésmódokhoz fog vezetni*.
2. *A cél, amiért a döntést meghozom* – tehát mit akarok elérni a döntésemmel? Milyen eredményre számítok? Ha van egy lelki együtt rezgés, egy megmagyarázhatatlan belső bölcsesség, bizonyosság, *csak akkor érdemes* kitartani a választottad mellett. Ha a pénzért házasodsz, ne csodálkozz, hogy azod lesz, amiért házasodtál: pénzed. Ha egy szép testért házasodsz, ne csodálkozz, hogy azt kapod, amiért házasodtál: egy szép testet. Ha lelki okok miatt választod, akkor lelki társad lesz, szó szerint. Lélekben társ. És enélkül hosszútávon rosszul fogsz járni, mert a közös rezgés hiányában a másikból is idővel egy nehézség lesz, amit tolerálnod, kezelned kell, és nem a társad.

Ha viszont a hely és a cél is a helyén van, akkor is szembe fogsz tudni nézni az élettel, ha a legnagyobb próbát állítja eléd – és ne feledjük, hogy a saját, személyre szabott nehézségeink *számunkra* a legnehezebbek, **nincs a nehézségek között hierarchia, ha le kell győznöd önmagadat.** De nem fogsz elfutni. Egy barátnőm barátnője „boldog házasságban élt" hosszú évekig, de amint végstádiumú daganattal diagnosztizálták, a férfi elvált tőle, mondván, hogy ez neki sok, köszöni, de ő nem erre számított, amikor elvette. A valóság előbb-utóbb mindenkit utolér és aminek az alapja nem stabil, az össze fog omlani. A vágyat, szenvedélyt, lángolást könnyű összetéveszteni a mély szeretettel. Csak egy a bökkenő. **A vágy, szenvedély, lángolás ott ér véget, ahol a mély szeretet kezdődik: amikor áldozatokat kell hozni egymásért.**

Az ilyen emberek, bár érzik a nehézségeket, *emlékeznek* rá, *emlékeztetik* magukat arra, hogy *miért* vannak ott. Hogy miért csinálják. Például, emlékeztek, hogy a Grace klinika sorozatban az egyik sebész mindig úgy kezd minden beavatkozást, hogy kijelenti: „milyen szép nap ez arra, hogy életeket mentsünk". Minden egyes műtét előtt *emlékeztette magát arra ezzel a mondattal, hogy miért van ott, miért csinálja, miért éri meg neki.* Pedig sebésznek lenni áldozat, az ő szeme mégis minden egyes operáció előtt a labdán volt.

És ez a labda, a céljuk szeretete annyira erősen szólítja meg az ilyen embereket, *hogy akkor sem lennének máshol, ha az itt és a most embert próbáló,* kizsigerelő, ha erőt kell venniük magukon. Az ilyen emberek emlékeztetik önmagukat nap mint nap arra, hogy miért csinálják, amit csinálnak. Mi az önmagukon túlmutató cél, amit ezzel beteljesítenek. Hogy *miért* akartak gyereket. *Miért* lettek sebészek. *Miért* lettek tűzoltók. Ők nem dőlnek be a csábító világ illúziójának, hogy máshol jobb soruk lenne. Lehet, hogy könnyebb lenne, de *céltalan* is. *Számukra* üres. Aki az életcéljában sétál, képes a végsőkig kitartani. Akkor is, ha fáj. Akkor is, ha képtelenség. Akkor is, ha mások nem értik. Mert a mi életcélunk nem azért van, hogy mások megértsék. Elég, ha *mi* érezzük, hogy megszólít *minket*. És *mindenkit* megszólít valami.

XXI. fejezet

FIGYELD A KEZEM, CSALOK!

Köztudott, hogy a bűvészek világa nem varázslat – az okos megoldásokon túl a nézőközönség figyelmének összpontosulására épül, melynek alapja az emberi természet, mondhatni, ösztön. Hiszen a bűvész pontosan tudja, hogy az egyszeri ember figyelmét hogyan terelje el a valódi történésekről – ez az illúzió alapja: *nem a valódi történésekre figyelünk, majd váratlanul ér bennünket a valódi történések következménye.* Ez a bűvésztrükkök működési mechanizmusa. A saját figyelmünk hiánya játszik velünk, csapdába csal minket, majd úgy érezzük: varázslat történt. Pedig egyszerűen vagy nem összpontosítjuk a figyelmünket, vagy ugyan összpontosítjuk, csak éppen másra. Ugyanez az analógia alkalmazható a saját életünkre is. Ha úgy érezzük, hogy az életünk olyan, mint a bűvész; állandóan meglep minket újabb és újabb trükkökkel, amikre mi őszintén nem számítunk, akkor valószínűleg a hiba nem a bűvészben van. Gondoljuk, hogy a *Mindenható idetett minket erre a Földre azért, hogy teljesen kiszolgáltatottak és sebezhetőek legyünk, nem adott semmilyen támpontot, útbaigazítást, vagy valamilyen pro tippet, hogy hogyan is kellene élni?!* Gondolj bele! Megteremtelek azért, hogy aztán olyan övön aluliakat vigyek be, amikre tudom, hogy nem számítasz… Nem lenne ez egy kicsit *emberien kegyetlen* gondolat? A kegyetlenség pedig nem fér össze a tiszta szeretettel – a kör bezárult.

Ha az életet ilyen hektikus, kiszámíthatatlan izének érezzük, akkor a mi fókuszunk nincs a helyén. Igen, jól hallottad: *a bűvész kezeit nézed, nem a valódi eseményeket.*

A dolog úgy áll, hogy az életben semmi sincs ingyen, mindennek ára van. És ez az ár nem pénzben értendő, *sokkal több annál.* Lehetséges, hogy az árat csak mi érezzük, és a külvilág számára úgy tűnik, hogy a sikerek az ölünkbe hullanak. De ez nem igaz.

Mindig van ár. Az ár pénzneme végső soron; energia – mivel az élet energiacsere, azaz energia adok-kapok, minden „kapoknak" van „adok" ára. Mint egy kölcsönhatás, egy kereslet-kínálat egyensúly. És ez mindennel így van, legyen szó nyelvtanulásról, emberi kapcsolatokról, fejlődésről, gyógyulásról. Bármiről, mindenről.

Gondolj bele!

Ahhoz, hogy megtanulj valami újat, nem elég, hogy kifizeted a könyveket és kifizeted a tanárt. Ez mind szükséges, de *önmagában nem elég*. Kevés. Kellesz hozzá *te* is – a te figyelmed, akaratod, nyitottságod, befogadásod, kitartásod, erőfeszítésed – amik mind a te energiád megnyilvánulásai. Az, hogy tényleg jelen vagy egy helyzetben és nemcsak passzívan létezik a tested, amíg az agyad kicsekkolt, energia. Ez vagy te. Ahhoz, hogy eredményt érj el, *bele kell tenned magadat*.

Mr. Lawyer egy ötvenes évei végéhez közeledő, sikeres ügyvéd volt. Négy gyereke volt, a feleségével elváltak. Mr. Lawyer innentől kezdve elköteleződésre képtelen, alkoholista férfivá vált, aki a barátnőit sorban csalta – mondanom sem kell, sok embert mélyen megbántott a viselkedésével. Mr. Lawyer felismerve, hogy baj van, elment pszichológushoz, mondván, hogy „meg akarja magát javítani". Pár hónappal később azonban az derült ki, hogy Mr. Lawyer bár talált pszichológust, heti rendszerességgel járt is hozzá, ki is fizette az alkalmakat, az ülések során viszont *végig hazudott a pszichológusnak*. Majd csodálkozott, hogy a terápia nem használ. Újra: **ha nem tesszük bele magunkból, amit a helyzet megkövetel, eredményt se várjunk.**

Tehát ahhoz, hogy bármilyen fejlődést elérjünk az életben és ne ugyanazokat a köröket fussuk újra és újra, az energiánkat összpontosítanunk kell, például figyelem formájában. Ha elforgácsoljuk magunkat, ha nem tudunk fókuszálni, ha minden más elterei a figyelmünket, nem fogunk egyről a kettőre jutni. És a **saját figyelmünk a saját felelősségünk** – a felelős lét velejárója. Azért mondom, hogy felelős, mert sok felnőtt nem felelős, és sok felelős nem felnőtt. A kettő nem jár szükségszerűen együtt: a felelősség tágabb kategória, mint a fizikai valónk, mert a felelősség lelki folyamat, érés eredménye, a fizikai valónk pedig járja a maga útját.

Más szóval: ha hagyod, hogy a világ elterelje a figyelmedet, akkor erről nem a csúnya, gonosz világ tehet – sajnálom, de *te* hagytad. *Ugyanakkor pontosan ebben a felismerésben rejlik az erőd:* ha felismered, hogy *te* hagytad, *te* szolgáltattad ki magad az életnek, *te* voltál passzív – akkor az a jó hírem van, hogy ezen *bármikor tudsz változtatni.* Amennyi erővel eddig *te* „hagytad", *te* dönthetsz úgy, hogy mostantól *nem hagyod.* Senki nem tudja magát helyetted beletenni az életedbe. Például a szüleid kifizethetik a nyelvtanárt, de ha te nem teszed bele magad, nem fogsz sokat profitálni belőle. Elszenvedője, és nem aktív alakítója leszel a történéseknek. Más szavakkal: mások megteremthetik a körülményeket, de amíg te nem döntesz az eredmény mellett, az eredmény nem fog jönni. *A te kezedben van a döntés.*

Tehát az energiánk összpontosulása, aminek az egyik fajtája a figyelem, *minket* szolgál.

De az energiánk összpontosítása önmagában nem elég. Nem, nem. Ahhoz, hogy eljussunk a kívánt eredményhez, a figyelmünket *kitartóan* és *következetesen* kell összpontosítanunk. Más szavakkal: a szemünk mindig a labdán legyen. Láthatatlan téglánként, egyesével építgetjük az eredményt, ami fókusz nélkül nem megy. **Fókusz nélkül elveszettek vagyunk.**

De mi a helyzet akkor, amikor fókuszálunk, következetesek vagyunk, kitartóak vagyunk – *mégis egy legyőzhetetlennek tűnő hegy tornyosul előttünk?*

Az igazság úgy áll, hogy *kollektíven türelmetlenné váltunk* – hozzá vagyunk szokva a kényelmes és gyors megoldásokhoz; ahhoz, hogy az eredmény *gyorsan jön,* és *pontosan azt kapjuk, amit elképzelünk.* **Az a divatos, hogy minél kevesebb energiáért minél jobb eredményt kapjunk. Lelki smucigságban szenved az emberiség.** Könyveket egyre kevesebben olvasnak, sőt, filmeket is kevesen néznek – ma már a rövid videók sikeresek az interneten. Ma már kevesen főzünk – inkább rendelünk. A különböző csomagok házhoz jönnek – nem is csak házhoz, egyenesen az ajtónkig hozzák őket. Értitek?

A berendezkedésünk tudat alatt a „nekünk jár" hozzáállásra (entitlement mindset-re) kondicionál bennünket. Hiszen a tökéletlenség legapróbb jelére zúgolódni kezdünk, reklamálunk, a menedzserrel akarunk beszélni, esetleg perrel fenyegetünk. A mögöttes gondolat pedig egészen egyszerű: „a jó az természetes" és „nekem ez jár, nekem a legjobb jár, nekem a legjobb most azonnal jár". Bár látszatra egyik gondolat sem kártékony, mégis megkeseríti az egész életfelfogásunkat és a hozzáállásunkat ehhez az *élet* nevű projekthez. Az igazság úgy áll, hogy az életben semmi sem „jár". A boldogság nem „jár". A szerelem nem „jár". Nem, nem. Ha arra várunk, hogy az élet boldoggá tesz minket, mert nekünk az jár, életünk végéig várhatunk, miközben egyre türelmetlenebbé, frusztráltabbá és hisztisebbé válunk. *Istenhez nem visz közelebb, ha takarékoskodom a lelki folyamatokkal, sőt. Eltávolít.* A lelkedet táplálnod kell, mert ha nem táplálod, csak a fizikai síkon fogsz tengődni, de megelégedettséghez nem jutsz el általa. Hiszen a „nekem jár" hozzáállás eredménye ez: *ha nem kapom meg, amiről elhiszem, hogy az alanyi jogon engem illet, kizökkenek a lelki békémből és hisztizek, mint egy kétéves.* És ez egy öngerjesztő, negatív spirál, hiszen hisztizés közben a fókuszunk a hisztink tárgyára fog irányulni, azaz arra a dologra, amit *nem* kaptunk meg, ami *nem* úgy alakult, ahogy azt vártuk, ami *nem* jött be – ez pedig egy *hiányból* működő létállapot. **Ha a hiányra fókuszálunk, még több hiányt teremtünk magunk körül**, arra áll rá a szemünk, azt vesszük észre. Sőt, továbbmegyek: ha hiányból operálunk, mindig fogunk találni olyan dolgot, ami az életünkben nem tökéletes, ez pedig állandó elégedetlenséghez fog vezetni. Tudjátok, vannak olyan emberek, akik semminek sem tudnak örülni, mert egyből azt nézik, hogy mi *nem* jó, legyen bármiről is szó. Persze, ők húzzák a rövidebbet, hiszen *saját magukat fosztják meg annak az átélésétől, ami viszont jó.*

Ezt is a saját bőrömön tapasztaltam. Sok év nehézség után végre betoppant az életembe a nagybetűs szerelem – jobb volt, mint azt én képzeltem. De az élet a nagy találkozás után nem azt dobta, amiről én úgy éreztem, hogy nekünk „jár": összeköltözés, gyűrű, boldogan éltek míg meg nem haltak. Nem,

nem. Miután megismertem a szerelmemet, az élet keményebb lett mindkettőnk számára, mint addig bármikor – a legyőzhetetlennek tűnő hegy fölénk tornyosult. Először csak keveset tudtunk találkozni, heti egyből lett kétheti egy, abból lett havi egy, utána háromhavonta egy, majd majdnem másfél év telt el úgy, hogy nem láttuk egymást. És ha ez nem lett volna elég, a napi kommunikációból lett havonta, kéthavonta egy-két rövid SMS-váltás. Ezt nehezítette, hogy néhányan azt próbálták erősíteni bennem, hogy ezt a dolgot felejteni kéne. Mondták, hogy biztosan megcsal, biztosan hazudik, az időmet pazarlom, én sem fiatalodom stb. A türelmem és az erőm nagyon gyorsan a végére ért – csak arra tudtam gondolni, hogy a kapcsolatunk egyhelyben toporog. Mondanom sem kell, semmi nem ment, állandóan frusztrált voltam, nem tudtam figyelni senkire és semmire, mindenki idegesített, állandóan szomorú voltam. Nem volt jó körülöttem lenni, én sem lettem volna szívesen magammal, mindennel csak a bajom volt. Annyira a végére értem a türelmemnek, hogy eldöntöttem: szakítok. Le is ültem megírni a hosszú SMS-t (mivel nem tudtunk találkozni), melyben el akartam mondani, hogy bár szeretem, de ez így nem működik, szakítok. Kínomban mondtam Istennek, hogy – ha egyáltalán van és hall engem – *most segítsen, mert én ezt már nem bírom*. És érdekes dolog történt: mire kiírtam magamból a frusztrációmat, egy belülről jövő mély érzés azt súgta, hogy *ne küldjem el*. Küldés helyett kitöröltem. Ekkorra már nyugalom lett úrrá rajtam. Egyszerűen megnyugodtam. **Nem a körülmények változtak meg, az én viszonyom változott meg a körülményeimhez.** Éreztem, hogy ki kell tartanom mellette. A drámázás helyett valami ilyesmit írtam: „te kitartottál, amikor én nem érdemeltem meg, én is kitartok most". És innentől kezdve nyugodtabban léteztem ebben a kényelmetlen helyzetben. Megértettem, hogy nem tudok rajta változtatni, hisztivel nem tudok kieszközölni változást, feladni ezt a kapcsolatot nem szeretném – marad, hogy csöndben igyekszem viselni. Hosszú hónapoknak kellett eltelniük érdemi változás nélkül, mire megszületett bennem a kérdés: *miért* van ez így? Milyen kegyetlen Isten hozná be az életembe a szerelmet és taszítana ebbe a tarthatatlan helyzetbe? Nekem ez az Isten egyáltalán *nem tetszett*. Sértett voltam, és haragudtam rá. Milyen szerető Isten tenne ilyet? Abban biztos voltam, hogy ha van Isten, akkor ez az Isten jó. Eljutottam arra a pontra, hogy meg mertem magamtól kérdezni: mit akarhat Isten tőlem, hogy ebben a helyzetben csináljak? *Nincs valami értelme ennek az egész lehetetlen helyzetnek?* Arra jutottam, hogy a legrosszabb, ami történhet, hogy tévedek, hülyének néznek és kinevetnek. Tévedni tévedtem már életemben. És túléltem. Hülyének is néztek már, és nevettek is már rajtam. Végül is, ezeket is túléltem. Arra jutottam, hogy tulajdonképpen nem veszíthetek semmit, ha tényleg, igazán megpróbálok értelmet találni ebben az értelmetlennek tűnő káoszban – mert tudtam, hogy ha nem is találok semmit, fel tudok állni belőle, ahogy már korábban is tettem életemben. **Ha veszítek is, nyerek, mert legalább meg mertem próbálni.** A *miért ne* tiltásból lett a *miért ne?* kérdés. Miért ne próbálhatnám meg? Időm van, a feltételek adottak... *miért ne?* Elkezdtem keresni... és találtam. Ettől a ponttól kezdve elképesztő fejlődésnek indult az életem.

Amíg valamitől félsz, a félelem uralkodik rajtad, birtokol téged. Uralja a döntéseidet. Minden döntésed mögöttes gondolata a félelmed tárgyának elkerülése lesz. Ha attól félnék, hogy amíg nem vagyunk együtt, megcsal a szerelmem, minden egyes napot rettegésben tölthetnék. **De a bátorság nem a félelem hiánya, hanem a döntés, hogy még ha be is következik, ami fáj (hiszen azért félünk, mert nem szeretnénk, hogy fájjon), tudom, hogy fel tudok állni belőle.** Ne félj attól, hogy fájni fog. Ha fáj, tanulsz belőle. Amikor valaki tényleg kigyógyul a sebeiből, onnan lehet látni, hogy **az önvédelmet felváltja a kíváncsiság.** Hiszen *nincs olyan, aki nem tud elbukni*. De ha tudod, hogy fel tudsz állni, a félelem megszűnik. Nem azzal biztosítom a stabilitásomat, hogy másokat kontrollálok – hiszen aki csalni akar, az csalni is fog. Aki menni akar, az menni is fog. De ahelyett, hogy én a múltbeli tapasztalataimból negatív módon építkeznék (azaz azt mondogatnám magamnak, hogy már adtam oda a szívemet és cserébe összetörték, *tehát* innentől megvédem a szívemet), teszek rá egy pozitív csavart: a múlt kudarcait, a szerzett sebeket, sebhelyeket a *saját erőm jelének látom*. Rájuk nézek, és azt látom: igen, megsérültem. Igen, bántottak. Kihasználtak. Csalódtam. Megcsaltak. *Mégis itt vagyok. Mégis túléltem*. Tudom, hogy túl tudom élni, *miért féljek tőle*? És így a félelem már nem ural engem – hiszen ha a szerelmem megcsal, ő húzza a rövidebbet. Más alacsonyabb szintű rezgésére nem az a válasz, hogy lemegyek az ő szintjére. Nem, nem. Nem az van, hogy én vagyok nevetséges, mert naiv módon bízom, hiszek valakiben. Ha ezzel visszaélnek, bár sérülök, de *én fogok találni tiszta szerelmet, biztonságos szeretetet, törődést, intimitást, bizalomra épülő, szeretetteljes, bensőséges kapcsolatot* – aki megcsalt, ő nem. Lehet, hogy a felszínen ő a „nyertes", mert nem tette bele a szívét, *de milyen élet az, amikor a saját társadnak nem mered odaadni a szívedet, mert félsz, hogy összetöri*? **A balekok a legbátrabb emberek.** A tiszta szívűek, akikben nem fordul meg kétség, hisznek neked, mert magukból indulnak ki, egy olyan világban élnek, *amiről a hamis emberek csak álmodni mernek és mélyen vágynak rá*.

A látszat csal: nem a naiv veszít, csak kinevetik a jelenben. Hosszútávon ő győz. Hosszútávon mindig a tisztalelkű győz.

A naiv emberek a legbátrabb emberek, mert nem arról van szó, hogy ők nem sérültek, nem, nem. Arról van szó, hogy bár sérültek, mégis ki merik nyitni a szívüket a világra. Mégis mernek hinni az emberek jóságában, mernek hinni abban, hogy a fájdalom, amit néha éreznek, az nem azért van, mert a világ rossz. És végül ők győznek.

Miért?

A jellemünk, a lényegünk, végső soron, akik vagyunk, minden egyes lépésnél az életünkben átragyog a szerepeinken. Tehát szerepeink nem különálló, önjáró részek, hanem az énünk evilági pozíciójához történő alkalmazkodás, de mindegyik szerep mögött ott vagy te, ami valóban te vagy. Így a kis dolgokban ugyanúgy megnyilvánulsz, mint a nagy dolgokban. Azoknak az apró viselkedéseknek a következménye, amiket akkor követsz el, amikor „nem számít", meg „nincs tétje", általában nem ér véget a megúszással. Mert aprósággal kezdődnek: megízleled, hogy könnyebbik út is létezik, legközelebb is csinálod, hiszen az elsőt is megúsztad. Gyakorlatilag nagy az esély, hogy addig csináld, amíg nem jön egy pofon az élettől. **Aminek a magját magadba fogadod, növésnek indul benned és a részeddé válik a mélyebb rétegeidben.**

Biztosan láttátok a Sex and the City sorozatból azt a részt, amikor a főszereplő hősnő megcsalja a jelenlegi barátját az egyik exével. A probléma úgy vetül fel, hogy *ha senki sem tudja, miért ne?* Kinek számít, ha nem tudja? Amiről nem tud, az nem fáj. Pontosan úgy, ahogy a hősnőnk évekkel korábban a középiskolában elcsalt egy dolgozatot a barátaival együtt. A barátnők bevallották és büntetést kaptak, a hősnő hallgatott, és sohasem számított, hogy csalt. Ez a látszat. De ez egy nagy tévedés. Ugyanis a hősnő semmi mást nem tanult meg, csak hogy *a könnyebbik úttal meg lehet úszni, ha ügyesek vagyunk.* Beépült a személyiségébe, hogy a könnyebbik utat válassza, *megúszós lett.* Nem csoda, hogy a későbbi kapcsolatában sem arra fókuszált, hogy vajon miért rossz a jelenlegi barátjával a kapcsolata, hanem arra, *hogy mi a pillanatnyi megúszós jó érzés. De így nem fog hosszútávú megnyugvást elérni.*

Ha beépül a személyiségünkbe, hogy a megúszás, summantás, terelés egy járható út – és könnyebb, mint a konfliktus felvállalása –, akkor bár látszólag nem számító apróságokkal kezdődik, de amikor az élet később valóban próbára tesz, ezekhez az eszközökhöz fogunk nyúlni. *Hiszen a fiatalkori, súlytalan konfliktuskezelések a későbbi éles helyzetekre való felkészülést szolgálják.*

Egy másik filmben – Nem kellesz eléggé– a hősnő így fakad ki a férfira, aki felszínes kapcsolatokból felszínes kapcsolatokba esik: „te egyedül vagy, és lehet, hogy hülyébben viselkedem, mint te, de biztos, hogy közelebb vagyok ahhoz, hogy társat találjak".

Ez a „naivitás" vagy tisztalelkűség működési mechanizmusa. Hiszen lehet, hogy nyitott szívvel fájni fog. Lehet, ha megpróbálod, csalódni fogsz. Lehet, hogy nem sikerül elsőre, amit te vártál. *Viszont így még mindig van esélyed valami tisztára.* **Zárt szívvel nem fogsz szerelembe esni. Ha meg sem próbálod, biztos, hogy nem fog sikerülni.** Tehát a tisztalelkűek pozíciója egyáltalán nem nevetséges, sőt: ők azok az emberek, akik nem hagyják, hogy a világ magukkal rántsa őket a földre, hanem azt mondják: *igenis, hogy nem mindenki hazudik. Igenis, hogy nem mindenki csal. Igenis, hogy lehet ennél jobban csinálni. Igenis, hogy létezik boldogság.*

Egyébként gyerekek körül is azért szeretünk lenni, mert ők még emlékeznek arra, amit a felnőttekből a félelem és a fájdalom már kiölt: lehet szebben is élni. Lehet teljes szívvel nevetni, hinni, élni.

A bele nem gondolásból és bele nem érzésből eredő érzéketlenség, mint megküzdési mechanizmus szinte már népbetegség, mely arroganciához vezet. Ha csak magunkat tekintjük érző lénynek, érzelmileg távol tartunk másokat a saját életünktől, és ahelyett, hogy gazdagítanánk a saját megélésünket, sivárrá tesszük azt. Hát nem szomorú? Ugyanez a jelenség volt megfigyelhető a holokausztot követő nürnbergi perek során is: amikor a tisztek felelősségre voltak vonva, mindegyik azt mondta „ő csak parancsot teljesített". Úgy tudom, hogy Hannah Arendt ebből vezette le, hogy a *gonoszságnak nincs arca.* Ahhoz, hogy az arrogancia gonoszsággá fejlődjön, nem kell sok: hiszen onnan eljutni, hogy csak én számítok, nekem ne mondják meg, nekem jár, a jó természetes, odáig eljutni, hogy te nem olyan vagy, mint én, mert én fontos vagyok, te nem, nem számít, mi történik veled, érzelmileg ignorállak, nagyon könnyű. Aki pedig tolerálja a gonoszságot, cinkossá válik, ezáltal magát is gonosszá teszi.

Látszatra azt gondolhatjuk, hogy van, akit semmilyen mennyiségű szeretet nem hat meg, őket egyszerűen élteti a gonoszság. De ez nem igaz. Csak azoknak az embereknek a szívéig nem jut el a szeretet, akik védekeznek ellene, több-kevesebb sikerrel. Nem az van, hogy nekik nincs szívük – nem, nem. Az van, hogy védik a szívüket, el vannak távolodva önmaguktól, mert a szeretet sebezhetőséghez vezet. Ez pedig a legtöbb ember számára nem komfortos.

A nagy, igaz megtérések semmi másról nem szólnak, *csak valódi, mély belegondolásról és beleérzésről a saját tetteinkbe.* És bizony, mi mind tettünk már olyat, amire nem voltunk büszkék. Bántottunk másokat. Okoztunk fájdalmat. Használtuk ki mások jóindulatát. Ezekbe ha *igazán*, mélyen beleéreznénk, megtörnénk. Annyira meghatna és megtörne minket a saját tökéletlenségünk, gonoszságunk, ha tetszik, gyarlóságunk, hogy nem ezt akartuk, mégis ez lett az életünk eredménye, hogy eljutnánk a saját erőnk végéhez – és itt kezdődik Isten. Amikor feltör belőlünk a sok fájdalom, amit okoztunk és okoztak nekünk, elhagyja a testünket, megkönnyebbülünk. Írd ki! Sírd ki! Üvöltsd ki! Hagyd, hogy elhagyja a testedet, ne tarts vissza semmit. És nézd meg, mi marad. Mi vagy te a fájdalom elnyomása nélkül? Mi az, amire valóban vágysz? Milyen korlátok közé tetted magadat? És megnyugszunk azzal a gondolattal, hogy így is szeretve vagyunk, **ami történt, megtörtént, most már tudom jobban csinálni, akkor jobban is csinálom** – a gondolat, hogy mindennek ellenére *tudok* jobbá lenni, változni, megpróbálhatom újból, mert holnap is van nap, egyszerűen megható. Ez az isteni szeretet.

És ide azért sokan eljutnak – ahogy idősödünk, egyre több dolognak tudunk örülni. Egyre több mindent tudunk értékelni. Az értékrendünk egyre jobban szeretetközpontúvá válik.

Csak úgy tudsz megszabadulni a félelem fogságából, ha a szeme közé nézel, és azt mondod: lesz, ami lesz, tudom, hogy megtettem mindent, ami tőlem telt. Tudom, hogy nem fog megtörni engem. Tudom, hogy erősebb vagyok nála. Nincs más kiút, csak keresztül. Tehát a hegy még mindig előttem volt, de rájöttem: nem lehet kikerülni, nem lehet alagutat ásni, nem lehet egyhelyben ácsorogni és sírni – nincs más hátra, mint előre: bizony meg kell mászni. **Nem keseregni kell azokon a dolgokon és tényezőkön, amiket nem tudunk kontrollálni – azokra kell fókuszálni, amiket viszont tudunk.** És *sokkal* több mindenre tudunk hatni, mint az első kétségbeesésünkben tűnik.

Nem azt az egy dolgot mondogattam magamnak, ami éppen nem kerek az életemben – elkezdtem értékelni azt *a sok minden mást*, ami viszont kerek. **Ha a jót természetesnek vesszük, elfelejtjük értékelni és elfelejtünk örülni neki, gyakorlatilag öngól.**

XXII. fejezet

KÖSZÖNÖM, KÖSZÖNÖM, KÖSZÖNÖM

A „nekem jár" hozzáállás (entitlement mindset) ellentéte a hála-központú gondolkodásmód. Azonban a hála sem jön természetesen és magától értetődően mindenkinek. *Vajon miért esik nehezünkre hálásnak lenni?*
A hálából sok csodálatos érzés fakad, ami elengedhetetlen a boldog élethez. Azonban ha bizalmi problémáink vannak az élet nevű projekttel, nagyon nehéz hálásnak lennünk. Mert ha nem hiszünk semmiben, ugyan *kinek* vagy *minek* legyünk hálásak? *Kinek* vagy *minek* mondjunk köszönetet? Hogy beszéljünk valakihez vagy valamihez, *ha nem hiszünk benne?* **Bizony, a hit hiánya ellehetetleníti a hála érzését.** Hiszen ha hálásak vagyunk, az sebezhetőséghez vezet, azaz megértjük, hogy a jó igenis nem természetes. Majd elkezdünk félni, hogy a jót el is veszíthetjük, tehát a *sebezhetőségtől* eljutunk a *kiszolgáltatottság* érzéséhez. Ezek az érzések egzisztenciális válsághoz vezethetnek, ha nem tesszük meg a következő lépést – amihez viszont hitre is szükség van: megszelídülünk, felismerve, hogy *nem mi vagyunk a világ közepe: van, amit nem tudunk kontrollálni; van, ami nálunk nagyobb, van, amit nem értünk.* A szerénység egyébként elengedhetetlen eleme a fejlődésnek, **mert a szerénység azt mondja: tudom, hogy van mit tanulnom, tudom, hogy van hova fejlődnöm, tudom, hogy nem vagyok tökéletes**. Ha azt teszem fel, hogy én tudok a világon mindent a legjobban, az alapjaiban fojtja el a fejlődés minden csíráját: hiszen *miért* fejlődnék, ha elhiszem, hogy már a teremtés koronája vagyok jelen állapotomban, és nincs hova fejlődnöm?
Azonban ha a hála érzését hittel fogadjuk el, egy sor csodálatos érzés fakad belőle, amik tartalommal töltik meg az életünket: ha hálás vagyok valamiért, akkor *megbecsülöm, értékelem,*

vigyázok rá, örülök neki, hovatovább szeretettnek érzem magamat. **A hála vagy annak hiánya a körülöttünk lévő világhoz való viszonyunkat határozza meg, és a hála alapja a szeretet.** Az, hogy mi elfelejtünk örülni annak a rengeteg mindennek, amink van, nem azt jelenti, hogy az élet nem jó. Nem, nem. *Mi nem vesszük észre a sok jót*, mert arra figyelünk, ami nincs. Mindig van okod a hálára. Mindig.

És igenis lehetséges, hogy az életutad végén ne a félelem, a hiány, a megbánás, a frusztráció uralja az érzéseidet, hanem a szíved megteljen melegséggel, szeretettel, hálával, amikor arra a sok jó dologra gondolsz, aminek a részese lehettél.

A kérdés mindig az: „köszönöm, hogy ezt átélhettem", vagy „basszus, csak ennyi volt?". *Melyiket választod?* Ha az idődet méltatlan vagy nem megfelelő dolgokra pazarlod, akkor igen, *nincs az a mennyiségű idő, amit elégnek találnál.* Ha viszont önazonosan, tiszta szívvel, félelem nélkül az életcélodban jársz, akármennyi is van előtted, *elégnek fogod érezni.*

A hála, sebezhetőség, kiszolgáltatottság, szerénység, alázat és végül engedelmeskedés egymáshoz vezet.

Ha nem tanulod meg értékelni az apró örömöket, *te húzod a rövidebbet*, mert *kevesebb dolog „jut" neked, aminek örülhetnél.* Csak a saját örömtelenségedhez vezet ez az út. És ugyan ki akar kevésbé boldog lenni, mint amennyire boldog lehetne?

Élj úgy, hogy legyél valakinek az ok a hálára. Így válsz valami jónak a forrásává mások számára.

XXIII. fejezet
AZ UNIVERZUM ESZKÖZVÁLASZTÁSI JOGA

Ami a legjobb nekünk, egyáltalán nem biztos, hogy *olyan formában érkezik az életünkbe, ahogy azt mi elképzeltük* – ez az Univerzum eszközválasztási joga. Az életünk egyik legnagyobb félreértése, hogy az általunk elképzelt fizikai megvalósuláshoz ragaszkodunk, és amikor nem azt kapjuk, lefagyunk. Abban a téves feltevésben élünk, hogy mi akkor vagyunk szeretve, akkor érezzük magunkat szeretve, ha minden úgy van, ahogy mi akarjuk... Meggyőződésünkben a fizikai világban ki is szoktuk erőszakolni az akaratunkat, majd amikor a felszínen minden úgy van, ahogy mi akartuk, egyedül érezzük magunkat és nekiállunk szomorkodni, hogy nincs Isten.

Pedig csak mi nem engedünk neki teret, hogy alkosson az életünkben. Igen, *korlátozzuk Istent. A legjobb dolgok az életemben nem olyan körülmények között és csomagolásban érkeztek, mint azt én elképzeltem* – az elképzeléseid által beható rolod Isten eszköztárát, hiszen csak azt fogadod el tőle, *ami beleillik a te (emberi) logikádba* – lényegében cenzúrázod Istent, majd sopánkodsz, hogy ő nincs jelen az életedben. Én is sokáig így éltem: ami egybevágott az én személyes elképzelésemmel Istenről, azt elfogadtam (nevezetesen, amit könnyű volt megértenem, ami szimpi volt), ami viszont nem fért bele a világképembe, azt elutasítottam (tehát, ami nehéz volt, aminek nem volt semmi értelme számomra, vagy amiről nem akartam elhinni, hogy Isten éppen közölni próbál valamit). De mertem nekik esélyt adni és rájöttem: az élet *úgy, akkor és azt adta, amire nekem valóban szükségem volt.* **Értsd jól: nem azt, ami feltétlenül a legjobb érzés volt abban a pillanatban, hanem ami előrevitt, fejlesztett, és végső soron megmutatta az ajándékhoz vezető utat** – nekem kellett az utakon végigbukdácsolnom, hol eltökélten menetelve, hol éppenhogy vonszolva magamat. Kicsit olyan ez, mint amikor egy kisgyereknek nem az szolgálja a javát, ha egész nap gumicukrot eszik – a szervezetének szüksége van vitaminokra, rendes ételre. Persze, a kisgyerek nem zöldséget, hanem gumicukrot akar enni. A szülő a legjobbat mégis akkor teszi, ha a gyerek *egészségét és nem a kívánságát tartja szem előtt*. A kérdés az: ami egy adott pillanatban jó érzés, az *valóban* a javunkat szolgálja?

Bár látszatra azt gondolnánk, hogy ami egy adott pillanatban jó érzés, az valóban jó. De nem, nem, ez tévedés. Ahogy láttuk az előző példánál is, a gumicukor, bár jó érzés az adott pillanatban, nem feltétlenül valóban jó. Ha megkérdeztetek volna engem, amikor Tamással voltam, azt mondtam volna, hogy ez a kapcsolat nekem jó – valójában pedig szorongtam, az önbecsülésem eltűnt, fizikailag beteg lettem. Ez tulajdonképpen engem mérgezett. *Mindenki más látta, rajtam kívül.* Onnan tudod, hogy valami nem jó neked, hogy eljutsz a törési pontra – lehet, hogy 20 év alatt, *de eljutsz.*

A te életcélod az energiád *forrása,* ami feltölt, a tiszta szeretet azon értelmezése, amihez a legkönnyebben, legtermészetesebben, leginkább magától értetődően tudsz csatlakozni, és amiből a legjobban tudsz töltekezni. Amire visszagondolva azt érzed: igen, ezért jöttem, ezért megéri itt lennem. Az emberek el vannak szakadva a forrásuktól (igen, akár a vallásos emberek is), és ezért cél nélkül, energiahiánnyal küzdenek.

Ha valami nehéz az életedben, emlékeztesd magad arra, hogy *miért* csinálod! Hiszen a miértek határozzák meg, hogy mit élsz át legbelül, nem a fizikai események. Ha a megfelelő helyen vagy, **a cél szeretete át fog segíteni a nehézségeken, nem lesz törési pont**. Úgy fogod érezni: igen, ez nehéz, *mégsem lennék máshol*. A szeretet az, ami átsegít a nehézségeken, semmi más.

Így élj! *Így* válassz társat! *Így* szeress! Ha nem szólít meg téged az életed így, ha nem mozgat meg benned valamit mélyen, ha nem beszél hozzád, akkor *változtass!*

Ha bele mered tenni a szívedet valamibe, akkor már *nem vagy átlagos*. Az átlagos ember, aki csak a létezés szélén tengődik, nem meri teljesen beletenni a szívét semmibe és senkibe. Így egy üres, céltalan életet él, noha mindennél jobban vágyik a szeretetre. De ne felejtsük el: ha nem keressük meg a célunkat, az életünk céltalan lesz. Az életcél szívből fakad. Más szavakkal: Istent követni nem más, mint a belső hangot követni, ami belülről diktálja a teljes önazonosságot – **amikor igazán őszinték vagyunk magunkkal, minden válasz megérkezik hozzánk.** Igen, ez egy láthatatlan folyamat, azonban nagy tévedés, hogy nem lehet rá támaszkodni; pontosan, *csak erre lehet támaszkodni*. És a számunkra legjobb döntés nem mindig a legkényelmesebb, de mindig a *legigazabb*, ami a *legjobban szolgálja a növekedésünket*, ettől lesz *igazi*. Az engedelmesség nem más, mint befogadni a legjobbat, amit számunkra tartogat Isten. Én is mentem a saját fejem után, alapoztam döntéseket a legkülönfélébb dolgokra, kinézettől kezdve ismerősségen keresztül sok mindenre, *és mindig sérülés lett a vége*. Most már úgy érzem: jó, mentem a magam feje után, nem sült el jól, hadd kövessem ezúttal a belső hangomat, akkor is, ha látszólag nincs értelme, mert a szívből fakadó döntések Isten legjobbjai, amiket neked tartogat. A szívből fakadó döntések láncolatban vannak egymással – egymáshoz vezetnek, mint a szemek a láncban. Hiszen az életcél, a nagy mű sok apró lépésből, hosszú útból épül fel – pontosan, mint az egyénre szabott, sárgaköves utunk. Amikor összhangra törekszel önmagaddal, *az út megjelenik alattad*, mert mindig is benned volt, csak kerülj összhangba a lelked törekvésével. A mi dolgunk a lépegetés. A szív hangja küld minket tovább, mindig a mindenkori „helyünkre", ahol az adott időben kell lennünk, hogy megkaphassuk a nekünk szánt következő ajándékot, ugyanis oda kell érni ahhoz, hogy lásd, mi jön utána. Az ajándékok közötti szünetek pedig felkészítenek minket a következő ajándék fogadására. A mi dolgunk tehát nem a várakozás! Nem, nem. Ha várakozunk, passzívak vagyunk, csak várjuk a csodát, ami nem jön, vagy ha mégis jön, nem ismerjük fel; ha mégis felismerjük, akkor nem vagyunk készek a fogadására és elkezdünk futni az ellenkező irányba. Ez a szomorú igazság. Néha annyira fókuszálunk valamire, hogy amikor megkapjuk, amikor tényleg megtörténik velünk, az *halálra rémiszt minket!*

Az, hogy a „szívünk hangját", belső hangot, rezgést, intuíciót, Istent nem hallod vagy nem mered meghallani, oda vezet, hogy nem vagyunk egységben önmagunkkal. Nem a lelki világ eseményeihez igazítjuk a fizikai világot, hanem a fizikai világhoz próbáljuk formálni a lelki folyamatainkat. És ez baj, mert ez pontosan fordítva működik.

Egy barátnőmet megcsalta a szerelme a kapcsolatuk korai szakaszában. A barátnőm számára ez a pofon övön aluli volt, mert ő teljes szívéből bízott a férfiban, akibe szerelmes volt. Nem túlzás azt mondani, hogy a szívét összetörték. Annyira elutasította ezt a valóságot, hogy a következő két évet azzal töltötte, hogy megpróbálja valahogy rendbe hozni a kapcsolatot és abba a nászutas, rózsaszín ködös stádiumba visszakerülni, ahol a megcsalás előtt voltak. De a kár a lelkében, amit a megcsalás jelentett, olyan mértékű volt, hogy már nem merte a férfira bízni a szívét. A két évig tartó küszködés után végül is szakítottak, még mélyebb sebeket okozva egymásnak.

Na, de miért érdekes nekünk ez a történet? A barátnőmnek sok idejébe került szembenézni a történet lelki vonatkozásával, de egyszer magától azt mondta nekem: „ennek a kapcsolatnak akkor vége lett, amikor megcsalt engem". Tehát a fizikai sík nem követte a lelki síkot, így kiesett az egységből – és káoszhoz, sérüléshez, fájdalomhoz vezetett. A fizikai síkon hiába akarunk erőltetni egy lelki folyamatot, nem fog működni. Mert **mindig először jön a lelki, aztán a fizikai.**

A legjobb, amit tehetsz az összhang megteremtéséért, hogy figyeled a lelked rezdüléseid – figyeled, hogy *valójában* hogyan érzed magad valamitől – hiszen amit legbelül érzel, nem fog elmúlni, ahogy a barátnőmből sem múlt el a megcsalásból eredő fájdalom: minden konfliktusuk, nyűglődésük, veszekedésük hátterében ott volt. Lehetséges, hogy a szavak szintjén arról veszekedtek, hogy „azt mondtad, hívni fogsz este, miért nem hívtál mégsem?". De amit ez üzen, a mögöttes kérdés *„megint valaki mással voltál?"*. **Ahogy érzünk mélyen belül, kibukik**

lassan, de biztosan. Innen is lehet látni, hogy többek vagyunk a testünknél. *Ha csak a testünk lenne, nem lenne semmi.*

Gondolj bele!

Tamás – a már említett, idősebb, családos exem – állandóan rettegett, hogy találok nála egy magasabb, izmosabb, fiatalabb, ilyenebb-olyanabb férfit. A patthelyzet akkor alakult ki, amikor nem mondhattam azt, hogy „de te vagy a világon a legmagasabb, legizmosabb, legfiatalabb, legilyenebb, legolyanabb férfi", mert ez egyszerűen nem volt igaz. Én mégis vele voltam.

Akárhogy nézel ki, akárhány éves vagy, akármilyen izmos, szép, fiatal, vékony, formás stb. vagy… **mindig lesznek nálad ilyenebb és olyanabb emberek!** *Mindig* lesznek, akik fiatalabbak, szebbek, jobbak, vékonyabbak, ilyenebbek és olyanabbak!

Sőt, mivel a fizikai világ állandó mozgásban van, még ha meg is vagy elégedve a kinézeteddel most, *az idő feletted is el fog járni*. Ez a nagy helyzet. Visszatérve Tamásra… Tamás nem értette a koncepciót, hogy nem a fizikai mivolta miatt vagyok vele. Azért nem értette, mert *nem hitt másban* – számára, amit lát, az létezik, amit nem lát, az nincs. *Persze, hogy nem tudta elképzelni sem,* hogy kitartanék mellette, mert ő fordított helyzetben nem tartott volna ki mellettem. Igaza is volt, és nem is volt igaza.

Nem volt igaza, mert az igazi szeretet és annak a következményei, mint a hűség, túlmutat a fizikai valónkon – **nem kell neked a legilyenebbnek vagy legolyanabbnak lenned ahhoz, hogy saját magadért igazán szeressenek**, elég, ha megtalálod a mély lelki kapcsolódást a neked szánt emberrel. Tehát a kérdés nem az, hogy az én párom a földkerekség legszebb embere-e. Legránctalanabb-e? Legvalamilyenebb-e? Nem, nem. Ez fordítva működik: **szeretem, tehát *nekem* ő a legszebb**. A kérdés inkább az: megtaláltam-e azt, akit a legjobban tudok szeretni? A leginkább hozzám illő párt?

Igaza volt viszont abban, hogy nálunk a mély lelki kapcsolódás teljes mértékben hiányzott (ez, ahogy az később ki is derült, nem jelenti azt, hogy nem létezik mély lelki kapcsolódás vagy számomra nincs „az igazi", pusztán annyit jelent, hogy nem a megfelelő emberrel voltam.)

Ha csak a test létezne, akkor az emberek helyettesíthetőek lennének egymással. Eldobhatóak. Lecserélhetőek. És ha így gondolod, eszerint is fogod az embereket magad körül kezelni: lecseréled őket, amint egy jobb, szebb, fiatalabb, vagy akivel csak könnyebbnek tűnik minden, szembejön veled. Mivel Tamás így gondolkodott, első kézből van tapasztalatom az ő és a saját rettegésemből is: ő rettegett, hogy én őt lecserélem, mert magából indult ki. Én rettegtem, hogy engem ő lecserél, amint valami nem tetszik neki bennem. Persze, hogy nem látott velem közös jövőt. De az igazság úgy áll, hogy az emberek testén keresztül kibontakozó lelki kapcsolat egyáltalán nem helyettesíthető, sőt.

XXIV. fejezet

A MEZTELEN IGAZSÁG

A meztelen igazság nem más, mint a lényünk nem emberi hozzávalója – mert bennünk mindannyiunkban van egy darab, ami nem az anyagi világhoz köthető. Igen, benned is. Az, hogy ezt talán még nem ismerted fel, vagy nem mered elhinni, vagy ehhez méltatlanul élsz, *nem jelenti, hogy benned nincs.* **Már minden benned van születésed pillanatában ahhoz, hogy azt az utat járd be, ami neked van szánva.** Nem számít, hogy milyen körülményekkel kell megküzdened, vagy milyen hiányosságokkal születtél – már minden benned van. És ez nem más, mint a meztelen igazság, amit ha mélyen magunkba nézünk, mi mind elő tudunk bányászni.

Az élet él és élni akar. Más szóval: a szeretet az, ami él és élni akar. Szeretet nélkül nem lehet élni; ahhoz, hogy élj, szeretned kell. Gondolj bele! A szeretet hív életre egy új életet. Amint nem találsz a világban elég szerethetőt, amint nem szereted magad eléggé, önsorsrontás kezdődik. Az életünk arra van, hogy szeressük, ahogy az élet is szeret minket. Érdekes dolog ez, hogy mennyire elfelejtjük valóban szeretni az életünket. A daganatos betegségekből való felépülésekkel kapcsolatban a látóterembe került a Simonton-módszer, aminek az alapja nem más, mint tudatosítani magunkban, hogy mennyire szeretjük az életünket azért, mert van. És ez a tudatosítás többször csodálatos fizikai gyógyuláshoz vezet. Komolyan! Olvass utána!

Az egészség ehhez egy eszköz, hiszen az egészség nem azért ekkora slágertéma, mert a social media azt mondja, nem, nem. **Az egészség az a megfoghatatlan dolog, ami az élethez vezet, ami életben tart.** És ami az élethez vezet, az jó nekünk. Az egészség más szóval: életigenlés minden szinten – testi szinten, lelki szinten és spirituális szinten is. Amikor az életcélodban jársz, úgy érzed, valóban élsz, nemcsak létezel. Ha igazán szereted valaki lényét és nem a testét, akkor a legszebb test sem veszi fel a lelkek találkozásával a versenyt. Azért, mert a találkozás egy spirituális élmény lesz, ami megint csak túlmutat a fizikai valóságon.

A mentális, spirituális, fizikai egészség szoros kapcsolatban áll egymással, egyik a másikhoz vezet. Ha az egyikben jelentkezik egy diszkonnekt (azaz szétkapcsolódás), az ki fog hatni a többire is.

Például hiába mondja valaki, hogy jól van, ha a testsúlya olyan nagy, hogy az egészsége megromlásához vezet. Tudom, hogy divatos testkép pozitívnak lenni, de magamról tudom, hogy aki az egészségesnél lényegesen súlyosabb, ott valami más áll a háttérben. Rajtam is volt plusz 20 kiló – megettem a bűntudatomat. Más szavakkal, a spirituális diszkonnekt (azaz a lelki bűntudat) átcsapott mentális diszkonnektbe (az ételben találtam meg az örömömet), ami átcsapott a fizikai egészségem diszkonnektjébe: aránytalanul sokat híztam. *Akármelyik területen is lép fel diszharmónia, az nem fog ottmaradni: ki fog hatni a teljes lényre.*

Sajnálom, de akik azt mondják, hogy „hisznek", meg állítólag „meggyógyultak", de például vonszolni sem tudják magukat az extrém elhízástól, ott még van mit gyógyítani.

Olyan nincs, hogy minden kerek, de a tested haldoklik vagy haldokolni akar. Hiszen a fizikai lét egészségtelen tünetei *a halálhoz vezető utat* gyorsítják fel.

Minél egészségesebbek vagyunk minden téren, annál többet értünk a világból. A mentális sík az, amit *megértünk*. A spirituális sík az, amit *érzünk*. A fizikai pedig az, amit a fizikai világban *tapasztalunk*. Ezek összefonódnak, elválaszthatatlanok egymástól – egymásból erednek és egymáshoz vezetnek.

Ha van egy probléma, valamilyen szinten érzékelni fogom – például lehet, hogy túlsúlyos vagyok. Mondhatom azt, hogy ez „hajlam", „ilyen vagyok", de ez mind a szembenézést késlelteti. Ahhoz, hogy változás álljon be az életstílusomban, meg kell néznem, hogy miért táplálkozom úgy, ahogy. Miért eszem túl magam? Azaz, meg kell értenem. Csak azon tudok változtatni, amit megértek. Azonban ez nem elég, és itt akad el sok pszichológus.

Ugyanis a pszichológusok is a mentális síkkal foglalkoznak – azonban a megértés önmagában kevés. A megértés a probléma azonosítását szolgálja, ami a megoldáshoz vezető első lépés. Azonban a teljes változáshoz elengedhetetlen a spirituális sík: el kell engednem a problémához kapcsolódó érzéseimet, le kell tennem a terheimet, hagynom kell, hogy elhagyja a testem a bennem cirkuláló fájdalom: végső soron, valamilyen fajta megbékéléshez kell jutnom.

Van egy aranyegyensúly, mindenhol. Az aranyegyensúly az, ahol jó lenni, ahol egyensúlyban vagyunk, ahol tényleg jól érezzük magunkat – mentálisan, spirituálisan és fizikailag. És amikor ezek megvannak, egymást erősíteni fogják. Ezt kell megtalálni.

Kezdd el most! Kezdd úgy, ahogy tudod! Kezdd azzal, amid van! A következő lépés adni fogja magát.

Szóval a várakozás nem visz előre. **A várakozás nem több, mint fejlődés nélkül nézni az időt, ahogy telik és csodálkozni, hogy nem történik semmi.** A várakozás passzív. A fejlődés – teremtés – proaktív. És mindig van hova továbbfejlődni. **Ha nem teszünk semmit, semmi nem is fog történni. Csak az arat, aki vetett.**

A világunkat úgy alakítottuk ki, hogy a könnyebbik út, azaz várakozás fele tereljen minket, hiszen tele van tűzdelve figyelemelterelésekkel. *Könnyebb* sorozatokat nézni, mint magunk mélyére ásni. *Könnyebb* ítélkezni, mint beleérezni. *Könnyebb* mások életét nyomon követni a social médiában, mint a magunkét rendbe tenni. Hajlamosak vagyunk elhinni, *hogy csak mert valami könnyebb ebben a pillanatban, az valóban könnyebb. Pedig ez egy illúzió.*

A boldogtalanság, a káosz körülötted vagy a kapcsolataidban egy belső diszkonnekt megnyilvánulása a külvilágban.

Az életcélunk és annak lépései viszont az *életszeretetünk* unikális megnyilvánulásai általunk. Ez által lesz a *felszínes* helyett *valódi*, a *szenvedély* helyett *mély érzelem*, a *figyelemelterelés* helyett *szembenézés*, az *önelkerülés* helyett *önazonosság*… a *várakozás* helyett *felkészülés*.

Mert a helyettesítő cselekedetek ára az igaziból való kimaradás.
Ezt a célt egyébként sokszor már kisgyerekkorban megfogalmazzuk: anyukám gyerekkora óta tanár akart lenni. Ismerek olyan kozmetikust, aki imádja a szakmáját, már a homokozóban krémeket gyártott homokból és vízből, és meg volt sértődve, hogy a felnőttek nem engedték, hogy bekenje az arcukat vele, csak a kezüket. Én már óvodás koromban megfogalmaztam, hogy úgy szeretek dumcsizni. Az is előfordul, hogy amikor irányt vesztünk, automatikusan ebbe a vágyba kapaszkodunk. Abba kapaszkodunk, amit a sajátunknak érzünk, mert ott keressük a biztonságot. Amikor mélyen voltam, engem a gyerekek tartottak életben, szó szerint. Amikor a gyerekek között voltam, az volt az egyetlen egy-két óra a napomban, amikor nem akartam meghalni. Amikor a lét alkohol nélkül is elviselhető volt. Azt gondoltam: *talán még én is lehetek jó valamire.* És ösztönösen oda menekültem, abba kapaszkodtam, ami a belém táplált életcél része. A beépített radar. A mai napig a gyerekek az életem értelmei és örömei.

Így adunk magunknak irányt időről időre, ha elvesznénk. És ha ezt kibontakoztatjuk (és nem önvédelmi mechanizmusnak használjuk), ragyogunk. Mert a kérdés mindig ez: *élünk, vagy csak létezünk?*

A helyzet úgy áll, hogy rájöttem: én nemcsak elütni szeretném az időmet. Vegyük például a párválasztást. Én nem egy meleg testet szeretnék megtanulni tolerálni magam mellett. Nem, nem. A célomat szeretném beteljesíteni, és azzal szeretnék lenni, akiért odáig meg vissza vagyok. Ez az életünk. *Emberek, ez egy nagyon átmeneti állapot, tehát: most vagy soha!*

Egyikünk sem arra született, hogy rettegésben, szürke kisegérként élje le az életét! Ennél TÖBB van bennünk. Igen, benned is! És ezt a többet, önmagunk legmagasztosabb verzióját végső soron csak mások szemén keresztül tudjuk meghatározni, fontosságot csak mások szemén, szolgálatán keresztül nyerhetünk.

Mert aki magának él, a saját élvezeteit hajszolja, önös célokat tűz ki maga elé – elveszett, mert előbb-utóbb egyedül fog maradni. Feljuthatsz a Mount Everestre. De ha egyedül vagy, ha nincs, aki szurkoljon a sikerednek, ha nincs, aki örül az örömödnek – vesztesnek fogod magad érezni.

Ne a haláltól félj. *Attól félj, hogy leélsz egy életet rettegéstől megbénulva.* Amíg élsz, van életcélod. Keresd meg! Nyúlj mélyre magadban! Minden nagy mű nagyszerűsége abból fakad, hogy a művész mélyre tudott nyúlni magában! Már mondtam: te is folyamatban lévő mestermű vagy! *Ne félj mélyre nyúlni!*

XXV. fejezet

MI VAN, HA...?

Az „engedelmesség" szóval sosem voltam kibékülve, hiszen milyen egoista, önimádó Teremtő lenne, aki teremt egy világot, benne rengeteg csodaszép teremtménnyel, megteremti az embert, majd ugyanez a Teremtő csak abban leli örömét, hogy az általa teremtett ember úgy táncol, ahogy ő fütyül?!? Sosem tetszett ez az „állj be a sorba" (my way or the highway) megközelítés. Én nem akartam engedelmeskedni. Úgy gondoltam, hogy én jobban tudom. Azt éreztem: majd én, köszönöm szépen, eldöntöm, mi jó nekem, mit akarok kezdeni az életemmel. És ez minden volt, csak Bibliakövetés nem. Azt akartam csinálni, ami jó volt nekem (abban a pillanatban), ami adrenalin, ami carpe diem, ami jó buli (fun)... fütyültem a „szabályokra". Majdnem bele is haltam.

Mostanában, visszatekintve a múltamra, érdekes felfedezést tettem: *én nem is voltam jól!*

Mi van akkor, ha az „engedelmesség" nem más, mint igent mondani Isten legjobbjára? Mi van akkor, ha Isten történetesen a *legjobbat szánja nekünk?? Nem lenne überkirály?*

Mintha azt mondanám: oké, eddig mentem a saját fejem után, láttam a saját szememmel, hova vezet – nem tudtam kijátszani a sorsomat. Akkor most megnézem, hogy mi van akkor, ha történetesen követem, amit Isten a szívembe írt, akkor is, ha nem mindig értem.

A legjobb dolgok az életemben – ezt a könyvet is ideértve – akkor történtek, *amikor nem képzeltem azt, hogy ezt én jobban tudom,* nem mentem a fejem után, hanem vezetett a belső önazonosságom. Kicsit olyan, mintha azt mondanám: „tudom, hogy senki sem érti, de nézem a fa (tetteim) gyümölcsét, és az jó". Úgyhogy ahelyett, hogy azon agyalnék, hogy az első pillanatban tudnám a pontos kimenetelét az életemnek, inkább elhiszem, hogy akárhogy lesz, jó lesz. A rövidebbet pontosan azok az emberek húzzák, akik nem így élnek hiszen, ha így élsz, a nehéz is könnyebb, mint az élvezetnek a legkönnyebb carpe diem pillanata. *Mert ez vezet valahova, az nem.* A carpe diem életstílusban, amikor másnap felkelsz másnaposan, a buli romjaiból, az aktuális kalandból (situationshipből), mindig felmerül a kérdés: na és most? Most mi lesz? Ennyi lenne a nagybetűs élet?! **Nem mindig az a legjobb nekünk, amit mi annak tartunk.** Isten márpedig a legjobbat akarja nekünk adni. Igen, neked is. Hogy is akarhatna ennél kevesebbet adni? Hiszen szeret minket.

A szeretet nem vár tőled olyat, amit ne tudnál megtenni – az lehetséges, hogy nem érted, az is lehetséges, hogy nem mered, félsz, vagy nem akarod: *de mindig képes vagy arra, hogy megtedd!* **Isten nem vár többet tőled, mint amire képes vagy!**

És azért vagy rá képes, mert a szeretetből (ugye emlékszünk: „a cél szeretete átsegít a nehézségeken") merítünk erőt. Az erőt a szeretet adja, semmi más. Csak ebben bízhatsz. A szeretet nem azt várja, hogy valaki legyél, aki nem vagy, *nem vár jobbat, mint ami vagy.* Nem, nem. *Azt várja, hogy legyél önmagad.* Ennyi. És ha ez megvan, utána legyél önmagad még jobb verziója, *de ne legyél más.* Mert minden vagy te vagy, vagy a kosz rajtad, de a kosz alatt is te vagy. **Mindenki tiszta a kosz alatt.**

Csak *vállald az igazságodat! Éld az igazságodat! Gyógyítsd meg a sebes részeidet! Az élet sokkal csodálatosabb, mint amilyennek el tudod képzelni!*

Szóval úgy gondolod, Isten nem kommunikál veled? A papokhoz beszél, velem beszélget… csak *éppen veled nem?! Gondold át újra!*

Az én kis személyes napsugaram fényt teremt nekem, erről már meséltem. Az viszont nem igaz, hogy én több lennék bárkinél. Te és én közöttem a különbség nem a kor, nem a nem, nem a végzettség, nem a nemzetiség, nem a bőrszín, nem, nem. Köztek és köztem *az egyetlen különbség az, hogy én jobban csatlakozom a forráshoz, mint a legtöbb ember.* **A forrás ragyog át rajtam, nem én vagyok ennyire fényes.** És a más, hozzám hasonló forráshoz csatlakozó emberekkel egyből felismerjük egymást – aki viszont kevésbé csatlakozik a forráshoz, itt-ott hallgat a megérzéseire, itt-ott vezeti a lelkiismerete, de ez nem tudatos és arányaiban a negatív energia a domináns, na, *ők is vonzónak találják a forráshoz csatlakozó embereket!* **Mert a forrás jó. Jót akar nekünk és jót hoz az életünkbe.**

A dolog úgy áll, hogy az elképzeléseink, lényegében az agyszüleményeink, *behatárolják a módokat, ahogy Isten beszél hozzánk* – hiszen várunk egy megkérdőjelezhetetlen hangot a fejünkben, és amikor nem jön, azt hisszük, Isten hallgat, nem beszél hozzánk, hovatovább, lehetséges, hogy csak a kiválasztottakkal beszél. Nem gondolod, hogy Isten képes veled is közvetlenül kommunikálni? Nem gondolod, hogy talán Isten rendelkezésére áll minden elképzelhető eszköz, hogy kommunikáljon veled? Nem lehetséges, hogy a nehézségek, az egybeesések, a jelek, a józan ész hangja, a lelkiismeret, az inspiráció mind-mind azt szolgálják, hogy felkészülj arra, hogy megkapd a neked szánt legjobbat Istenből? Vagy úgy is mondhatnám:

Az inspiráció Isten *módja* arra, hogy közöljön veled valamit. Amikor valami meghat, megérint, szintén Isten *próbál* valamit a tudtodra adni. Az egészség szintén Isten *módja*, hogy elmondja: ez jó. Ez visz előre. Úgy vagy kitalálva, hogy szeresd az életet. Durva, nem?

Hiszen az egészség nem azért egészség, mert Isten kijelentette, hogy ez az egészség, és pont. **Az egészség (fizikai, mentális, spirituális együttvéve) az egyetlen dolog, ami az élethez vezet.** *És Isten azt akarja, hogy éljünk.* Ami nem egészséges, az káoszhoz, negativitáshoz, végső soron halálhoz, pusztuláshoz vezet. A 10 parancsolat semmi más, mint a mentális egészség alapja, gondolj bele! Ahogy már láttuk, minden méreg, ha túltolod – a 10 parancsolat pontosan ezt a túltolást szándékozik megelőzni.

Az első öt parancsolat arról szól, hogy a belső bizonyosság, önazonosság vezessen, ne tévesszen meg a világi dolgok illúziója. Azaz: *élj beleérzéssel!* A második fele pedig olyan szociális javaslatokat fogalmaz meg, amit egy egészséges ember akkor is követ, ha soha életében nem olvasta a Bibliát. Hiszen nem vezet jóra, ha gyilkolásszuk egymást, ha irigyek vagyunk, ha zabálunk, ha szexfüggők vagyunk stb. Lényegében A „tedd azt mással, amit szeretnéd, hogy veled tegyenek" megint csak: emberi beleérzés. Más szavakkal: **legyél az az ember, akinek születtél, ne húzzanak le téged az állatias ösztönök egy alacsonyabb lény szintjére.** *Hát nem ez a legszebb, amit kívánhatna nekünk Isten?*

XXVI. fejezet

A SÁRGAKÖVES ÚT

Amikor az ember felismeri az élet alapigazságait, rádöbben, hogy ugyanazok az üzenetek köszönnek vissza ezerféle módon. Egy gyönyörű dal szövege így hangzik: „minden szívfájdalom egy sárgaköves út volt, ami irányba terelt engem, hogy merre van az otthonom. Soha nem voltam elveszve, csak áthaladtam – a hozzád vezető úton voltam mindvégig" (On My Way, Jennifer Lopez).

Ez az idézet **a hit mint megküzdési stratégia** mechanizmusa zanzásítva. Mert mi mind színesebbnél színesebb megküzdési stratégiákat fundálunk ki arra, hogy kezeljük az élet fájdalmait, és csúfondáros módon *egyre nem gondolunk.*

Mi lenne, ha az élet zsákutcáira, csalódásainkra, szívfájdalmainkra úgy gondolnánk, mint egy téglára azon a sárgaköves úton, ami a beteljesedés fele vezet minket? Mi lenne, ha azt mondanám, hogy a fájdalom csak jelez neked, hogy merre *ne* menj? Melyik *nem* a te utat? Mintha az élet azt mondaná: „helló, ez nem a te irányod, változtass irányt, hogy *ne* fájjon"? Ha a zsákutcákkal tulajdonképpen *Isten a helyes útra és irányba állít minket?* De persze a botlásainkra hálásan csak akkor tudunk tekinteni, ha tanulunk belőlük és fejlődünk általuk.

De *hol* van a sárgaköves út? Jobbra vagy balra menjek, hol találom meg? A dolog úgy néz ki, hogy a válaszok nem kívül, hanem *magunkban* keresendők. A sárgaköves úthoz nem el kell menni valahova – *meg kell találni magunkban*. **Más szavakkal: amikor összhangban vagy a legbelsőbb igazságoddal (tehát amikor nem akarsz rossz helyről jövő döntéseket és érzéseket ráerőltetni a valóságodra) és megtalálod a lelki helyedet, akkor a sárgaköves út egyszerűen megjelenik a lábad alatt** – *mert mindig is ott volt.* Tedd bele az energiát, szánd rá az időt önmagad megismerésére – ez *a legjobb befektetés*, amit valaha megtehetsz.

Amikor a kapcsolatom véget ért Tamással, a szívem összetört. Úgy éreztem, hogy soha nem fogok ilyen szerelmet átélni – nem túlzás azt állítani, hogy a fejemben az évszázad szerelme és a világ legjobb embere volt. És én ezt mind elvesztettem. Akkor nem láttam, de visszatekintve és kigyógyulva ebből a fájdalomból már látom: én igazából nem voltam jól, sőt, továbbmegyek: annál jobb dolog nem történhetett volna velem, hogy Tamás nem engem választott. Sosem éreztem magam megbecsülve, érzelmileg biztonságban, állandó kontroll alatt voltam tartva, érzelmileg zsarolva voltam, sosem mondott igazat, manipulált, ami már odáig fajult, hogy önmagamat, a saját emlékezetemet és realitásomat is megkérdőjeleztem. Az csak egy mellékes dolog, hogy sokat is betegeskedtem ez alatt a kapcsolat alatt. Világos, mint a nap, hogy *valójában* ez nekem nem volt jó. Visszatekintve őszinte meggyőződésem, hogy ez a sok fájdalom és diszharmónia *az élet volt*, amint *közölte* velem, hogy *erre ne menj*. Megtapasztaltam, hogy mi *nem* jó. Mi *nem* nekem való. Mi az, ami *nem* hozzám tesz, hanem *elvesz* belőlem. Persze ezt akkor nem láttam. De igenis, hogy ez a kapcsolat is egy tégla volt a sárgaköves utamon, amire rátaláltam, amint elfogadtam, hogy akármit teszek, akárhogy feszülök meg, a kapcsolatom nemhogy jobbá válna, de csak rosszabb és rosszabb lesz. Amint elfogadtam, hogy mindent megtettem, mégsem javul, el mertem engedni. Beláttam, hogy **ha valamit erőltetni kell, akkor azt nem kell erőltetni**. Beláttam, hogy az élet nem akar engem ott, és ha az élet nem akar engem ott, akkor nekem sosem lesz jó helyem ott. Nem lesz annyira jó, mint ahova az élet szán minket. És **ami valóban a legjobb nekünk, nem biztos, hogy olyan csomagolásban jön, mint amire számítunk. Isten megoldásai mindig jobbak mint a mi elképzeléseink – és mindig pontosan akkor érkeznek, amikor készen állunk rájuk, mindig személyre szabottak és mindig betalálnak**. Néha a legváratlanabb meglepetések, az olyan emberek, akikre egyáltalán nem számítunk, teszik a legjobbat velünk: felemelnek, megerősítenek, megtartanak. Ezért **soha nem a csomagolást kell nézni, hanem a ránk gyakorolt hatásukat. A szeretetet nem időben mérik, hanem a ránk gyakorolt hatásban.** *Jobbá válunk általa, vagy csak az idő telik?* Örömtelibbé válik az életünk, egészséghez vezet, felszabadít, fejlődünk, fejleszt minket, vagy *csak mi ragaszkodunk valamihez, ami nem vezet sehova?* Ezt a titkot ismerik a szelíd emberek. Őket is éri fájdalom, őket is átverik, kihasználják, bántják. Őket is éri veszteség. Belátják, hogy minden tőlük telhetőt megtettek, mégis van, ami nem rajtuk múlik – a tégla a sárgaköves úton –, kisírják magukból a fájdalmat és másnap újult erővel megpróbálják újra, *bízva abban, hogy a fájdalom nem életre szóló büntetés*. Stephan Labossiere-nek van egy mondása, amit szeretnék idézni: „nem a babérjainkon csücsülünk és várjuk, hogy Isten elénk tárja a jobbnál jobb dolgokat – folyamatosan felkészülünk arra, hogy készek legyünk, amikor Isten a következő jó dolgot meghozza számunkra". Ez azt jelenti, hogy ha passzívan ücsörgünk és elvárjuk az élettől, hogy boldoggá tegyen, nem leszünk készek arra, amikor a boldogság megtalál minket. Nevetségesen hangzik, de igaz. Tudjátok, hogy hányan várják az igazit, majd amikor megjelenik az igazi, *nem tudnak vele mit kezdeni, és elfutnak vagy szabotálják a kapcsolatukat?* Magamról tudom, hogy ez nem hangzik logikusan, de igaz. Mert nem gyógyultak ki a korábbi traumáikból és *félnek szeretni.* Nekünk folyamatosan jobb és jobb verziónkká kell válnunk ahhoz, hogy amikor a következő fantasztikus dolgot az élet a tenyerünkbe helyezi, ne vágjuk azt a földhöz, ne ejtsük el, ne bántsuk, hanem szeretettel el merjük fogadni, megtartsuk, és át merjük élni.

Csak ez a fajta gondolkodás visz előre, *semmi más.* Mert ha bármi más a megküzdési stratégiád, hosszú távon nem vezet jóra. **Istenben hinni annyi, mint hinni az életben. Hinni egymásban. Hinni önmagunkban.**

XXVII. fejezet

„JÓT S JÓL! EBBEN ÁLL A NAGY TITOK."
(Kazinczy Ferenc)

Az élet önmagából kezdődik és önmagába tér vissza. A kör bezárult, a kígyó a farkába harap.

De *miért* felejtjük el, hogy kik vagyunk? Nagyon egyszerű: ha nem felejtenénk el, nem tudnánk szívből átélni a saját magunkra találás áldását.

Gondolj az életedre úgy, mint a kedvenc könyvedre – egy olyan könyvre, amit nem bírtál letenni, tele volt szebbnél szebb részekkel. Amikor ezt a könyvet kiolvastad, bár örültél, hiszen imádtad a könyvet, azért szomorkodtál is, hiszen már tudod, mi van benne, már nem élheted újra: már nem a tiéd a felfedezés öröme. Nem tudsz nem az lenni, akinek teremtve vagy – de ha elfelejted, újra és újra felfedezheted a nagyszerű lényedet a szerepek, nehézségek, sorsok alatt.

Ahogy arról már beszéltünk: nincs jó és rossz út, csak következmény van. Azaz a *célhoz viszonyítva*: az utam közelebb vezet a célomhoz (a célnak megfelel), vagy eltávolít tőle (a célnak nem felel meg)? Azt tartjuk „jónak", ami a szeretethez, mint célhoz közelebb visz. „Rossznak" pedig azt tartjuk, ami eltávolít tőle. De ez semmi több mint célnak megfelelőség, következmény.

Teljesen mindegy, milyen szavakkal fogalmazom: „ha már az Élet citromot adott, csináljunk limonádét", vagy „a Sors", a „Karma", „Isten akarata", vagy „ez a legjobb, amit tehetek ebben a helyzetben" – ha hozzá tudsz állni úgy valamihez, hogy jobbat hozol ki belőle... na akkor vajon mit akarhat a Mindenható? Na, vajon? Igen, a fejlődés, a jobbítás, a helyedre kerülés, az egészség megtalálása, a lelkiismereted hangja – mind fizikai, lelki, pszichés, minden létező síkon *történetesen egybeesik a Mindenható akaratával*. Durva, nem?

A fejlődés mindig összhanghoz vezet. Az élet értelmének keresése és megtalálása a fejlődésünk szerves része. Ugyanis mi a fejlődés? **A fejlődés ugyanazokra az életigazságokra való rájövés, ugyanazoknak az univerzális igazságoknak a felismerése, nyelvtől, kultúrától, kontextustól, vallástól függetlenül.** Ha igazán belegondolunk, nincs is más, amit tehetünk: vagy vegetálunk, ami lefelé vezet – vagy fejlődésnek indulunk. Vagy rójuk ugyanazokat a köreinket, szenvedjük ugyanazokat a fájdalmakat, sírjuk az évtizedekkel ezelőtti sérelmeinket – vagy fejlődünk. *Nincs más hátra, mint előre.*

Istent akkor érezzük, ha érezni akarjuk, ha belehisszük őt az életünkbe – ő nem erőlteti rá magát senkire. De amíg magunkkal és a félelmeinkkel vagyunk elfoglalva, nincs hely neki a fejünkben: konkrétan *nincsen kapacitásunk* nyitottnak lenni Istenre, és befogadni azokat a dolgokat, amikkel első ránézésre nem tudunk mit kezdeni.

De a dolog úgy áll, hogy az igaz hit privilégiuma azoké, akik segítenek magukon.
És tiszta eredményeket csak *tiszta eszközökkel* lehet elérni.

A „karma" sem a sors büntetése, hanem egy saját magunk által generált kimenetele az életünknek, egy kör – addig rójuk ugyanazokat a köröket, ugyanazokat a helyzeteket más emberekkel, amíg a belsőnkből *ez* fakad. Nem az van ugyanis, hogy a „rossz elnyeri méltó büntetését, a jó pedig elnyeri méltó jutalmát". Nem, nem. Ugyanis *van beleszólásunk az életünk alakulásába.* Gondolj bele!

Azok az emberek ugyanis, akik nem élnek tiszta szívvel, a felszínen könnyebben és gyorsabban érnek el eredményeket. Azonban a helyzet úgy áll, hogy magukhoz hasonló emberekkel veszik körbe magukat – ugyanis az egészséges emberek nem képesek hosszú távon elviselni az egészségtelen magatartásokat –, és az egészségtelen emberek, akik hasonlóképpen élik az életüket, szintén hasonló sorsot építenek maguknak.

Mondok egy példát. Ismertem valakit, akinek nem volt erőssége az igazmondás. Ő azt képzelte, hogy a tisztességtelen viselkedést a jogi karrierje keretein belül tudja tartani, azonban az a jellemének részévé vált és kiterjedt a mindennapokra is: a barátait is eszerint választotta meg. Történt egyszer, hogy az egyik „barátjának", kölcsönadott rengeteg készpénzt, nagyjából annyit, amiből lakást lehetne venni. Lévén barátok, megbíztak egymásban. Telt-múlt az idő, ki nem találjátok, mi történt? Bizony ám, a „barát" nem adta vissza a tartozását. Először csak halogatta, majd úgy tett, mintha elfelejtené – de mivel bizalmi alapon történt a dolog, a kikényszeríthetőség szóba sem jöhetett.

Egy másik példa: Mr. Lawyer egy olyan mélyen sérült ember volt, hogy mindenkit kihasznált, megvezetett. A barátait is csak használta, azt nézte, neki mi haszna lehet belőlük. Az önzősége vezette egy életen át, a foglalkozása sem szolgált önmagán túlmutató célt. Lényegében az anyagi hasznot hajszolta, halmozta az élvezeteket, aki szeretetet adott neki, azt kihasználta, megcsalta, megalázta. Mr. Lawyer ma egy 50-es évei végéhez közeledő alkoholista, az egészsége romlófélben van, naponta füvezik, egyedül van, se barátnője, se barátai, a gyerekeivel nincs minőségi kapcsolata. Mr. Lawyer nem boldog, nyomorog a saját életében, miközben retteg az öregedéstől és a haláltól. Mondhatnánk azt, hogy „Isten bünteti". Mondhatnánk, hogy „a karma utolérte". A gond ezekkel az állításokkal az, hogy Mr. Lawyert ez áldozatpozícióba teszi, szinte már meg is sajnáljuk. Mondhatom, hogy ez karma? „Rossz" emberekkel „rossz" dolgok történnek?

Ha a mélyére nézünk, láthatjuk: **ahol az alapok hibásak, nincsenek a helyükön vagy el vannak csúszva, ott nem lehet várat építeni, ugyanis nincs mire.** Nem a csúnya, gonosz élet babrált ki az ismerősömmel, hanem végső soron önmaga: önmagához hasonlóan tisztességtelen barátokat választott, *mégis milyen pozitív kimenetelre számított?*

De ha Mr. Lawyer-re gondolunk... A végzetét *ő kreálta*, a pánikbetegsége, a szorongása, a májproblémái, a bélproblémái, a boldogtalansága – mind-mind az ő döntéseinek az eredménye.

XXVIII. fejezet

„NEM ADHATOK MÁST, CSAK MI LÉNYEGEM" (Madách Imre)

Jézus a maga korában influencer volt. Ahogy Gandhi is, Buddha is, és még sok neves és névtelen, igaz hitre jutott ember, akik közül a legtöbbet kivégezték. Az életükkel egy időben talán pár száz, nagyon maximum pár ezer ember életét érintették meg.

A kor, amiben élünk, *történelmi:*

1. először tartunk ott a történelemben, hogy az interneten keresztül gyakorlatilag pillanatok alatt egy üzenetet nemcsak, hogy ezrek, de *milliók* képesek látni, és nemcsak a közvetlen környezetemből, hanem a *világ minden pontjáról.*
2. most jutottunk el oda, hogy a kultúrák, azaz az emberi értelem által kitalált hiedelemvilágok *találkoznak.* Most értjük meg, hogy ami a kínaiaknak a „sárkány", nekünk itt Európában a „fény" – csak a szavaink mások ugyanarra a jelenségre. (Ugyanis Kínában a sárkány az erő, az újrateremtés, a feléledés szimbóluma – nálunk a sárkány pedig a gonosz szereplő a mesékben, amit a hősnek le kell győznie. Nálunk az erő, az újrateremtés, a feléledés szimbóluma a fény, vagy a főnixmadár). Most kezdjük megérteni, hogy az ember egy *univerzális lény,* minden ember egyedi, minden ember fontos, minden ember szeretetre méltó. *Minden ember szeretni született, és képes a szeretetre.*
3. most értjük meg, hogy *a nyelveink nem korlátoznak már minket, a távolság nem korlátoz minket* – az **emberiség egyesülésének korát éljük.** Most jövünk össze, és érintjük meg egymást emberi mivoltunkban. Most alakul ki, hogy nincs én meg te, *most alakul ki a „mi" életérzés. Mi vagyunk. Mi mind emberek vagyunk.*

4. *és ez a gyógyulások kora is.* Most jutottunk el arra a pontra, hogy *a tudomány kezdi körülírni ugyanazokat a jelenségeket, amiket a spiritualitás az igaz tanítókon keresztül már megtanított nekünk.* Most kezdjük látni, hogy *a pszichológia is ugyanazokhoz a megoldásokhoz jut, mint a spiritualitás: azaz ima, meditáció, önmagunkhoz közelebb kerülés.* Most jutottunk el oda, *hogy a gyógyulás lassan divattá válik, már nem uralnak bennünket középkori dogmák, már merünk kérdéseket feltenni.* Most kezdjük felismerni, hogy *az életminőségünk rajtunk, és a saját gyógyulásunkon múlik!*
Ez óriási dolog! Gyakorlatilag *az emberiség önreflexiója soha nem látott mértékekre nőtt és soha nem látott mértékben gyorsult fel.* Más szavakkal: ha ma egy videót kiposztolsz, gyakorlatilag sokkal több emberhez jut el, mint ahányhoz Jézus egész életében egy szót szólt. A technikából eredő pozíciós előnyünk óriási a korábbi tanítóinkhoz képest, és *így az ebben rejlő potenciál is felbecsülhetetlen.*

Az azonban, hogy *miként élünk ezzel a helyzeti előnnyel, a saját gyógyultsági szintünket tükrözi:* **amíg nem gyógyulunk ki a korábbi fájdalmainkból, addig a social media egy felület, amire kiöntjük a bennünk rejlő békétlenséget:** legyen szó politikáról, párkapcsolatról, makacs panaszlevél és vélemény írásáról – mind-mind a belső gyógyulatlanságunk kivetülései. Ahogy az is, ha ezeket a felületeket figyelemelterelésként (distractionként) használjuk: mintegy késleltetjük vele a valósággal való szembenézést, egy álomvilágba menekülünk, hiszen tudjuk: a Facebookon mindenkinek tökéletesebb a családja, boldogabb a párkapcsolata, felhőtlenebb az élete. *Megteremtjük a virtuális valóságban azt a látszatéletet, amire valójában vágyunk, majd el is hisszük a saját mesénket önmagunkról.* Nem szomorú ez egy kicsit?

Az összes igaz tanító *szeretetközpontú* volt – *lényegüket adták magukból, azaz a tiszta szeretetet.* Miért fektetünk tehát olyan nagy hangsúlyt Jézus testére, amikor az összes sztorija *pontosan arról szól, hogy a lélek örök, a test mulandó?* Miért képzeljük azt, hogy Jézus ugyanabban a testben tér majd vissza, amikor a

Bibliában meg van írva? *Nem lehetséges, hogy Jézus, vagy a nagy tanítók, tehát a szeretet szellemisége testtől függetlenül is vissza tud térni ébredések, gyógyulás formájában?*

Az emberiség fordulóponthoz érkezett a fejlődésében: **lelki váltásra (shiftre) van szükségünk ahhoz, hogy a rajtunk túlfejlődött technika ne irtsa ki belőlünk lényünk lényegét, az embert.** A gond ugyanis a világgal nem az, hogy mindenfajta zseniális technikai megoldások állnak rendelkezésünkre, fegyverektől kezdve, reprodukciós eljárásokon keresztül a mesterséges intelligenciáig. Nem, nem. *A gond az, hogy ahogy és amire használjuk őket, a saját fejlettségi szintünket tükrözi: hiszen emlékszünk, a döntéseink a saját nyúlványaink.*

Nem az a gond, hogy szépségre törekszünk, hanem az, hogy *csak kívülről* törekszünk rá. Nem az a gond, hogy gazdagok szeretnénk lenni, hanem az, hogy *csak pénzt* akarunk. Nem az a gond, hogy egészségesek szeretnénk lenni, hanem hogy *csak a fizikai egészségre* koncentrálunk.

Elfelejtettünk egységben élni a saját lelkünkkel, és ezért ott tart a világ, ahol tart: *szerelem* helyett *szexet* akarunk, *kitartás* helyett *könnyű* megoldásokat, *megértés* helyett *ignoranciát*. Eredményt erőfeszítés *nélkül*, sikert áldozat *nélkül*, hitet próbatételek *nélkül*. *Minőség* helyett *mennyiséget*. *Őszinteség* helyett *látszatot*. *Emberi beleérzés* helyett pedig az *érzéketlenséget*, mert az könnyebb. *Igazi szeretet helyett pedig a szeretet látszatát.*

Miért gondoljuk azt, hogy a tanítóink tanításai, az energiájuk, a belőlük áradó szeretet *csak a saját testükön keresztül valósulhat meg?* Ez megint egy passzív pozícióba helyezi az emberiséget, akik várják a második eljövetelt, csak várják, várják és várják. *De Isten nem azt akarja, hogy ücsörögjünk a babérjainkon, és amíg várunk rá, ölbe tett kézzel nézzük a világunk pusztulását.* Nem, nem.

Miért ne lehetnénk *mi* a második eljövetel? Igen, jól hallottad! Te is, én is, mi mindnyájan. *Miért ne áraszthatnánk ugyanazt a tiszta szeretetet a világra, ahogy Jézus, Gandhi, Buddha tette? Miért ne?*

Az ébredések korát éljük, ahol a fény legyőzi a sötétséget. Most van a legnagyobb szükség a lelki paradigmaváltásra (lelki shiftre), hogy életben maradjuk emberként. Azért szeretjük a gyerekeket, azért jó gyerekek körül lenni, mert ők még őrzik azt, amit a világgal mi már kiöltünk magunkból – vagy legalábbis jó mélyre ástunk el. Azért mondom, hogy „az ébredések korát éljük", mert **most van itt az idő, hogy emlékeztessük egymást a legjobb verziónkra**. De ébreszteni csak azt lehet, ami már bennünk szunnyad – a legtisztább, legszebb, legszeretetteljesebb, isteni részünket. Egymásban gyújtjuk a lángot a saját stílusunkban, *ezért jöttünk ide*.

Gondolj bele!

Az életemben megszaporodtak a „sorsszerű" találkozások – sorra lépnek be az odaillő emberek az életembe. Az, hogy hogyan, milyen körülmények között és milyen szerepben találkozunk valakivel, az a keretjáték. Nem számít, hogy valaki kétkezi munkás vagy orvos, idős vagy fiatal, tanult vagy kevésbé tanult: *egymásban lángot gyújtani, azaz egymást inspirálni mi mind képesek vagyunk* – erre születtünk. És **az élet az inspirált pillanatokról** szól, mert az inspiráció az a belső aranyfonál, ami minket egyensúlyban tart. Ugyanis *mi mind, minden egyes pillanatban egyensúlyozunk a félelmeink és a szeretet között*. A félelem is kell, mint egy szalagkorlát az úton, amin járunk, és szeretetből áll. Ha hagyjuk, hogy valaki szeretetet öntsön belénk, felemeljen, inspiráljon, akkor segít minket ezen az úton tartani: megváltoztathatja a hangulatunkat, a napunkat vagy akár az egész életünket. És sohasem tudhatjuk, hogy mások mit építenek magukba belőlünk. Soha.

Elmondok két történetet.

Keretjáték szerint találkoztam egy orvossal, akinek révbe ért az élete: magánpraxisa van, miközben egy kórházban fő osztályvezető, több nyelvet beszél, anyagi biztonságban él és szép családja van. Úgy ránézésre azt mondanám, hogy mindent elért az életében, amiről egy átlagosan élő (**átlagos ember nincs, csak átlagosan élő**) ember általában vágyik. Volt időnk beszélgetni, és elmesélte, hogy gyerekkori vágya olaszul megtanulni. Igaz, már beszél németül és angolul, de úgy motoszkál benne a vágy, hogy csak úgy magának megtanulna olaszul. Mikor már legközelebb találkoztunk, lelkesen mesélte, hogy talált hozzá tanárt is és bele fog vágni. Engem ledöbbentett az az *alázat és kíváncsiság*, amivel ez az ember az élet felé fordul. Egyszerűen él benne a mélyről jövő inspiráció, a vágy, az álom, és nem rest követni azt. Nemcsak az anyagi világ szabályai szerint él, hiszen az anyagi világ általában csak befektetési céllal támogatja a tanulást, hanem összhangban van a lelki törekvéseivel. Ismerek egyébként egy olyan ügyészt is, aki saját maga miatt, saját vágyból eredően megtanulta Az ember tragédiáját. Az egészet. Szóról szóra.

Lehetséges, hogy első ránézésre nem látszik, hogy ez a szeretet megnyilvánulása vagy a másik felemelése. De a helyzet az, hogy **ha olyat teszel, ami téged épít, abból más is erőt meríthet. Abból más is építkezhet**. Ha magadat építed, azzal másnak is anyagot adsz az építkezéshez. Inspirációt. Hogy így is lehet. *Lehet* másként. *Lehet* jobban. Meg *lehet* tanulni olaszul. Meg *lehet* tanulni egy egész könyvet. *Lehet* álmodni, az álom lehet *bármi*, és lehet követni az álmainkat. **Az álmaink nem nevetségesek**. Ezek az emberek engem úgy emeltek fel a tudtuk nélkül, hogy elhittem: *az én vágyam is követhető*. Ha ők bevállalják, hogy a világ kineveti vagy bogarasnak nézi őket, akkor *én miért ne vállalhatnám be?* Az, hogy a külvilág le akar minket húzni, az álmokat lábbal akarja tiporni, az inspirációt csírájában akarja elfojtani, semmi több mint a világ betegeskedésének tünete (hiszen tudjuk: az emberek szeretethiányban szenvednek). *A hiba a világ hozzáállásában, nem az inspirált emberek hozzáállásában van.*

Egy másik történet, ahol gyönyörűen visszakövethető, ahogy a bennünk élő jó beszélget egymással és erősíti egymást. Ahogy már megbeszéltük, billegünk a félelmeink és a szeretet között. Én is sokáig billegtem, és billegés közben, amikor elkezdtem ezt a könyvet írni, úgy éreztem, hogy teljesen megőrültem. Valami olyat csinálok, amit mások nem csinálnak körülöttem. Egyszerűen nem illett a képbe az, hogy én nem bulizni járok, nem pasizom, nem élem a huszonévesek életét, hanem írok. Írok az egyetemen, a lakásomban, írok hajnalban, éjszaka, napközben, szünetben, de még vezetés közben, a piros lámpánál is. A környezetem is csak nézett, elfogadva, hogy biztosan ezen vezetem le a párkapcsolatból eredő frusztrációmat, majd elmúlik. Tehát én is éreztem, hogy ez valamilyen típusba nem sorolható dolog. De nem tudtam mást csinálni, mert a könyv *csak mondta a magáét a fejemben* és nekem azt le kellett írnom.

Komolyan azt hittem, hogy az agyamra ment az egyedüllét, megőrültem, kész.

Évi egy olyan ember, aki nagyon könnyűvé teszi, hogy őszinte legyél hozzá: ítélkezés nélkül árad belőle a melegség. Addig-addig beszélgettünk, amíg el nem küldtem neki az irományomat, ami ekkor olyan 30 oldal lehetett. Tudtam, hogy ha nem is tetszik neki, úgy fogja tálalni, hogy nem fogok sérülni. Megbíztam benne. Legnagyobb meglepetésemre, képzeljétek, tetszett neki a könyvkezdeményem! Nemcsak, hogy tetszett, hanem egy hosszabb üzenetben ki is fejtette, hogy mennyire jó az egész. Többek között azt is mondta, hogy ha a családja olvasná a könyvemet, sok mindent másként látna. El akartam magamnak raktározni a szavait, hogy amikor jön a billenés, elő tudjam venni és azt tudjam mondani: van egy ember, aki szerint van értelme annak, amit csinálok. Tehát kinyomtattam az üzenetét, és kitettem a falamra. Kezdtem egyre kevésbé foglalkozni azzal, hogy a világ szerint hogyan kellene viselkednem, és újult erővel folytattam az írást. Kezdtem egyre jobban megbízni ebben a láthatatlan útban, amit csak én érzékeltem.

Tehát mi történt? Én szeretetet öntöttem ebbe a könyvbe – vettem a fáradtságot és bátorságot, önazonosan követtem az inspirációt. Az itt fizikai formát öltő szeretetet (ugye, amit eddig csak én hallottam a fejemben, most már fizikailag is érzékelhető mások számára) odaadtam valakinek, de csak azért, mert ő korábban szeretetet (elfogadást és megértést) tanúsított felém, azaz megbíztam benne. Majd a könyvben lévő jó rezonált az Éviben élő jóval, mert **ez a könyv valahogy kimondja, amit egyébként mindenki tud és érez a szívében, csak nem találja a szavakat ahhoz, hogy ebből a láthatatlan világból a hallható, olvasható, látható világba konvertálja**

azt. De amikor az ember olvassa, *felismeri benne magát.* És a jó vonzza egymást, egymásra van hangolva; akiben erősen rezeg ez a frekvencia, az ugyanazt fogja vonzani másban a keretjátéktól függetlenül. Isten nem más, mint a jó frekvenciája, rá lehet hangolódni.

Tehát az Évivel rezonáló jót visszaöntötte belém biztatás és dicséret formájában, ettől újult erőre kaptam és egyre jobban hittem, elhittem, hogy nem vagyok teljesen buggyant. (És félreértés ne essék: ez a történet csak egy példa, hogy szemléltesse a szeretetöntögetés mechanikáját. Évi nem az egyetlen ember, aki visszaöntötte belém a szeretetet – nem tudom felsorolni azt a sok jót, támogatást, szeretetet, amit kaptam és kapok, amióta e szerint a könyv szerint élem az életemet!)

Mi történt? *Az egymásban élő jó felismerte egymást, megörült egymásnak és erősítette egymást.* És ebben a történetben csak két ember szerepel. Két emberben gyújtogatja a fény egymást a sötétben. Mi történne, ha *tömegekkel* rezonálna a jó? *Ha a fény nemcsak személyes szinten győzné le a sötétet?*

Le kell, hogy győzze a fény a sötétet, mert ha a már felébredtek hagyják, hogy a sötétség uralkodjon, *pusztuláshoz* vezet. **És az ébredés a saját gyógyulásunkkal kezdődik.** A megtérés a *kényelmetlen kérdések feltevésével* kezdődik, hiszen a megtérés nem más, mint **önazonosságot gyakorolni minden pillanatban és így engedni, hogy az emberi beleérzés legmagasabb fokán operáljunk és ez vezesse az életünket.** A pozitivitás pedig nem azt jelenti, hogy minden pillanatban boldog vagyok, hanem azt, hogy *akkor is hiszem azt, hogy a dolgok jobbra fognak fordulni, amikor éppen nehéz az élet.* **Megkérdőjelezni, vagy éppen elveszteni a hitet a hit megtalálásának, megerősödésének a része. Pontosan a vak hittől óv meg bennünket.**

Miért ne hihetnénk benne, hogy ez a pont a történelemben egy gyönyörű főnixmadár ébredése az egész emberiség számára?

Ahogy azt már láttuk, semmi sem eredendően jó vagy eredendően rossz – így a social média sem. A kérdés az, hogy *mire használjuk?*

Aminek energiát adunk, éltetjük. *Miért ne éltethetnénk a szeretetet social médián keresztül? A gyógyulást? A fejlődést? Az egészséget? Az életet?*
Miért kellene engedni, hogy a negativitás lehúzza a pozitivitást? Most van az általunk ismert történelemben a tudatosságnak az a foka, hogy nemcsak egy-egy tanító nyitja meg magát a szeretetre, hanem **az emberiség kollektívan önmagát rá tudja hangolni a szeretet rezgéseire**. Most tartunk ott, hogy felismertük: nincs más hátra, mint előre. *Ahogy eddig éltünk, ahogy eddig csináltuk a saját fejünk után, nem működött.* Ideje, hogy összhangba kerüljünk a saját lényünk lényegével, aki nem más, mint Isten egy morzsája. Ideje, hogy ráhangolódjunk istenre – hiszen az, hogy megyünk a saját fejünk után, vagyis a mi zseniális ötleteink nem működtek.

Találkoztam egy nagyon emberséges atyával (merthogy ilyenek is vannak ám!), aki nem kiabált velem, nem kényszerített az egyház terminológiájára, sőt, tulajdonképpen felismertem a saját gyógyult energiámat benne, a következőképpen magyarázta el nekem a vallás szerepét: a vallás olyan, mint egy pohár. Isten pedig a víz. A víz szétfolyna a pohár nélkül, ezért van szükség egy keretrendszerre, ami megtámogat, ha meginognál. Olyan szelíden mondta, hogy jólesett hallgatni. Nem is válaszoltam rá – nem volt mit mondanom, igaza volt.

Napokkal később talált rám a felismerés: *nemcsak pohárból lehet vizet inni!* Pontosabban: pohárból *is* lehet vizet inni, bögréből *is* lehet vizet inni, üvegből *is* lehet vizet inni... sőt... a patakból is lehet vizet inni, *egyenesen a forrásból. Amíg tiszta víz jut a szervezetedbe, élni fogsz.*

Azaz **hazatérni Istenhez a természetes fejlődés eredménye. Van, aki már megérkezett, van, aki még nem, de egy biztos: mindenki oda fog érni egyszer.**
Miért?
Egyszerűen azért, mert *nincs más út, mint amerre lehetne menni.* Ami számodra a legjobb, az Isten kívánsága a számodra, történetesen egybeesik a kettő.

Igen, vannak, akiknek segít, ha az energiát előre meghatározott imák, rituálék formájában összpontosítjuk; vannak, akiknek könnyebb a helyes úton maradni, ha egy szeretet által vezérelt személy emlékezteti szelíden a sárgaköves útra őket. És vannak, akik ezt a részt skippelik, és összhangba kerülnek Istennel mint lételemükkel.

Gondolj bele! A rituálék segítenek a lelkünkben zajló folyamatokat megtestesülni. Teljesen mindegy, hogy egy előre meghatározott ima, szertartás, rituálé – ha a lelki háttér benne van, az energia összpontosul. De ha csak a felszínt kapargatjuk, üres szavakat ismételgetünk, mert „úgy illik", „úgy kell" vagy „úgy szokás", akkor nem történik semmi más, mint üres mozzanatok egymás után rakása. Az egyik előfelolvasásomon egy résztvevő elmesélte a hálakövük történetét. Volt egy csempe a konyhájukban, ami eltört. Ahelyett, hogy kicserélte volna egy odaillő csempére, a helyére egy teljesen eltérő csempét választott. Elnevezték a családjával hálacsempének. Amikor valakivel valami jó történt, a hálacsempéhez sétált és magában hálát adott, örült, értékelte azt, ami vele történt. Látod, nemcsak vallás által meghatározott rituálé tud téged felemelni – minden felemel, ahol az energia valóban összpontosul, legyen az imádság, vagy egy egyszerű, eltört csempe. A gondolat, szándék – végső soron energia – számít, nem a keretjáték.

A Nálunknagyobbjóba vetett hithez és a félelemhez, hogy talán nincs is, ugyanarra van szükség: igaznak fogadni el valamit, amit nem látunk. Mondtam ám, hogy mi mind hiszünk valamiben! A kérdés csak az, hogy miben, *és ez hova vezet* minket. A döntés a te kezedben van. Csak hogy tisztázzuk, Istennel összhangban élni, áldásokat, ajándékokat kapni NEM JELENTI, hogy ez mindig könnyű. Igazat mondani nem könnyű. **Szembenézni önmagunkkal nem könnyű. De mindig megéri.**

Mert Isten nélkül a saját hitetlenséged áldozata vagy.

Mutass szeretetet és nézd, ahogy megváltozik az életed. Ne feledd: **szeretni sosem késő.** Kezdd el ma! Ha mégis úgy érzed, hogy egyedül vagy, ne feledd, nemcsak te vagy egyedül – mindenki egy másik te. Mindenki egyedül van. Közösen vagyunk egyedül. Egyedül vagyunk egymással. *Tehát sosem vagyunk egyedül.*

Mert mi egymásnak vagyunk a *remény*. Egymásnak vagyunk a *megbocsátás*. Egymásnak vagyunk a *segítség*. **Egymásnak vagyunk a tiszta szeretet megtestesülése**. Egymást kell emlékeztetnünk az élet értelmére.

Te nem vagy kevésbé különleges nálam, én nem vagyok különlegesebb nálad!

Egymásnak vagyunk a csoda.

Igen, TE is csoda vagy. Ideje, hogy akként viselkedj!

EXTRA – CSODAMAGOK ♡

- a gondolataink minősége meghatározza az életminőségünket (13. o.)
- az igaz érzéseinket csak elnyomni lehet, megszüntetni nem (14. o.)
- senki sem tisztán jó, és senki sem tisztán rossz (15. o.)
- mi mind folyamatban lévő mesterművek vagyunk (15. o.)
- azzá válok, amit cselekszem (16. o.)
- az azonosulás egy tanulási folyamat, aminek a része a hibázás (17. o.)
- az állapotod nem te vagy (18. o.)
- Bűntudat és bűntudat között nincs hierarchia, mindegy, hogy milyen módon jutottunk el oda. Ahogy fájdalom és fájdalom között sincs. (19. o.)
- nem a szó határozza meg a tartalmat, hanem a tartalom határozza meg a szót (21. o.)
- a félelem hozza ki belőlünk a legrosszabbat (28. o.)
- a hazugság érzelmileg eltávolít minket a helyzettől (30. o.)
- szeretetlennek érezni magad a legnagyobb kín a világon, ez a pokol (30. o.)
- a mennyország nem más, mint az önazonosság, és az ezért való szeretettség érzése (30. o.)
- a szeretet csak akkor érint meg minket, ha önmagunkért történik, mert akkor érezzük valódinak (31. o.)
- az univerzálisan minden egyes emberbe programozott alapigény a szeretetre nem más, mint a nálunk nagyobb erő ösztönzése arra, hogy szeressünk (32. o.)
- az otthon ott van, ahol szeretnek (33. o.)

- szeretni bárkit, bármikor, bármilyen állapotban lehet (36. o.)
- az öregség egy gondolkodásmód (36. o.)
- a valódinál nem lehet szebbet kitalálni (37. o.)
- az élet akkor kezdődik, amikor szeretni mersz (38. o.)
- a tökéletesség egyarcú, a karakter unikális (39. o.)
- a fizikai megvalósulásunk az eszközünk a lelki kapcsolódások kibontására (39. o.)
- mi mind kapcsolódunk egymáshoz lélekben, mégsem vagyunk felcserélhetőek egymással (42. o.)
- mély kapcsolat soha nem abból születik, ha a fizikai világra koncentrálsz (42. o.)
- te egy másik én vagy (42. o.)
- a beszélgetések nem arról szólnak általában, amiről tűnik, hogy szólnak (43. o.)
- csak azon tudunk változtatni, amit már felismertünk (45. o.)
- felismerni őszinteség nélkül nem lehet semmit. Amíg nem vagyunk őszinték magunkhoz, magunkat sem szeretjük igazán (45. o.)
- az igazmondás ugyanis mindig összekapcsol (46. o.)
- ami történt, megtörtént, ha már jobban tudod, csináld jobban! (46. o.)
- A változás benned kezdődik, nem a körülményeiden múlik. Fejlődni sosem késő, még a halálos ágyadon sem. (46. o.)
- egy egészséges ember törekszik önmaga jobb és jobb verziójának a megvalósítására (47. o.)
- valódi igazság nemcsak igaz, hanem szelíd is (48. o.)
- mindig az előttünk álló, ránk szabott feladat számunkra a legnehezebb (52. o.)
- a hit mindig előrevisz (52. o.)
- az életben minden nehéz, amíg nem értjük (52. o.)
- akkor is befogadom, ha elutasítom (54. o.)
- keresni kell ahhoz, hogy találj, és tudjuk: aki keres, az talál (55. o.)

- semmit nem tudsz építeni, semmilyen pozitív végeredményt nem tudsz elérni, ha úgy sétálsz a helyzetbe, hogy „ez biztosan rossz lesz, ez biztosan fájni fog, biztosan csalódni fogok (55. o.)
- A negativitás sosem megoldás, mert csak még több negativitást eredményez. Sötétből még több sötét nem vezet ki (58. o.)
- Minden döntésünknek van miértje. Mindennek van logikája. A nem egészséges logika is logika. (59. o.)
- Amit megértesz, az nem fog fájni. Ha fáj, akkor még nem érted eléggé. (61. o.)
- senki nem születik szörnyetegnek (114. o.)
- gyógyulni sosem késő és sosem lehetetlen (61. o.)
- amit elnyomunk, az később hatványozottan fog ránk törni (63. o.)
- amit erőltetni kell, azt nem kell erőltetni (65. o.)
- Nem a jót találjuk komfortosnak, hanem amihez hozzá vagyunk szokva, ami ismerős. A komfort más szóval: inspiráció nélküliség. (66. o.)
- A fejlődés viszont újra meg újra meg újra megkérdőjelezi magát. Igazabbá és igazabbá válunk általa, és ezáltal jobbá. A fejlődés az, ami valóban jó nekünk. (67. o.)
- mindenki annyit ért a világból, ahol ő tart (69. o.)
- A remény a sötétben kezdődik. A hit a sötétben kezdődik. (71. o.)
- minden egyes félelmünk irracionális (72. o.)
- Az élet nem más, mint az emlékezés folyamata, emlékezés arra, hogy kik vagyunk a félelmeink alatt. (72. o.)
- Mi mind, kivétel nélkül, Isten szeme fényei vagyunk. (73. o.)
- Az önazonosság az, amikor az igazságomban járok minden szinten: amikor a szó, a gondolat és a tett egységben van, egy irányba mutat. (73. o.)
- Minden, amit túltolunk: méreg. Minden függőség: menekülés. (73. o.)
- Semmi nem übereli az igazságot! (80. o.)

- **az igazság, mint életstílus, hitelessé tesz (80. o.)**
- **ki mint él, úgy ítél (80. o.)**
- **Ha nem tudsz mások támasza, vigasza, öröme lenni, ne legyél az ok, amiért félnek, sírnak, szenvednek! (83. o.)**
- **Másoknak is fájt már annyira valami, mint ami téged bánt. (84. o.)**
- **elveszteni az önkontrollt önzőség (84. o.)**
- **A reagálásunk rajtunk múlik A saját érzéseink és indulataink kezelése a mi felelősségünk, a reakciónk pedig a mi döntésünk. (86. o.)**
- **Ha hagyod, hogy a jóságot kioltsák belőled, veszítettél. (87.o.)**
- **minden tettünk vagy közelebb visz az igazi szeretethez, vagy eltávolít tőle (87. o.)**
- **Mérgező emberek között nem lehet egészségesnek maradni. Aki szeret és nem fél szeretni, nem fog bántani. (87. o.)**
- **Más szavakkal: a megpróbáltatások arra adnak lehetőséget, hogy kikristályosodjon; ki való és ki nem való az életedbe. (88. o.)**
- **A probléma ellen vagyunk, és nem egymás ellen. (90. o.)**
- **Az eltorzult istenkép/szeretetkoncepció önmagunk eltorzulásának meghosszabbítása. (91. o.)**
- **Igaz hitbe csak beleszeretni lehet valakit, belefélemlíteni nem. (92. o.)**
- **Az elismerés maga az, hogy gyönyörködhetsz a tetted gyümölcsében. (93. o.)**
- **A játszmázás nem vezet tartós eredményhez, ezért időpazarlás. (94. o.)**
- **minél több szeretetet szórok szét a világban, annál többet nyerek általa (96. o.)**
- **Az emberek ösztönösen a pozitív energia körül, a pozitív emberek körül szeretnek lenni, azt találják vonzónak. (97. o.)**
- **megtanulni emberekkel bánni vagy belülről összhangban lenni magaddal nem ugyanaz (98. o.)**

- az igazság mindig kiderül (98. o.)
- ami bent, az kint (98. o.)
- hangoljuk magunkat azáltal, hogy mivel tápláljuk a lelkünket, testünket és szellemünket (99. o.)
- A pozitivitás nem azt jelenti, hogy minden tökéletes, hanem azt, hogy tudod: jön jobb. (102. o.)
- A léleknek van teste, és nem a testnek van lelke! (102. o.)
- A könnyebbik út valójában soha nem a könnyebbik út! A gyors megoldás a halogatás egy fajtája. (103. o.)
- A test nem marad ott, ahol a lélek nem érzi szeretve magát. (103. o.)
- A gonoszság pedig nem más, mint a félelemből eredő viselkedések eluralkodása rajtunk. (113. o.)
- azoknak van a legnagyobb szükségük a szeretetre, akik a legkevésbé viselkednek arra méltó módon (113. o.)
- Senki sem születik szörnyetegnek – a szörnyetegség tanult viselkedés, ahogy a félelem is. (114. o.)
- A mély beleérzés tölti meg az életet emberi tartalommal. (116. o.)
- a hűség az igazi szeretet következménye, nem egy ráerőltetett börtön (118. o.)
- nem lehet úgy szeretni, hogy te ne gyarapodj általa, téged ne emeljen fel, neked ne legyen jó érzés, ugyanis csak az a tiéd, amit átélsz (119. o.)
- Félelemből nem lehet jól élni. Jól élni csak szeretetből lehet. (122. o.)
- Minden, amitől félsz; ural téged. (122. o.)
- Minden jónak alapja a szeretet. (122. o.)
- A szép illúzió ára a biztos csalódás, a hazugság ára az igazság kiderülése. (134. o.)
- Bizalom nélkül nincsenek mély kapcsolatok. És minden kapcsolat, amiből hiányzik a mélység, szét fog esni. (130. o.)
- A szeretet ontja magából a megkérdőjelezhetetlen, kétségbevonhatatlan, univerzális jót. (134. o.)

- A szeretet NEM önfeladást akar. Szeretni és kapcsolatot ápolni valakivel két külön dolog. (137. o.)
- Az önbizalom pontosan az, hogy vállalom, eleshetek, és ha elesek, tudom, hogy fel fogok állni, és meg fogom próbálni újra. (138. o.)
- A Biblia legfontosabb üzenete: ne félj! (141. o.)
- Szeretetre nagyobb szükségünk van, mint levegőre! Azért, mert szeretetből vagyunk. (142-144. o.)
- A boldogság nem egyenlő azzal, amid van. (146. o.)
- Ha a szeretet értelmezésében hiba van, könnyen félrecsúszik egy egész élet. (147. o.)
- A világ állapota pedig az emberek mentális állapotát tükrözi, nem a valódi énjüket. (148. o.)
- az élet szép, ha széppé tesszük (148. o.)
- A fájdalom olyan, mint a szalagkorlát: megmutatja, hogy merre ne menj. (149. o.)
- kiállni valamiért, amiben hiszel, sosem felesleges (150. o.)
- Ha mi nem tesszük magunkat boldoggá, senki és semmi nem fog. (151. o.)
- Szeretni sohasem késő, sohasem felesleges, sohasem hiábavaló. (159. o.)
- Minél hálásabb vagy, annál jobban érzed, hogy szeretve vagy. Ahogy okot találni a félelemre is mindig lehet, úgy mindig, minden körülményben van ok a hálára is. (160. o.)
- a megbocsátás NEKÜNK kell, hogy elengedjük végre a negatív érzéseket, a fájdalmat, amit belül dédelgettünk (164. o.)
- Nincs nagyobb ajándék számunkra, mint az autentikus, gyógyult, trauma- és félelemmentes énünk. (165. o.)
- Az élet maga egy folyamatos életveszély. (166. o.)
- Amit adunk az embereknek magunkból, velük marad. (173. o.)
- egy kis meg nem érdemelt szeretet nagy utat járhat be (175. o.)

- nem működik mások boldogságának üldözése (176. o.)
- Az egyetlen igazi versenytársad TE MAGAD vagy. (177. o.)
- Hiszen a szív minden súlyt elbír – feltéve, hogy a döntésünk igazi és szívből jön. A szeretet erőt ad – ha szeretettel teszünk valamit, képesek vagyunk meghazudtolni saját korlátainkat. A szeretet nevében „átlagos" emberek átlagon felüli teljesítményre képesek. (180. o.)
- A vágy, szenvedély, lángolás ott ér véget, ahol a mély szeretet kezdődik: amikor áldozatokat kell hozni egymásért. (182. o.)
- Az a divatos, hogy minél kevesebb energiáért minél jobb eredményt kapjunk. Lelki smucigságban szenved az emberiség. (185. o.)
- Ha a hiányra fókuszálunk, még több hiányt teremtünk magunk körül. (186. o.)
- ... ha valaki kigyógyul a sebeiből, akkor az önvédelmet felváltja a kíváncsiság (188. o.)
- A látszat csal: nem a naiv veszít, csak kinevetik a jelenben. Hosszútávon ő győz. Hosszútávon mindig a tisztalelkű győz. (189. o.)
- Aminek a magját magadba fogadod, növésnek indul benned és a részeddé válik a mélyebb rétegeidben. (190. o.)
- Nem keseregni kell azokon a dolgokon és tényezőkön, amiket nem tudunk kontrollálni – azokra kell fókuszálni, amiket viszont tudunk. (192. o.)
- Élj úgy, hogy legyél valakinek az ok a hálára. Így válsz valami jónak a forrásává mások számára. (194. o.)
- amikor igazán őszinték vagyunk magunkkal, minden válasz megérkezik hozzánk (197. o.)
- Csak az arat, aki vetett. (203. o.)
- Egyikünk sem arra született, hogy rettegésben, szürke kisegérként élje le az életét. (204. o.)
- Ugyanis mindenki tiszta a kosz alatt. (207. o.)
- Az egészség (fizikai, mentális, spirituális együttvéve) az egyetlen dolog, ami az élethez vezet. (208. o.)

- Ami valóban a legjobb nekünk, nem biztos, hogy olyan csomagolásban jön, mint amire számítunk ezért soha nem a csomagolást kell nézni, hanem a ránk gyakorolt hatásukat. A szeretetet nem időben mérik, hanem a ránk gyakorolt hatásban. (211. o.)
- A fejlődés ugyanazokra az életigazságokra való rájövés, ugyanazoknak az univerzális igazságoknak a felismerése, nyelvtől, kultúrától, kontextustól, vallástól függetlenül. (214. o.)
- átlagos ember nincs, csak átlagosan élő (219. o.)
- Ha olyat teszel, ami téged épít, abból más is erőt meríthet. Abból más is építkezhet. (220. o.)
- Az álmaink nem nevetségesek. (220. o.)
- hazatérni Istenhez a természetes fejlődés eredménye. Van, aki már megérkezett, van, aki még nem, de egy biztos: mindenki oda fog érni egyszer (223. o.)
- Egymásnak vagyunk a csoda. (225. o.)

novum KIADÓ A SZERZŐKÉRT

A kiadó

> *Aki feladja,
> hogy jobbá váljon,
> feladta,
> hogy jobb legyen!*

E mottó alapján a novum publishing kiadó célja az új kéziratok felkutatása, megjelentetése, és szerzőik hosszútávú segítése. Az 1997-ben alapított, többszörösen kitüntetett kiadó az egyik legjelentősebb, újdonsült szerzőkre specializálódott kiadónak számít többek között Ausztriában, Németországban és Svájcban.

Valamennyi új kézirat rövid időn belül egy ingyenes, kötelezettségek nélküli kiadói véleményezésen esik át.

További információkat a kiadóról és a könyvekről az alábbi oldalon talál:

www.novumpublishing.␣u